CONCOURS DES GRANDES ÉCOLES SCIENTIFIQUES
2022-2023

20 dissertations

avec analyses et commentaires

sur le thème

Le travail

Virgile – *Géorgiques*
Simone Weil – *La Condition ouvrière* (extraits)
Michel Vinaver – *Par-dessus bord* (version hyper-brève)

Sous la coordination de
Géraldine Deries, François Tenaud et Morgan S. Trouillet

Par

Rémy Arcemisbéhère
professeur agrégé de lettres modernes
docteur en lettres

Christine Baycroft
professeur agrégé de philosophie
docteur en philosophie

Matthieu Bennet
professeur agrégé de philosophie
ancien élève de l'ENS Lyon

Jacques Bianco
professeur agrégé de lettres modernes

Brigitte Breen
professeur agrégé de philosophie

Éléonore Brouillaud
agrégée de lettres modernes
élève de l'ENS Ulm

Géraldine Deries
professeur agrégé de lettres modernes
ancienne élève d'HEC
docteur en lettres

Lydie Niger
professeur agrégé de lettres classiques
interrogateur en CPGE

François-Xavier Soutet
professeur agrégé de philosophie

François Tenaud
professeur agrégé de philosophie

Morgan S. Trouillet
professeur agrégé de lettres modernes
interrogateur en CPGE

L'ÉPREUVE DE FRANÇAIS AUX CONCOURS

Concours	Exercices (3 h ou 4 h)	Français	Maths(*)	
Centrale	dissertation + résumé	17	17	
Mines	dissertation	5	5	
CCINP	dissertation + résumé	9	14	
e3a	dissertation	5	9	
X-ENS	dissertation	6	9	
PT	dissertation + résumé	17	8	(Centrale)
SCAV	dissertation	4	4	
G2E	dissertation	5	5	

(*) Coefficient le plus élevé d'une épreuve de mathématiques, toutes filières confondues

ISBN : 978-2-35141-390-6
ISSN : 1952-2282

Mode d'emploi

Un bon ingénieur, comme son titre l'indique, est ingénieux, il possède un génie certain pour mettre en place des projets au sein de son entreprise. Mais outre la conception de ces projets, il doit savoir les exposer, convaincre, et pour cela s'exprimer avec précision et élégance, argumenter et illustrer son point de vue. L'exercice de la dissertation met en œuvre ces facultés, et c'est la raison de sa présence parmi les épreuves de recrutement des grandes écoles.

Objectif de cet ouvrage

L'ouvrage que vous tenez entre les mains entend vous former pour cet exercice, qui paraît n'être qu'académique et qui est pourtant la manifestation d'une capacité à réfléchir et à exposer son argumentation, si toutefois on en connaît les règles. « Vous former », c'est-à-dire vous conduire à savoir faire cet exercice par vous-même le jour du concours. Pour cela, il ne s'agit pas d'apprendre par cœur les plans et encore moins les dissertations proposées – même si cela est tentant ! Il s'agit de vous préparer de manière raisonnée et rigoureuse.

Aucun livre ne peut se substituer à une étude personnelle des œuvres ni aux cours de votre professeur. Mais il peut les compléter et vous montrer comment en tirer le meilleur parti. Voici ce qui vous permettra d'aborder les concours en toute confiance :

- une méthode claire et efficace ;
- l'exposé des principales thèses sur le thème ;
- des exercices de problématisation ;
- des exercices d'exploitation des œuvres ;
- des exercices de recherche d'exemples ;
- vingt dissertations étudiées et corrigées en détail ;
- des citations prêtes à l'emploi.

Quand et comment utiliser cet ouvrage

Le secret, c'est qu'il n'y a pas de secret : il faut travailler régulièrement et intelligemment, comme en sciences. Reste à savoir ce que cela veut dire à propos du français... La démarche que nous vous proposons ci-dessous n'est pas la seule possible, mais elle vous garantit une progression continue, un bon niveau final et un excellent rapport note au concours / temps investi.

Pendant l'été

Commencez bien sûr par lire les œuvres au programme. Cette première étape doit déjà être rentabilisée : au fil de la lecture, réfléchissez aux liens que chaque œuvre entretient avec le thème de l'année, aux diverses façons dont elle l'illustre. Soulignez les passages qui vous semblent importants et les citations que vous souhaitez retenir. Aidez-vous pour cela de ceux que nous avons sélectionnés, ce sont de bons repères, mais ne négligez pas les extraits qui vous plaisent ou vous frappent. Une lecture personnelle est tout à fait valorisée.

Étudiez ensuite les parties de ce manuel qui présentent les thèses et les œuvres. Vous aurez ainsi une bonne vue d'ensemble du programme qui vous permettra de recevoir dans de bonnes conditions les cours de votre professeur.

Pendant l'automne

Travaillez les exercices d'exploitation des œuvres. Pour chacun, relisez le passage et demandez-vous comment il illustre le thème de l'année. Retenez les thèses qu'il peut illustrer. Ceci vous aidera à constituer un bagage de références et d'exemples précis. Apprenez les citations au fur et à mesure, en sachant les situer aussi précisément que possible dans les œuvres.

En parallèle, lisez une fois la méthode, puis lisez une dissertation chaque semaine en panachant les parties du manuel, soit dix dissertations avant Noël – ne travaillez pas pendant les vacances. Vous devez chercher à comprendre (pendant une demi-heure, lecture comprise) comment la réflexion préparatoire est menée, comment la méthode est appliquée et enfin comment la dissertation est constituée, puis rédigée. La structure est pour l'instant plus importante que le détail de la rédaction. Inutile à ce stade de disserter vous-même : commencez par apprendre en observant. Les exercices demandés par votre professeur suffisent – n'hésitez d'ailleurs pas à le solliciter en cas de problème avec la méthode.

Pendant l'hiver

Il est temps de passer à la pratique. Relisez la méthode puis étudiez les exercices de problématisation et d'argumentation. Chaque semaine, choisissez un libellé parmi les dix restants et consacrez-lui une heure.

Prenez vingt minutes pour analyser le sujet, le confronter aux œuvres et construire une problématique. Lisez ensuite l'annexe *Éviter le hors-sujet*, qui vous aidera à saisir le sujet dans sa singularité en le comparant à un autre, proche mais distinct. Corrigez au besoin votre approche puis consultez l'analyse que nous proposons.

Passez dix minutes à élaborer un plan détaillé, sans oublier les transitions, puis confrontez-le au nôtre.

Une demi-heure sera nécessaire pour un essai de rédaction : faites systématiquement une introduction et, en alternance, une conclusion ou une sous-partie.

Enfin, lisez la dissertation corrigée. Elle n'est pas la seule manière de traiter le sujet, mais elle constitue un exemple de bonne copie. Portez une attention particulière à la manière dont les exemples sont exploités dans l'argumentation, et retenez-les si vous ne les avez pas encore rencontrés. Soyez également attentif à la langue, à la syntaxe, à l'orthographe de certains termes clés.

Pendant le printemps

Si vous êtes en spé, il ne reste que quatre semaines avant les écrits : contentez-vous de réviser les citations et les exercices. Si vous avez travaillé régulièrement, cela suffit. Mais lorsque vous « bouquinez », choisissez un livre « utile » : les œuvres au programme si vous ressentez le besoin de vous les remettre en mémoire, ou un livre de réflexion sur le thème de l'année en général. Évitez les autres œuvres des mêmes auteurs : d'une part vous risquez de confondre les intrigues, d'autre part vous ne devez utiliser que les œuvres au programme dans vos copies.

Si vous êtes en sup, il faut entretenir votre niveau pour éviter de revenir à la case départ l'année suivante. Pour cela, travaillez selon le programme d'hiver cinq des dix libellés dont vous aviez lu le corrigé pendant l'automne.

Et n'oubliez pas...

Votre emploi du temps réserve deux heures chaque semaine pour l'étude du français : essayez d'en tirer le meilleur parti. En premier lieu, écoutez attentivement le cours. C'est toujours la base. Mais ne vous contentez pas de noter docilement tout ce qui est dit : gardez un esprit critique et, au besoin, entamez un dialogue avec votre professeur pendant le cours ou après. Pratiquées dans les limites du bon sens, ces questions contribuent à rendre le cours vivant et stimulant pour tout le monde. Un bon élève n'est plus, comme au lycée, celui qui sait le mieux répondre aux questions, mais celui qui pose les meilleures questions.

L'ensemble de l'équipe vous souhaite
une belle réussite aux concours.

Sommaire

La méthode pour réussir ses dissertations 12

Pourquoi une épreuve de français ? (12) — *Qu'est-ce qu'une dissertation ?* (12) — *Comment une copie est-elle évaluée ?* (15) — *Le thème et les œuvres* (17) — *Les rapports du jury* (17) — *La découverte du sujet* (18) — *Les mots du sujet* (19) — *La convocation des œuvres* (20) — *Construire votre problématique* (20) — *Construire votre plan* (21) — *Rédiger un plan détaillé* (22) — *L'expression* (24) — *L'introduction* (25) — *Les parties* (26) — *Les sous-parties* (27) — *Les transitions* (28) — *La conclusion* (29) — *Disserter en nombre limité de mots* (30)

Les mots pour le dire 31

Les principales thèses sur le thème de l'année 34

Exercices de problématisation 39

Exercices d'exploitation des œuvres 42

Exercices de recherche d'exemples 66

Rôles et fonctions du travail

Sujet 1

« Nulle part dans l'Ancien Testament la mort n'est le salaire du péché. Et la malédiction qui chassa l'homme du paradis ne lui donna pas pour châtiment le travail et la naissance : elle fit seulement que le travail devint pénible et que la femme enfanta dans la douleur. » (Hannah Arendt) 75

Sujet 2

« Travail (s. m.) : Occupation journalière à laquelle l'homme est condamné par son besoin, et à laquelle il doit en même temps sa santé, sa subsistance, sa sérénité, son bon sens et sa vertu peut-être. » (*Encyclopédie* de Diderot et d'Alembert) 83

Sujet 3

« C'est le procès de travail lui-même qui est devenu interchangeable : structure d'accueil mobile, polyvalente, intermittente, indifférente à quelque objectif que ce soit, indifférente au travail même entendu dans son opération classique [...]. » (Baudrillard) 91

Sujet 4
« Quelquefois la difficulté de l'ouvrage nous plaît, quelquefois c'est la facilité ; et, comme dans un jardin magnifique nous admirons la grandeur et la dépense du maître, nous voyons quelquefois avec plaisir qu'on a eu l'art de nous plaire avec peu de dépense et de travail. » (Montesquieu) 99

Sujet 5
« Il ne nous appartient pas [...] de chercher si l'éducation (qui apparaît sous la forme des interdits religieux) est la conséquence du travail, ou le travail la conséquence d'une mutation morale. Mais en tant qu'il y a l'homme, il y a d'une part travail et de l'autre négation par interdits de l'animalité de l'homme. »
(Georges Bataille) 107

Au travail : aliénation ou libération ?

Sujet 6
L'Homme se libère-t-il en travaillant ? 115

Sujet 7 – **corrigé type Centrale en 1800 mots**
« Le Maître force l'Esclave à travailler. Et en travaillant, l'Esclave devient maître de la Nature. Or, il n'est devenu l'Esclave du Maître que parce que – au prime abord – il était esclave de la Nature, en se solidarisant avec elle et en se subordonnant à ses lois par l'acceptation de l'instinct de conservation. » (Kojève) 123

Sujet 8
« Ainsi une société où l'on travaille dur en permanence aura davantage de sécurité : et l'on adore aujourd'hui la sécurité comme la divinité suprême. » (Nietzsche) 131

Sujet 9
« Le travailleur qu'on l'approuve ou non / Ne peut plus être ignoré dans le monde / D'aujourd'hui. Ne serait-ce que comme client. / J'ai toujours souligné que le travail honnête / Ne déshonore pas, mais construit et génère du profit. / Et à ce titre est nécessaire. Individuellement, le travailleur / A mon entière sympathie. Mais ensuite / Quand il s'attroupe et prétend / Mettre son grain de sel là où il ne comprend rien / À savoir comment on dégage du profit et ainsi de suite / Je dis : arrête, frère, ça ne marche pas comme ça. / Tu es un travailleur, donc tu travailles. / Si tu me fais une grève et ne travailles plus, alors / Tu n'es plus un travailleur, mais / Un sujet dangereux et j'interviens. » (Brecht) 139

Sujet 10
« Un mois, trois mois que nous sommes mariés, nous retournons à la fac, je donne des cours de latin. Le soir descend plus tôt, on travaille ensemble dans la grande salle. [...] La Cocotte-Minute, cadeau de mariage si utile vous verrez, chantonne sur le gaz. Unis, pareils. Sonnerie stridente du compte-minutes, autre cadeau. Finie la ressemblance. L'un des deux se lève, arrête la flamme sous la cocotte, attend que la toupie folle ralentisse, ouvre la cocotte, passe le potage et revient à ses bouquins en se demandant où il en était resté. Moi. Elle avait démarré, la différence. Par la dînette. » (Annie Ernaux) 147

Le temps du travail

Sujet 11
« Le travail n'est donc pas l'activité en soi mais l'expression d'un être particulier qui tente de remplir son espace, son temps, sa légitimité. Il ne connaît donc aucune opposition en dehors de lui-même : il ressemble au feu qui dévore et transforme tout ce qui est combustible et que seul son propre principe peut lui disputer par un contre-feu. L'espace du travail est illimité, de même que la journée de travail englobe vingt-quatre heures. Le contraire du travail ce n'est pas le repos ou l'oisiveté, mais dans cette perspective il n'y a aucune situation qui ne soit conçue comme travail ». (Ernst Jünger) 155

Sujet 12
« Pour créer la moindre fleur, des siècles ont travaillé. » (Blake) 163

Sujet 13
« Mais pour les enfants l'avenir n'existe pas. On avait beau les saturer de cette maxime : "Que le travail est honorable et que les riches parfois sont malheureux", ils avaient connu des travailleurs nullement honorés et se rappelaient le château où la vie semblait bonne. » (Flaubert) 171

Sujet 14
« Rien n'est plus laid qu'un outil brisé et jeté sur un tas ; rien n'est plus laid qu'une machine rouillée, une roue brisée au bord de la route. Les choses du travail n'ont de sens que dans le mouvement qui les emporte ou les entoure, ou bien dans leur court repos, quand tout marque que l'homme va revenir. » (Alain) 179

Sujet 15
« La cloche dit : prière ! et l'enclume : travail ! » (Victor Hugo) 187

Valeurs du travail

Sujet 16
« Il n'est sans doute rien qui distingue aussi profondément le mode de vie de l'intellectuel de celui du bourgeois que ceci : le premier ne reconnaît pas l'alternative entre le travail et l'amusement. [...] *Work while you work, play while you play* est une des règles fondamentales de l'autodiscipline répressive. » (Adorno) 195

Sujet 17
« La limite idéale vers laquelle tend la nouvelle organisation du travail est celle où le travail se bornerait à cette seule forme de l'action : l'initiative. » (Jean Fourastié) 203

Sujet 18
« Je n'aime pas le travail, nul ne l'aime ; mais j'aime ce qui est dans le travail l'occasion de se découvrir soi-même, j'entends notre propre réalité, ce que nous sommes à nos yeux et non pas en façade. » (Joseph Conrad) 211

Sujet 19
« L'idée que le travail moderne est marqué du sceau de l'ascétisme n'est certes pas nouvelle. Se borner à un travail spécialisé, et par suite renoncer à l'universalité faustienne de l'homme, telle est la condition de toute activité fructueuse dans le monde moderne. » (Max Weber) 219

Sujet 20
« On s'honorait en s'abstenant de tout travail ; aujourd'hui la décence l'exige. [...] Chez les personnes raffinées, [...] le travail manuel est noté d'infamie, et ce sentiment peut prendre tant de force qu'en des circonstances critiques, il reniera même l'instinct de conservation. » (Thorstein Veblen) 227

Citations à retenir 235

Index des œuvres et des noms propres 240

La méthode
pour réussir ses dissertations

La dissertation possède une réputation redoutable, qui n'est pas sans fondement. Elle n'est pas pour autant hors de votre portée ; cette méthode vous montrera comment faire. Il nous faut cependant préciser d'emblée un point : nous pouvons vous expliquer ce qui est attendu, vous montrer des exemples réussis, vous mettre en garde contre les erreurs fréquentes, mais pas disserter à votre place. Votre apprentissage doit donc passer par la théorie (ce chapitre) mais aussi par la pratique (à votre bureau), en utilisant les corrigés de ce livre comme guides.

I But du jeu

1 Pourquoi une épreuve de français ?

Un bon ingénieur est polyvalent. Il doit comprendres les sciences, maîtriser des techniques, imaginer des solutions, exposer ses projets, souder une équipe... Les écoles recherchent donc en priorité des candidats capables de montrer plusieurs facettes. À votre niveau d'étude, cela se traduit par des épreuves de français et de langue en plus des épreuves scientifiques[1].

Les épreuves de français aux concours sont conçues pour évaluer des capacités proches de celles exigées en science : rigueur, compréhension en profondeur, créativité, qualité de la communication. La dissertation est un exercice bien adapté pour évaluer ces compétences[2], nous vous montrerons pourquoi.

2 Qu'est-ce qu'une dissertation ?

Le français peut, en droit, donner lieu à des exercices très divers : la récitation d'une épopée[3], la mise en scène d'une pièce de théâtre, la dictée, le commentaire de texte, l'écriture de poèmes... Les concours ont sélectionné celui des exercices qui est le mieux adapté à vos qualités : la dissertation. Elle est la mise en scène d'un raisonnement, c'est-à-dire d'une forme de discours.

---

[1] Tout au long de ce chapitre, les notes de bas de page sont des passages extraits des rapports des jurys des principaux concours : Polytechnique, Mines-Ponts, Centrale-Supélec, CCP, E3A, Banque PT. [2] « Les qualités qui assurent la réussite dans cette épreuve sont celles que l'on attend d'un futur ingénieur, discernement, approche méthodique, bon usage du doute et juste appréciation des risques avant de prendre une décision, mais aussi rapidité et fermeté. » [3] « Avec la récitation d'un cours, on est aux antipodes de la dissertation. »

De là découlent plusieurs observations. Un bon discours doit parler d'un problème réel et intéressant, ce que l'on appellera la problématique. Il comporte une entrée en matière (l'introduction) qui capte l'attention, et aboutit à une position claire (la conclusion). Entre les deux, on chemine linéairement (pas d'anticipation, pas de flash-back), à pas relativement lents, de manière raisonnée, en passant par des étapes bien identifiées (les parties et sous-parties) qui associent les idées et les exemples.

Selon votre sensibilité, vous pourrez préférer avoir à l'esprit l'analogie, moins précise mais peut-être plus parlante, avec une pièce de théâtre dont vous seriez l'auteur. Son intrigue se développe autour d'un problème central (la problématique), avec des temps bien déterminés, les actes et les scènes (les parties et sous-parties). Elle progresse d'une entrée en matière qui éveille l'attention du spectateur (l'introduction) à un dénouement (la conclusion) qui démêle le nœud central.

La dissertation est un discours d'un type particulier puisqu'elle est écrite pour être évaluée et corrigée. Outre les contraintes sur l'objectif (on vous demande un raisonnement, pas un livret d'opéra), on introduit des contraintes formelles (analogues aux règles d'unité de temps, lieu et action au théâtre). Elles vous aident en fournissant un cadre et en limitant l'arbitraire du correcteur ; elles plaisent aussi à ce dernier car ces règles sont choisies pour donner à la dissertation une forme bien adaptée à sa nature. Ces règles, nombreuses, sont exposées dans ce chapitre.

À grands traits, on peut dire que la dissertation part d'un problème, contenu implicitement dans le sujet, auquel elle apporte une réponse organisée et argumentée, progressant du simple au complexe. Les professeurs de français utilisent souvent le terme « raisonnement » pour caractériser ce cheminement[4], ce qui est correct. En revanche, un doute s'installe lorsque « démonstration », « preuve » ou « rigueur » est employé[5].

Ainsi, quand un professeur de français dit qu'un exemple constitue une preuve, un professeur de maths soulève un sourcil dubitatif : ne serait-ce pas seulement un cas particulier ? Pour lever l'incompréhension mutuelle entre ces deux mondes, il faut passer au niveau d'abstraction supérieur : que ce soit en maths ou en français, on peut produire des discours dont l'objectif est de convaincre son interlocuteur. Les domaines étant différents, les méthodes sont différentes, même si l'on emploie les mêmes termes. Dans la mesure où un exemple bien choisi et bien expliqué suffit à convaincre de la justesse d'un argument (« Dans les années 1970, *Orange mécanique* était considéré comme ultraviolent » soutient l'idée que « Le cinéma est devenu plus violent »), on peut dire

4 « On a apprécié les raisonnements sans contradictions logiques, absurdités, obscurités diverses. » 5 « Les exemples devraient servir non de vignettes décoratives, mais de preuves, indispensables à un exercice de démonstration. »

qu'il remplit la fonction d'une « preuve » (convaincre), et que celle-ci s'insère donc dans une « démonstration » « rigoureuse », sans contradiction[6].

Une autre difficulté liée à la nature même de l'exercice est de bien comprendre qui s'exprime dans une dissertation, car vous êtes placé dans une situation paradoxale. À première vue, en effet, c'est l'auteur de la copie qui s'exprime. Parce que c'est vous qui rédigez, bien sûr, et aussi parce que l'on attend que vous ayez une lecture *personnelle* des œuvres au programme. Mais surtout parce que votre dissertation doit avoir l'audace de contredire l'auteur de la citation du libellé, ou au moins de nuancer son propos (aux concours, l'immense majorité des sujets s'appuient sur une citation). On vous demande de discuter[7] la citation, fût-elle d'un auteur intimidant comme Platon[8]. Il faut donc vous engager[9].

Cependant, une dissertation n'est pas non plus l'occasion de donner libre cours à votre créativité, puisque des formes sont imposées. Même au sein de ces formes, on attend que votre devoir varie les points de vue, donc que vous développiez des idées qui ne sont pas forcément les vôtres. D'ailleurs, lorsque vous exposez l'idée d'un auteur au programme, il faut toujours le faire loyalement, comme cet auteur l'aurait fait lui-même, quitte à ce que vous apportiez plus loin des arguments qui dépassent cette idée. Enfin, on vous demande d'apporter une réponse claire à la question posée, en prenant le risque de ne pas penser comme l'auteur de la citation, mais dans le fond il n'est pas exigé que cette réponse coïncide avec votre avis véritable.

On aperçoit ainsi une dimension supplémentaire à l'idée que la dissertation est une forme de discours : sous certains aspects, elle s'apparente à une plaidoirie d'avocat. Comme cette dernière, la dissertation a plusieurs voix et elle ne peut pas compter sur un hypothétique droit au respect du moi-je-pense-que puisqu'elle est soupesée et jugée.

Les lignes précédentes, consacrées à comprendre ce qu'est une dissertation, vous ont donné un aperçu d'une démarche qui est appréciée dans une dissertation : il faut montrer que votre pensée se cherche, qu'elle se construit peu à peu, qu'elle s'engendre elle-même. En sciences, vous le faites au brouillon et, au final, vous ne montrez dans votre copie que ce qui marche, en reproduisant seulement les étapes nécessaires ; en français, c'est pareil, avec toutefois la difficulté supplémentaire que les mots

---

[6] « Crainte de déplaire, ignorance méthodologique ? Certaines conclusions vont dans le sens de la citation alors même que les derniers développements l'avaient à juste titre mise en défaut... » [7] « Un très grand nombre de candidats ne *discutent* pas le sujet, comme le libellé le demandait pourtant expressément. » [8] « On demandait aux candidats d'oser penser contre la formule du libellé. » [9] « La plupart des dissertations s'évertuent à donner raison à l'auteur, au prix parfois d'argumentations aberrantes, et la question des conséquences d'une telle thèse n'est que très rarement posée. »

ont en général plusieurs interpétations possibles, de sorte que votre dissertation doit mettre en scène le raffinement progressif de votre réflexion via une compréhension de plus en plus aiguë des notions en jeu.

3 Comment une copie est-elle évaluée ?

En science, il y a parfois dix manières de démontrer la même chose, mais toutes (si elles sont justes) aboutissent au même résultat. En français, pas du tout. D'abord parce que le point de départ n'est pas forcément le même puisqu'à partir de la citation on peut a priori construire plusieurs problèmes réels et intéressants[10], c'est-à-dire plusieurs problématiques[11]. Ensuite parce que selon les termes de Protagoras (le personnage historique), qui en savait long sur les plaidoiries, « Sur chaque chose, il y a deux discours. » Il y a donc, pour un même libellé, une foule de bonnes dissertations possibles[12].

Il y a aussi cependant bien des manières de rater sa dissertation. Cela commence avec le premier coup d'œil sur la copie, qui influence l'humeur du correcteur[13] : est-elle propre ou sale[14], claire ou désordonnée, équilibrée ou pas ? L'introduction est-elle divisée en plusieurs paragraphes ? Des transitions sont-elles ménagées entre les parties, avec des lignes blanches avant et après[15] ? Bref, la copie est-elle écrite pour être lue et corrigée ?

Après cet aperçu visuel vient la lecture de l'introduction qui, bien souvent, donne une bonne idée de ce que sera la suite car elle indique le niveau de compréhension du sujet ; en complément, on peut passer directement à la conclusion et voir si une réponse claire est apportée.

Peut-on espérer de cette copie qu'elle rompe la litanie monotone des devoirs qui disent tous la même chose ? Ou le candidat a-t-il respecté les règles formelles mais négligé d'introduire une pensée véritable[16] ?

---

[10] « Nous ne croyons pas qu'il existe « une » « vérité » d'un sujet. » [11] « Les correcteurs étaient prêts à accepter toutes les perspectives, même incomplètement explorées, offertes par le sujet ; ils étaient disposés à manifester la plus grande bienveillance à toute interprétation, fût-elle contestable et partielle, des formules de l'auteur – pourvu que ledit sujet fût *effectivement* pris en considération, analysé et exploité. » [12] « Les correcteurs n'attendent pas l'impossible. Ils sont prêts à valoriser toute copie qui présente un travail engagé, personnel, témoignant d'une pensée en éveil, soucieuse de se confronter au point de vue d'autrui et de proposer une démarche pertinente. » [13] « La mise en forme d'un devoir, organisée, claire et lisible, témoigne du souci de communiquer efficacement. » [14] « Un correcteur qui s'arrache les yeux sur une copie mal écrite abandonne rapidement l'effort et sanctionne lourdement. » [15] « Trop de copies négligent la typographie du texte, qui permet de repérer le raisonnement. » [16] « Les candidats considèrent peut-être que le simple respect des « règles du jeu » de la méthode permet de jouer correctement la partie. »

Voici un guide approximatif proposé par un rapport :

Copie très courte et n'évoquant qu'à peine la citation du sujet et les œuvres au programme	< 5
Copie juxtaposant des développements sur le thème et/ou les œuvres mais sans jamais établir de lien réel avec le sujet	< 8
Copie ayant tenté de prendre en compte le sujet mais en le limitant à une seule notion, avec trop de superficialité ou de maladresses méthodologiques (pauvreté des exemples, déséquilibre entre les parties ou les œuvres)	< 11
Absence de maladresses méthodologiques, approfondissement de la réflexion, introduction à une dimension critique, pertinence des exemples	⩾ 11

Un autre rapport, à l'occasion de la présentation d'une bonne copie, indique cette liste de points positifs :

L'**introduction** respecte bien les 3 étapes (accroche ; reproduction de la citation et analyse précise des termes ; problématique et annonce de plan)	✓
La citation est au cœur de la réflexion, elle est reprise par fragments dans la problématique et chaque partie de l'annonce de plan	✓
La copie nuance, voire critique la thèse de la citation	✓
La troisième partie dépasse la citation, sans perdre de vue le sujet par une généralisation excessive	✓
L'introduction est (relativement) longue	✓
Le **développement** comporte des sous-parties construites autour d'un argument (et non d'une œuvre)	✓
Les trois œuvres sont utilisées dans chaque partie	✓
Les œuvres sont confrontées et non juxtaposées	✓
On observe de fréquents retours à la citation et aux termes précis qu'elle utilise	✓
Les affirmations sont illustrées d'un exemple ou d'une citation	✓
Chaque partie et chaque sous-partie annonce explicitement la direction qu'emprunte la réflexion	✓
Des transitions sont ménagées entre les parties	✓
La **conclusion** reprend les termes de la citation et répond à la question posée en introduction	✓
Elle s'achève par une tentative d'élargissement de la réflexion	✓

Voyons maintenant comment vous préparer pendant l'année.

II Le travail pendant l'année

1 Le thème et les œuvres

Quand on lit un théorème de maths, on fait attention à tout. Chaque mot a une portée très précise et ne peut pas être remplacé par un autre. On cherche des exemples où le théorème s'applique, ou ne s'applique pas. On vérifie stylo en main, sur un exemple simple, que l'on a compris. Bref, on travaille. À l'inverse, un magazine people peut être lu rapidement sans perte de sens. Une œuvre au programme est entre les deux. Matériellement, en prépa, on ne peut pas soupeser chaque paragraphe avec autant d'attention que s'il s'agissait d'un théorème ; mais on ne fait pas non plus son travail si l'on se contente de lire un mot après l'autre[17].

On attend de vous un « dialogue » avec les œuvres, c'est-à-dire de vous arrêter à certains moments pour comparer deux passages, comprendre un personnage, réagir à une idée... Les œuvres ne sont pas des textes sacrés à contempler sans poser de question, mais des occasions d'alimenter votre propre réflexion sur le thème au programme. *Votre* perception *personnelle* des œuvres sera *très* valorisée aux concours[18]. Pour capitaliser sur votre travail, soulignez les passages qui vous ont frappé, pour les retrouver plus facilement.

Enfin, il n'y a pas que des œuvres au programme, mais aussi un thème. Lors de votre lecture des œuvres, vous devez vous demander ce qu'elles vous disent sur le thème. Ce dernier peut aussi être travaillé en dehors des œuvres, tout au long de l'année : que vous évoque-t-il ? Quels échos trouve-t-il dans votre vie privée, dans les événements que vous avez vécus ? Quels grands problèmes lui sont reliés, et quelle position adoptez-vous ? Cette réflexion éminemment *personnelle* vous sera d'un grand secours pour aborder les sujets et développer une pensée qui ne soit pas naïve, convenue[19] ou banale[20].

2 Les rapports du jury

Via le site `www.scei-concours.fr`, vous pouvez télécharger les rapports de tous les concours. Vous y trouverez des renseignements précieux :

[17] « « Lire » ne signifie pas mémoriser mécaniquement le contenu de surface d'un texte, « lire », dans toute sa puissance et dans toute sa vitalité, signifie décryter sous les mots particuliers d'un texte toute l'acuité du regard sur le monde que son écriture contient et présuppose. » [18] « Les devoirs tout juste dans la moyenne (à 9–10) proposent une analyse du sujet, des illustrations correctes, mais ils correspondent précisément souvent aux travaux « standardisés » qui, faute d'une lecture vraiment précise et personnelle des œuvres et d'une analyse très exigeante du sujet, développent une réflexion souvent acceptable mais convenue. » [19] « L'épreuve valorise ceux qui possèdent vraiment leur savoir et leur pensée, qui n'essaient pas d'éblouir par de fausses richesses, empruntées puis étalées sans discernement. » [20] « La plupart du temps, on ramène tout le débat à un lieu commun, à une question banale traitée en classe. »

ce que les correcteurs attendent ou regrettent, ce qui les agace ou les intéresse, des critiques précises, des échelles de notes, des copies réelles données en exemple... Accessoirement, vous pourrez aussi, à travers le style de l'auteur du rapport, vous faire idée du type de personne qui corrigera votre copie. Certains rapports sont pompeux, d'autres bienveillants, ou féroces par endroits...

Les rapports disent à peu près la même chose d'un concours à l'autre, à une exception près : comment considérer, dans une copie, un exemple tiré d'une œuvre qui n'est pas au programme mais qui est bien exploité ? Certains jurys le valorisent, d'autres le pénalisent[21], d'autres encore refusent de valoriser ou de pénaliser... Dans le doute, abstenez-vous[22].

III Avant de rédiger

La durée de l'épreuve varie, selon les concours, de 2h30 à 4 heures. Il faut vous y préparer pendant l'année, car les exigences ne sont pas deux fois moindres pour une épreuve deux fois plus courte. On attendra plutôt de vous que vous travailliez deux fois plus vite.

1 **La découverte du sujet** (quelques minutes)

Le sujet pourra, à première vue, vous sembler facile, déroutant ou effrayant. Dans tous les cas, pas de précipitation[23]. Paradoxalement, c'est devant un sujet en apparence facile que vous êtes le plus en danger, en particulier s'il semble proche d'un sujet traité pendant l'année car vous risquez de passer à côté de sa spécificité[24].

Il faut savoir prendre son temps, s'ouvrir au sujet et rester humble : puisque le sujet est posé, il est approprié, donc ni évident, ni inabordable. Il peut être soumis à une réflexion intelligente et donner lieu à une dissertation de qualité. Vérifiez que vous comprenez bien le sens apparent de la citation[25], cherchez-en d'autres, notez les premières pensées qui vous viennent, et abstenez-vous pour le moment de recourir à votre mémoire, c'est trop tôt.

Quelle que soit la difficulté apparente, la méthode est la même et commence par l'analyse terme à terme.

---

[21] « L'exercice est une dissertation sur programme et non un exposé de culture générale. » [22] « Nous acceptons bien évidemment l'absence totale de références extérieures. » [23] « Certains seront surpris, après avoir couvert des pages sans prendre le temps de réfléchir, d'obtenir une note très faible. » [24] « Le nombre important de copies faiblement notées, pourtant bien rédigées et abondamment illustrées, s'explique par le refus d'analyser le sujet, conduisant à l'accumulation de paragraphes pré-écrits, dans un plan prêt-à-l'emploi qui rate les véritables enjeux. » [25] « Un grand nombre de candidats n'ont tout simplement pas compris les propos de l'auteur, qui ont fait l'objet de paraphrases erronées. »

2 Les mots du sujet

Cette étape est simple mais cruciale[26], ne la négligez pas. Avec la suivante, elle doit occuper un quart du temps de l'épreuve. Trop de candidats croient que les mots ont un seul sens, évident[27], ce qui les empêche de construire ensuite un raisonnement nuancé. Vous aurez besoin dans le développement de vous appuyer sur des sens de plus en plus raffinés des termes du sujet[28].

D'abord, deux « trucs ». Si la citation comporte des points de suspension entre crochets (« [...] »), il suffit de faire comme s'ils n'existaient pas. Ensuite, recopiez l'énoncé sur votre brouillon. En effet, l'esprit passe trop rapidement sur certains mots tandis que la main doit peiner lettre à lettre, ce qui vous oblige à faire attention à chaque terme.

Pour chaque mot porteur de sens, considérez-le comme s'il ne faisait pas partie de la citation. Il a peut-être plusieurs sens très différents (comme « révolution »). Pour chaque sens du mot, il faut rechercher les sous-sens possibles : le « travail » n'est pas le même selon qu'il est manuel ou intellectuel, ou qu'il est effectué par un salarié, un entrepreneur ou un serf. Ce n'est pas fini : pour bien le situer, recherchez des termes de la même famille (terre, Terre, terreau, enterrer, territoire, extra-terrestre, etc.), des expressions qui l'utilisent (mettre un genou à terre, remuer ciel et terre, être terre à terre, etc.), des proverbes ou citations, des homonymes, synonymes, et son étymologie. Inversement, recherchez des antonymes et dites en quoi le mot diffère des termes proches. Cette phase d'association libre des idées, moment de passivité active, ne donnera rien pour certaines catégories, trop pour d'autres. Ce n'est pas grave.

L'étape précédente a ouvert de nombreuses pistes d'interprétation des termes du sujet. Mais elles ne sont pas toutes pertinentes, car la citation prise dans son ensemble circonscrit les sens possibles ; les autres fonctionnent mal et doivent être écartés. C'est le moment du tri.

À l'issue de ce travail, votre compréhension du libellé s'est enrichie. Vous distinguez peut-être plusieurs champs d'application (moral, religieux, politique...), vous comprenez mieux ce qu'il peut avoir de provocant, ironique ou paradoxal, et quels sont ses sens implicites (quand Darth Vader dit « Je suis ton père », il espère *implicitement* que sa paternité biologique se prolongera en une paternité spirituelle).

Attention toutefois, ceci n'est pas une invitation à remplacer un mot du sujet par un autre qui vous conviendrait mieux. Ne transformez pas

---

[26] « Il est indispensable d'analyser méticuleusement les termes de la citation. »
[27] « Rares sont les candidats qui interrogent les termes clés de la formule proposée, et comprennent qu'il faut y voir autant de variables à paramétrer et à tester avant de pouvoir apprécier la validité d'un jugement. Trop partent de l'idée que le sens des mots est clair, en tout cas univoque. » [28] « Le premier travail des candidats était d'élucider le vocabulaire utilisé par l'auteur de la citation, afin d'analyser précisément sa pensée. »

le sujet. Tout votre devoir doit être fidèle à ses mots, à sa formulation (pourquoi celle-là et pas une autre ?), à sa logique interne. Il détermine ce sur quoi vous allez réfléchir. Et pour bien convaincre votre correcteur que vous l'avez toujours gardé à l'esprit, réutilisez ses termes dans l'introduction, dans l'annonce des parties et dans la conclusion, en faisant évoluer les sens que vous leur donnez.

3 La convocation des œuvres

La compréhension du libellé n'est pas encore complète. Vous l'enrichissez en examinant si les différents sens du sujet trouvent, ou non, un écho dans les œuvres au programme. Pour cela, soyez systématique : vous pouvez prendre un à un les personnages, les lieux, les temps forts, les grandes idées et tout particulièrement les moments qui vous ont personnellement marqué. Vous aurez alors plus de matériau que vous ne pourrez en utiliser dans votre copie, mais le tri ne viendra qu'au moment de rédiger le plan détaillé.

4 Construire votre problématique

L'analyse des termes et la convocation des œuvres vous ont permis de dégager de grands thèmes. Premier problème : vous en avez trop, et il ne va pas suffire d'en garder trois et de les enchaîner plus ou moins adroitement pour élaborer votre dissertation[29].

Imaginez qu'au lieu d'une dissertation, on vous demande un scénario, et que le sujet soit : « La fille d'un riche est amoureuse d'un pauvre. » Vous avez travaillé les termes (fille naturelle ? bâtarde ? adoptée ? cachée ? chérie ou mal-aimée ?... riche héritier ? entrepreneur ? souverain ?... amour ? passion ? attirance ?...), convoqué des œuvres (comme *L'Avare*) pour enrichir vos idées, imaginé diverses bribes d'histoire. Si vous cousez ensemble ces bribes éparses, l'histoire n'aura ni queue ni tête. Si vous vous contentez d'illustrer littéralement le sujet, vous obtiendrez seulement un film de vacances, ennuyeux et sans relief. Bref, vous ne vous en tirerez pas sans faire l'effort d'exploiter la tension latente entre amour filial, sentiment amoureux et richesse, ce qui sera le nœud que votre intrigue devra peu à peu serrer puis dénouer. Et vous devrez prendre garde à ne pas dénaturer le sujet, qui n'est pas « Le fils d'un riche est amoureux d'une pauvre », « La fille d'un riche veut s'occuper des pauvres » ni « Une fille riche est amoureuse d'un garçon pauvre ».

De la même manière, pour construire votre dissertation vous devez déceler ce qui fait implicitement problème dans le libellé[30], ce que l'au-

[29] « La dissertation ne peut se limiter à une question de cours, à un simple étalage de connaissances, même quand elles sont réelles et intéressantes. » [30] « Proposer une problématique, ce n'est pas faire semblant de poser une question ; c'est soulever ce qui *fait* question. »

teur de la citation suppose évident et qui ne l'est pas forcément. Vous ne parviendrez peut-être à saisir que certaines facettes du problème, ce qui donnera une copie plus ou moins ambitieuse, pouvant prétendre à une note plus ou moins élevée. Le problème tel que vous l'aurez compris et clairement formulé dans l'introduction sera votre *problématique*, qui doit être conforme au libellé.

Lorsque vous avez entrevu le problème qui est implicite dans le sujet, vous devez le travailler : d'où vient-il ? en quels termes se pose-t-il vraiment ? quels sens donner à ces termes pour montrer que le problème se pose vraiment ? Vous devez parvenir à une formulation courte, synthétique, précise[31], que vous reprendrez telle quelle dans l'introduction.

Cette étape et la suivante occupent conjointement un quart du temps.

5 Construire votre plan

Votre problématique a posé une question. Votre conclusion devra y apporter des réponses claires et fermes. Pour que celles-ci soient convaincantes, elles doivent venir couronner un raisonnement, qui s'insère entre l'introduction et la conclusion et constitue donc le corps de la dissertation. Votre plan est constitué des grandes étapes de votre raisonnement.

Il nous faut préciser ce que l'on entend par des « réponses » aux questions. En science, les conclusions doivent répondre de manière exacte et complète au problème. En français-philosophie, une telle ambition serait illusoire. Vingt-cinq siècles de philosophie et de littérature n'ont pas mis fin au problème ; votre copie ne le fera pas non plus. Toute réponse dépend de présupposés, d'hypothèses, de définitions, de sorte qu'elle ne peut pas clore le sujet ; elle vient l'éclairer, l'exposer, l'expliquer. Vous proposez une réponse possible, personnelle, jamais une réponse définitive. C'est normal et ce n'est pas le signe que vous n'avez pas atteint l'objectif de l'exercice : la vérité d'une dissertation n'est pas la vérité définitive du problème posé.

Du moment qu'il s'agit d'un raisonnement (logique, convaincant, progressif) qui mène proprement de la problématique à la conclusion, votre plan est sur la bonne voie. Si en plus il s'éloigne des banalités, il vous distingue du lot[32]. Il doit mettre en situation les idées, auxquelles il va arriver quelque chose dans l'espace de la dissertation, et passer par des moments de tension critique, au bon tempo (donner du temps à chaque étape, ne pas tuer le suspense), ce qui fait appel à votre talent narratif autant qu'à votre talent discursif.

---

[31] « La problématisation ne se confond pas avec une succession décousue d'interrogatives, et elle ne se ramène pas forcément non plus à une seule question. » [32] « Faute d'oser réellement discuter la citation, les candidats sont restés dans un schéma moyen, ce qui, au final, donne un ensemble de copies moyennes, c'est-à-dire ni bonnes, ni mauvaises mais identiques. Le jury a souvent l'impression d'une succession de "clones". »

Par convention[33], et parce que la durée de l'épreuve est limitée, il doit s'articuler en trois[34] parties.

Un plan qui n'est pas un raisonnement est gravement fautif, par exemple s'il s'appuie successivement sur trois termes de la citation, s'il consacre une partie à chaque œuvre au programme ou s'il se contredit sans nuances.

En pratique, le schéma de plan suivant est souvent utilisé. Ne le considérez pas comme une obligation, mais comme un guide.

La **première partie** expose une thèse. En particulier, lorsque le libellé est une citation qui affirme quelque chose, on ne peut pas faire comme si cette affirmation était auto-évidente (sinon, elle n'aurait pas constitué un sujet de dissertation). Il faut commencer par la développer et l'illustrer.

Dans une **deuxième partie**, on prend ses distances avec la thèse précédente en montrant trois de ses limites (en trois sous-parties) selon une progression logique. Ce n'est pas une « antithèse » car il ne s'agit pas d'une réfutation de la première partie, seulement d'éclairages différents.

Dans une **troisième partie**[35], on passe au niveau d'abstraction supérieur, qui permet d'absorber sans contradiction à la fois la thèse et ses limites (« La poule précède l'œuf » et « L'œuf précède la poule » sont compatibles en temps fini aussi bien dans « Et Dieu créa la poule » que dans « Et Darwin fit descendre la poule des molécules organiques autoréplicantes de la soupe primitive »). Cette étape suppose de revisiter les termes du libellé pour leur donner, avec nuance, un sens qui justifie le changement de niveau d'abstraction[36].

À l'issue de cette étape, vous avez fait le plus dur : le sujet est compris, vous savez de quoi vous allez parler et dans quel ordre. Avant de rédiger, il ne reste plus qu'à mettre noir sur blanc votre feuille de route.

6 Rédiger un plan détaillé

Votre développement sera constitué de trois parties, chacune constituée de deux, trois ou quatre sous-parties (de préférence, trois). Puisque les parties sont les grandes étapes de votre raisonnement, les sous-parties sont des sous-étapes du raisonnement. N'oubliez pas que celui-ci doit, c'est la règle du jeu, être linéaire. Vous ne pouvez donc pas simplement juxtaposer[37] trois arguments.

---

[33] « Peu de candidats sérieux se risquent à n'écrire que deux parties. » [34] « Les rares plans binaires s'avèrent souvent lacunaires ou inconsistants. » [35] « La troisième partie n'est pas l'espace où l'on donne son avis personnel. » [36] « D'abord l'illustration de la thèse, puis une réflexion nuancée permettant des mises à distance et enfin une reformulation de la thèse initiale à partir de ses termes originaux réappropriés par le candidat. » [37] « Le jury attend que le développement se présente comme un raisonnement suivi, où chaque paragraphe a sa place propre et ne pourrait pas être déplacé. Comme un puzzle, la dissertation saura convaincre si tous les arguments s'emboîtent logiquement. »

Schéma de principe d'une dissertation

un cadre = un paragraphe

Introduction

- Amorce
- Citation du sujet et analyse
- Problématique
- Annonce du plan

Sauter des lignes

Partie I

Thèse de la partie I
Annonce des sous-parties

Phrase d'annonce de l'argument
Développement de l'argument
Un exemple développé
Un ou deux exemples rapides
Récapitulation (si utile)
Phrase de lien avec la sous-partie suivante

Phrase d'annonce de l'argument
Développement de l'argument
Un exemple développé
Un ou deux exemples rapides
Récapitulation (si utile)
Phrase de lien avec la sous-partie suivante

Phrase d'annonce de l'argument
Développement de l'argument
Un exemple développé
Un ou deux exemples rapides
Récapitulation (si utile)

Sauter des lignes

Transition entre les parties I et II

Partie II

Thèse de la partie II
Annonce des sous-parties

Phrase d'annonce de l'argument
Développement de l'argument
Un exemple développé
Un ou deux exemples rapides
Récapitulation (si utile)
Phrase de lien avec la sous-partie suivante

Phrase d'annonce de l'argument
Développement de l'argument
Un exemple développé
Un ou deux exemples rapides
Récapitulation (si utile)
Phrase de lien avec la sous-partie suivante

Phrase d'annonce de l'argument
Développement de l'argument
Un exemple développé
Un ou deux exemples rapides
Récapitulation (si utile)

Sauter des lignes

Transition entre les parties II et III

Partie III

Thèse de la partie III
Annonce des sous-parties

Phrase d'annonce de l'argument
Développement de l'argument
Un exemple développé
Un ou deux exemples rapides
Récapitulation (si utile)
Phrase de lien avec la sous-partie suivante

Phrase d'annonce de l'argument
Développement de l'argument
Un exemple développé
Un ou deux exemples rapides
Récapitulation (si utile)
Phrase de lien avec la sous-partie suivante

Phrase d'annonce de l'argument
Développement de l'argument
Un exemple développé
Un ou deux exemples rapides
Récapitulation (si utile)

Sauter des lignes

Reprise de l'articulation de la démonstration
Réponse à la problématique

Chaque sous-partie sera constituée de l'énoncé d'une idée simple et de 2 ou 3 exemples, occupant respectivement, grosso modo, 20 % et 80 % des mots.

Donnez des titres aux parties et aux sous-parties : si votre raisonnement est clair dans votre esprit, les titres viendront aisément ; sinon, retravaillez ce que vous voulez dire. Leur formulation n'a pas besoin d'être finement ciselée car ils n'apparaîtront pas dans votre copie, de la même manière que l'on enlève les échafaudages avant de livrer une maison. Ils doivent néanmoins être clairs, car étant donné la place allouée à l'exposition des idées, l'énonciation de l'une d'elles n'occupera que quelques phrases et sera donc proche du titre.

Une astuce : mettez devant vous une feuille blanche par partie et tracez cinq rectangles, un petit en haut dans lequel vous écrivez le titre de la partie (il deviendra l'exposition de l'idée) ; trois grands au milieu pour les sous-parties, dans lesquels vous écrivez les titres et les exemples à utiliser ; un petit en bas pour la transition (sauf après la troisième partie).

Rédigez dès cette étape, au brouillon mais avec les mots définitifs, l'introduction, les deux transitions et la conclusion. Le développement, lui, sera rédigé directement au propre.

IV Écrire une dissertation (la moitié du temps de l'épreuve)

1 L'expression

S'agissant d'une épreuve de français, votre note reflétera notamment la qualité de votre expression[38]. Faites de votre mieux pour écrire lisiblement, sauter des lignes, indenter les paragraphes et corriger vos fautes[39] (il vaut mieux se relire à la fin de chaque partie qu'à la toute fin de l'épreuve). Le correcteur se sentira offensé si vous vous trompez sur l'orthographe du nom d'un personnage[40]. Les titres des œuvres doivent être systématiquement soulignés et les abréviations (« Dans ÀLRDTP, Proust... ») sont interdites[41] ; cependant, des raccourcis sont autorisés pour les titres longs (« Dans la Recherche, Proust... »).

Le correcteur s'attend à ce que vous fassiez attention au sens des mots que vous utilisez (un « gentilhomme » n'est pas un « honnête homme ») ; parfois, préférez une répétition à un synonyme approximatif. Il s'attend aussi à ce que vous ayez assimilé quelques termes associés au programme de l'année. Ne versez pas dans l'excès, l'usage maniéré d'un jargon[42] ou

[38] « Rappelons que la correction de l'expression et de l'orthographe sont pris en compte dans l'évaluation. » [39] « Le fossé se creuse entre les copies correctement rédigées et les devoirs tragiquement fautifs. » [40] « Rien de plus irritant que les fautes sur les noms des personnages des œuvres ! » [41] « Il est malvenu d'utiliser des abréviations pour les titres des œuvres. » [42] « Certaines copies sont pompeuses, alambiquées, « puantes » selon quelques correcteurs ; tout ceci est de la mauvaise poudre aux yeux. »

la copie fleuve[43]. L'idéal est un style simple et précis au service d'idées claires[44].

2 L'introduction

Dans le temps de l'épreuve, vous n'aurez pas la possibilité de soupeser chaque mot de votre copie. En revanche, il faut prendre ce temps pour la rédaction de l'introduction. Vous n'avez qu'une chance de faire une bonne première impression.

L'introduction comporte quatre temps en autant de paragraphes[45], descendant du général au particulier (on évoque souvent l'image d'un entonnoir).

Le premier s'appelle l'« amorce » ou l'« accroche ». Sa fonction est de transformer votre lecteur, supposé ne pas avoir connaissance du sujet, en une personne qui a tout à coup envie de savoir ce qui va suivre. Vous l'amenez brutalement de rien à une curiosité avide pour le sujet (qui ne sera exposé que dans le paragraphe suivant). Il faut donc frapper fort – d'autant qu'en pratique, la succession des cinq cents copies que chaque correcteur doit lire tend à émousser son intérêt. Pour placer un bon *punch* d'entrée, vous pouvez par exemple commencer par une remarque paradoxale et incisive, ou par la présentation soignée d'une situation, ou, mais c'est plus délicat[46], par une citation frappante. Une seule phrase peut suffire. Évitez bien entendu les platitudes[47] et les affirmations creuses...

Le deuxième paragraphe entre dans le cœur du sujet. Il contient quatre éléments :

- Une liaison logique avec le paragraphe d'amorce.
- La citation qui fait l'objet du sujet[48]. Vous devez la réécrire telle quelle, in extenso[49], sans aucune modification. S'il elle s'avérait trop longue pour que ce soit raisonnable, vous pouvez la condenser en ne citant que les passages clés et en résumant le reste.

---

43 « Certaines copies sont interminables, verbeuses, aussi indigestes et lourdes que du porridge anglais : la copie n'est pas évaluée au poids ni à la quantité de cours restituée. » 44 « Il ne suffit pas d'une débauche de termes rares ou d'une syntaxe ampoulée pour impressionner le correcteur. Il convient de construire des phrases simples, bien ponctuées, en utilisant un vocabulaire précis. » 45 « L'introduction doit compter quinze à vingt lignes pour amener et citer le sujet, dégager les notions clés et ouvrir une perspective critique, puis annoncer le plan. » 46 « Le jury ne considère pas comme une méthode judicieuse de citer un autre énoncé que le sujet en introduction et préférerait même que seule la citation du sujet s'y trouvât. Il est préférable de partir d'un des termes exacts de la citation pour introduire le sujet. » 47 « L'accroche ne doit consister ni en une singerie convenue, ni en un collage de citations, ni en un fatras de généralités stupides. » 48 « Malheureusement, certains ne citent même pas le sujet. » 49 « La reformulation succincte de la citation réduit considérablement les enjeux et limite la réflexion. »

– Une analyse de la citation, qui doit montrer la richesse de cette dernière (évitez par conséquent de réduire sa portée) et mettre en évidence la spécificité du sujet. Si cette analyse est ensuite reprise et développée dans les parties, vous pouvez vous contenter d'analyser les termes clés[50].

Le troisième paragraphe donne une formulation claire[51] et succincte[52] de votre problématique, en utilisant dès que possible les termes clés du sujet. C'est la mise en crise du sujet, présentée sous une forme dramatisée. Il faut exposer la tension, la contradiction apparente, la chose qui mérite réflexion, en prenant soin de montrer qu'elle naît logiquement du sujet.

Comme c'est là que vous montrez au correcteur que vous avez exhibé un vrai problème, là que le correcteur se fait une première opinion sur votre niveau de compréhension du problème, il ne faut pas hésiter à être scolaire dans la formulation.

Rappelons que la ou les questions posées par la problématique devront trouver leur réponse dans la conclusion. Elles ne sont donc pas des formules décoratives mais des promesses.

Le quatrième paragraphe annonce le plan que vous allez suivre, c'est-à-dire l'idée principale de chaque partie. Comme le correcteur s'en servira comme d'une carte pour naviguer dans votre développement, ce n'est pas le moment de faire assaut d'élégance, préférez une phrase par partie, ou une seule phrase comportant trois temps bien identifiés, par exemple séparés par des point-virgules. Le correcteur appréciera que vous employiez des termes du sujet lors de cette annonce.

L'ensemble doit occuper entre quinze et vingt lignes environ : plus courte, elle serait creuse ; plus longue, vous empiéteriez sur la suite.

3 Les parties

Chaque partie commence par un bref paragraphe qui expose la thèse qui sera développée[53]. Le lien avec le sujet doit toujours être mis en évidence[54], et à cette occasion n'omettez pas d'utiliser les termes clés du sujet, dont le sens se raffine peu à peu, car d'une part cela vous forcera à ne jamais le perdre de vue, d'autre part vous montrerez au correcteur que

[50] « La reproduction de la citation dans l'introduction est impérative mais non suffisante. Elle doit s'accompagner d'une analyse qui peut être rapide si elle est reprise de manière plus approfondie dans la suite du devoir, ou plus longue, mais dans ce cas l'analyse doit préciser des termes du sujet. » [51] « Trop de phrases interrogatives tuent la véritable réflexion problématique en lui faisant perdre sa logique argumentative. » [52] « La problématique ne saurait se confondre avec une accumulation de questions disparates. » [53] « Nous exigeons que toute grande partie commence par l'énoncé d'une thèse. » [54] « Un bon développement doit commencer par formuler le titre de la partie, expliquer son lien avec le sujet, puis annoncer des sous-parties. »

vous avez été fidèle au sujet tout au long de votre copie[55]. Vous pouvez employer des synonymes s'ils permettent de déployer les différents sens des termes clés. Achevez le paragraphe par l'annonce des sous-parties.

4 Les sous-parties

Une sous-partie contient une seule idée et se compose d'un unique paragraphe. Elle commence par énoncer son argument[56], qui doit s'articuler logiquement avec ce qui précède. Puis elle développe cet argument[57], sans oublier de montrer en quoi il fait avancer la réflexion. Elle introduit un, deux ou trois exemples (de préférence trois[58], mais deux suffisent, et pas plus d'un par auteur) qui sont analysés[59] (et pas simplement énoncés). Le paragraphe se termine par la récapitulation de ce qui a été montré (si c'est utile) et l'annonce du paragraphe suivant. Convenons que le principe est plutôt lourd, voire « bourrin » : à vous de trouver le moyen de rendre votre copie agréable à lire.

La principale difficulté réside dans l'exploitation des exemples. Insistons sur le fait que l'exemple ne remplace pas l'argument ; on ne peut pas se réfugier derrière un auteur (« Platon dit que »), tout auréolé soit-il. C'est votre copie, votre pensée, votre responsabilité.

Au contraire, l'exemple est le complément indispensable de l'argument, auquel il donne chair et profondeur. Il a pleinement son rôle à jouer dans le raisonnement comme élément de « vérification » de la justesse de l'argument. Le choix d'un exemple doit par conséquent être soigné, car s'il ne permet pas de se convaincre que l'argument est juste, l'ensemble du raisonnement vacille.

Il est aussi conseillé de choisir des exemples qui sortent des lieux communs de l'œuvre, pour de nombreux motifs. Le premier, c'est qu'il n'y a pas de raison en général pour que tel lieu commun soit le plus adapté à votre argument, ni même qu'il fonctionne bien. Ensuite, si vous ne connaissez que les points saillants d'une œuvre, vous vous retrouverez rapidement à court d'exemples : si 9 sous-parties utilisent chacune 2 exemples, chaque œuvre doit être utilisée au moins 6 fois. Une méconnaissance d'une œuvre a aussi l'effet pervers de vous inciter à choisir des

---

[55] « Trop de candidats omettent, après l'introduction, de revenir sur les termes clés et d'en faire progresser l'analyse tout au long de la dissertation. » [56] « Nous exigeons que tout paragraphe commence par la formulation d'un argument. » [57] « Toutes les idées importantes doivent être argumentées. Il ne suffit pas d'affirmer une notion de manière abrupte puis d'aligner des exemples censés l'illustrer. » [58] « Dans l'idéal, les trois œuvres devraient être convoquées pour chaque argument. Mais ce n'est pas une obligation. » [59] « Les sous-parties doivent expliquer leur argument, l'illustrer par un ou des exemples, analyser ces exemples puis montrer quel est leur lien avec le sujet et en quoi ils permettent d'apporter une réponse à la problématique. »

sous-parties qui fonctionnent avec vos exemples, ce qui risque de déformer votre plan. Vous laissez également penser à votre correcteur que vous ne vous êtes pas réellement approprié les œuvres[60]. Enfin, rendez service à votre correcteur, il vous en sera reconnaissant : s'il lit 500 copies × 18 exemples par copie = 9 000 exemples, il n'a pas envie que ce soient toujours les mêmes qui reviennent.

Vous pouvez légitimement vous demander pourquoi il faut au moins deux exemples par sous-partie puisque d'un point de vue logique, un seul suffit à soutenir un argument. Il ne faut pas perdre de vue toutefois que l'on fait du français, pas des maths, donc deux vérifications valent mieux qu'une. Cela vous évite aussi d'être tenté de consacrer une sous-partie à chaque œuvre, procédé qui serait immédiatement sanctionné. Surtout, cela vous donne l'occasion de faire dialoguer les œuvres entre elles, ce qui, à son tour, permet à la réflexion de progresser[61]. La juxtaposition ne suffit pas. Cependant, en raison des contraintes de temps, il est possible de ne développer longuement qu'un seul exemple par sous-partie et d'être plus allusif pour le ou les autres. Comme signalé plus haut, abstenez-vous d'utiliser un exemple en dehors des œuvres au programme[62].

Enfin, comment exposer un exemple ? Il faut raconter le passage, puis montrer comment il illustre l'argument. L'exposition du passage ne nécessite pas forcément une citation[63]. Si vous utilisez une citation, ne considérez pas qu'elle vous dédouane de l'analyse[64], sinon vous faites parler l'auteur à votre place. Et dans tous les cas, n'abusez pas des citations[65].

5 Les transitions

Les transitions remplissent le rôle humble et simple de faire brièvement le lien entre deux parties. Le correcteur y apporte néanmoins une attention particulière car c'est à ces charnières qu'il est facile de voir si votre plan est, ou n'est pas, un raisonnement[66]. Pas de fausse liaison

---

[60] « Les exemples sont toujours les mêmes, souvent les plus simplistes ; sont valorisées les copies qui témoignent d'une connaissance *intime* de l'œuvre. » [61] « La confrontation des auteurs est capitale, il ne faut pas se contenter de leur simple juxtaposition. » [62] « Les références à d'autres œuvres que celles au programme sont souvent une manière de « caser » plus ou moins judicieusement des citations et/ou de fuir la référence aux œuvres au programme. » [63] « La citation n'est pas une nécessité, surtout lorsqu'elle se substitue à l'analyse. » [64] « Une citation ne prouve rien en soi, elle ne doit pas devenir un argument d'autorité ; il faut la commenter et l'articuler avec l'idée que l'on développe. » [65] « Les citations sont souvent bien trop nombreuses et apparaissent comme des boules de Noël surchargeant un sapin : ça brille, mais c'est clinquant et ça masque le sapin... » [66] « Certains se bornent à juxtaposer des rubriques décousues, sans projet argumentatif clair. »

logique[67], pas de tour de passe-passe : si les transitions ne s'imposent pas d'elles-mêmes sous votre plume, votre plan est à revoir.

6 La conclusion

La conclusion est symétrique de l'introduction. Elle se compose de deux temps, en deux paragraphes.

Le premier commence par un bilan qui retrace le chemin parcouru, en essayant du mieux possible de ne pas répéter tel quel ce qui a déjà été dit dans l'annonce du plan et dans le paragraphe d'introduction de chaque partie, tout en conservant les mêmes articulations. C'est un exercice de style qui permet d'amener la partie intéressante, à savoir votre réponse, explicite, claire et engagée, quoique nuancée, à la question posée dans la problématique[68]. Cette réponse doit s'appuyer sur votre raisonnement, sans lequel elle n'aurait pas été bien comprise ; en particulier, n'introduisez pas ici d'idée nouvelle : soit elle aurait dû figurer dans le développement, soit elle est hors sujet. Il est bon d'employer, une nouvelle fois, les termes clés du sujet, tant pour vous forcer à lui être fidèle que pour montrer au correcteur que vous l'avez été. Pas de panique si votre réponse n'est pas tout à fait aussi ambitieuse que la question posée, puisque l'on ne vous demande pas d'apporter une solution définitive au problème sous-jacent. La dissertation impose davantage une obligation de moyen que de résultat...

Le deuxième paragraphe, plus délicat, est une ouverture. L'idée est que le problème qui est contenu dans le sujet est contraint par le sujet ; on l'a en quelque sorte projeté et il lui manque des dimensions. Dans toute la copie, vous avez joué le jeu et travaillé dans l'espace image ; dans ce dernier paragraphe, vous exposez – brièvement – comment se formulerait le problème avec une ou plusieurs dimensions de plus[69] (« La fille d'un riche est amoureuse d'un pauvre » est un cas particulier de « Un amour contrarié »). Attention, cela ne doit pas vous conduire à énoncer un problème vague (« Ce qu'il advient en cas d'opposition »), ou non problématique car trop général (« L'amour »). Les erreurs les plus classiques sont l'ouverture « cheveu sur la soupe », qui n'a pas vraiment de rapport (« Les ravages de la finance ») et « faux suspense » (« Quand l'argent cessera-t-il de s'opposer au bonheur ? »).

---

[67] « Le « donc » devient le mot-sésame qui dédouane de toute réflexion. » [68] « Trois lignes de conclusion sont tout à fait insuffisantes. Une dissertation se propose de répondre à une question posée en introduction (la problématique), la conclusion devrait être l'occasion d'y répondre, et ce, de manière nuancée en fonction des œuvres. » [69] « La conclusion, point d'aboutissement d'un raisonnement, doit impérativement revenir sur la problématique et répondre à la question posée en introduction, avant de proposer d'éventuelles échappées possibles, toujours en lien avec l'enjeu central de la dissertation. »

V Disserter en nombre limité de mots

Le concours Centrale-Supélec exige un résumé puis une dissertation de « deux ou trois parties » qui soit « courte (au maximum 1800 mots) ».

Réussir une dissertation en deux parties est possible, mais demande un entraînement spécifique pour que le raisonnement dialectique reste efficace. Nous ne proposons pas d'exemple dans ce manuel et à moins que votre professeur ne vous ait spécifiquement habitué à cet exercice, nous vous le déconseillons. Viser deux parties ne doit pas être un moyen de réduire le nombre de mots.

Pour réussir Centrale, vous devez apprendre à mesurer la longueur de vos textes et à rédiger de manière synthétique.

Compter les mots

Il serait vain de compter pendant l'année une moyenne de mots par ligne : cela dépend du type de copie utilisé et de l'humeur du jour. Il faut donc une méthode pour évaluer la longueur pendant le concours.

- Prenez votre résumé : comptez le nombre de mots et le nombre (décimal) de lignes.
- Vous en déduirez, par une règle de trois, le nombre de lignes que vous pourrez vous autoriser dans la dissertation.
- Répartissez-les environ comme suit : introduction 15 %
une partie 25 %
conclusion 10 %

Rédigez intrégralement l'introduction et la conclusion au brouillon puis comptez leurs mots. Avant d'écrire une sous-partie, délimitez sur votre copie (au crayon à papier) l'espace qui lui est accordé.

Être concis

Pour être bref, l'essentiel est de se concentrer sur le sens et la logique du propos. On évite de gaspiller des mots en maîtrisant son style : éviter les tournures orales ou rhétoriques, ne conserver que les adjectifs et les adverbes indispensables. N'employez pas des mots compliqués en croyant qu'ils en économiseront plusieurs autres : faites simple, précis et clair. La concision est une invitation à cultiver l'essentiel.

Au terme de cette présentation, nous espérons vous avoir convaincu que la dissertation est un exercice intéressant, porteur de sens, qui valorisera votre travail et votre sensibilité singulière – et qui est à votre portée, maintenant que vous en connaissez les codes. Passons à la pratique !

Les mots pour le dire

Aliénation

Forgé à partir du mot latin qui signifiait « l'autre », le concept d'aliénation rentre en philosophie à l'époque moderne pour évoquer la dépossession de ses moyens puis de ses droits, enfin de soi-même. Le travail, étant par essence l'activité qui permet de subvenir à nos besoins, devrait nous libérer. Mais certaines conditions de production absorbent tout le bénéfice du travail ; et on a très tôt compris qu'en accaparant notre temps et nos esprits, il pouvait nous déposséder de nous-mêmes.

Entreprise

D'après le verbe « entreprendre » (un projet), on a forgé le mot « entreprise » : au départ, il s'agissait de l'ensemble des personnes qui partageaient un même projet. Ensuite, avec la révolution industrielle, c'est devenu l'institution qui produit des biens ou fournit des services à ce qu'on appelle ses « clients ». Privée ou publique, grande ou petite, elle nécessite une complexification de son organisation afin de coordonner les différentes fonctions (ceux qui produisent, ceux qui acheminent, ceux qui font la publicité, ceux qui vendent) et une division précise des fonctions entre ses salariés. Nombreux sont les synonymes et chacun d'entre eux est porteur d'un sens, d'une interprétation sur le rôle de l'entreprise : du côté du social, « compagnie », « société » voire « maison » ; du côté de l'argent, « firme », « business » ; du côté de l'enfermement, « boîte ».

Labour et labeur

Le labour vient du verbe « labourer », c'est-à-dire retourner la terre afin de la rendre plus meuble, de l'aérer, de retourner les sédiments, ce qui aide pour travailler le sol et, bien sûr, y planter les semences. Ce geste essentiel et premier, l'agriculture étant aux origines de l'histoire des hommes, est considéré comme difficile : rude pour le corps, fatiguant dans son aspect répétitif, il est en plus soumis aux caprices de la nature. De ce fait, le terme proche, issu de la même famille, « labeur », est utilisé pour désigner tout travail difficile.

Lutte des classes

Dans la philosophie marxiste, la « lutte des classes » est le moteur de l'histoire, dont les grands mouvements s'expliquent par la prise de pouvoir d'une classe sur une autre, par exemple la prise de pouvoir de la classe bourgeoise sur la classe aristocratique pendant la Révolution française. Au XIXe siècle, Marx appelle de ses vœux la révolution prolétarienne.

Dans un sens affaibli, l'expression désigne toutes les tensions dans une société hiérarchisée et divisée en classes sociales, chacune œuvrant davantage pour ses propres intérêts à l'aide de ses valeurs propres, que pour le bien commun.

Métier

Le métier est une activité sociale : on le définit par ce qu'il apporte au groupe et on le confond volontiers avec « profession ». Comme il engage des compétences et des techniques, et qu'il a pour fin la production ou un service, on le confond également avec « travail ». Cependant, historiquement, il a une définition purement technique puisqu'il désigne la machine elle-même – ce sur quoi on travaille pour produire (c'est le sens du mot dans le sous-titre de l'*Encyclopédie* des Lumières). Il y a donc, dans l'étymologie même du mot, une analogie entre la machine et la personne qui la manipule, voire l'assimilation des deux. C'est pourquoi, par extension, le concept de « métier » inclut un savoir-faire spécifique et que le métier est un rôle qu'on ne peut pas, normalement, attribuer à n'importe qui.

Œuvre et ouvrage

Il ne faut pas confondre les deux termes, qui ont pourtant la même étymologie : on réservera « ouvrage » à ce que l'homme a produit de ses mains (l'ouvrier, l'artisan) et on utilisera « œuvre » quand l'ouvrage a une fin esthétique. De même, le terme « œuvre » a tendance à devenir le synonyme du travail lui-même, mais on ne confondra pas le produit du travail avec le travail lui-même.

Outil et machine

Symboles de la technique humaine et donc, pour certains penseurs, de l'humanité même, ces objets qui aident l'homme au travail se classent selon des degrés de complexité. L'outil d'abord, qui est une transformation première de la nature afin qu'elle aide la main à accomplir des gestes compliqués ou douloureux. L'outil est le prolongement de la main. La machine ensuite, qui est plus sophistiquée et qu'on peut voir comme l'assemblage de plusieurs outils. La machine est un dispositif qui produit et donc travaille pour nous : ainsi, elle a pour vocation de remplacer tout à fait l'humain dans sa tâche, même si les machines sollicitent encore l'intervention humaine. Ces objets deviennent des symboles d'une médiation entre l'intention, le travail et l'ouvrage produit.

Prolétariat

C'est le nom de la classe sociale regroupant ceux qui ne possèdent aucun autre moyen pour subvenir à leurs besoins que d'avoir recours au travail salarié. Elle est donc formée des « travailleurs », qu'on appelle alors « prolétaires », même si le recours à ce terme renvoie traditionnellement à la philosophie marxiste de la lutte des classes.

Produire

Il ne faut pas confondre « travailler » et « produire » : le premier évoque une action et un effort inscrits dans le temps. Le travail a donc une valeur en lui-même, parce qu'il agit sur celui qui travaille lui-même ; il vaut en tant qu'effort, sinon comme éthique personnelle, du moins comme signe sensible du temps qui passe. En revanche, la production est entièrement tournée vers sa fin : il n'y a production que quand il y a « produit », c'est-à-dire qu'on fait apparaître quelque chose qui n'était pas là avant. La confusion entre le travail et la production est due à une vision du monde pour qui tout travail devrait produire, et tout travail ne se jugerait qu'à son résultat.

Salariat

Le salariat est le statut des travailleurs qui gagnent un « salaire ». Il y a donc un lien entre celui qui paye ce salaire et celui qui le reçoit. Or, cette relation économique devient rapidement une relation sociale parce que la relation est déséquilibrée, verticale et va toujours dans le même sens. Le salaire qu'il verse ne dépossède pas le patron de son capital et le salaire versé ne fait pas de l'ouvrier un travailleur libre et indépendant. Au contraire, le salaire accentue la dépendance du salarié vis-à-vis de son employeur, qui le rémunère. Pire encore, le salarié travaille mais en échange de son salaire, le produit de son travail devient la propriété de son employeur. C'est pourquoi le « salariat » est devenu le nom qui désigne la condition fragile des salariés, voire les salariés eux-mêmes, réduits à cette condition d'éternels travailleurs.

Taylorisme et fordisme

Le taylorisme, qui doit son nom à l'ingénieur américain Frederick Taylor, est une méthode d'organisation du travail industriel qui consiste à diviser les tâches afin d'augmenter le rendement, affectant chaque ouvrier à une machine, un geste, un métier. Le calcul du salaire y est proportionné à un rendement et conduit à toujours renforcer les cadences, à tous les niveaux de l'entreprise. Henry Ford, le fondateur de l'entreprise automobile qui porte son nom, a appliqué cette méthode avec une finalité qu'il considérait heureuse : les ouvriers allaient ainsi gagner assez d'argent pour acheter les voitures qu'ils avaient participé à produire. Ainsi, pour lui, la vertu du modèle repose sur le fait que tous les employés ont leur salaire indexé sur les profits totaux. Malgré la hiérarchie, c'est toute l'entreprise qui agit avec un but commun et tout le monde aurait à gagner à la réussite de l'entreprise.

Les principales thèses

sur le thème de l'année

Dans vos dissertations, chaque sous-partie doit énoncer une « thèse » (ou « argument »). Celles qui suivent sont les principales idées sur le thème de cette année. Étudiez-les et retenez-les ! Elles vous seront utiles pour analyser un libellé, construire un plan et rédiger vos dissertations.

I Rôles et fonctions du travail

Le travail produit ce dont nous avons besoin

Les besoins de l'homme ne peuvent pas être immédiatement satisfaits par ce qu'il trouve dans la nature. Les carnivores mangent la viande crue, mais nous devons la cuire ; les oiseaux utilisent des brindilles pour faire leur nid, nous devons tailler les troncs pour faire les charpentes de nos logements. L'eau des rivières n'est guère potable ; les légumes que nous consommons sont sélectionnés et les vêtements que nous portons sont confectionnés. Travailler, c'est avant tout une nécessité : transformer la matière brute, naturelle, pour satisfaire des besoins humains qui ne cessent de s'étendre.

Le travail est une discipline

L'adage dit que « l'oisiveté est mère de tous les vices ». Le travail, en nous sortant de l'ennui, nous préserve de nombreux maux. Travailler c'est donc discipliner ses passions et apprendre le sens du sacrifice. Ainsi, le travail constitue une éducation à laquelle chacun doit s'astreindre pour le bien de tous. Celui qui s'y soustrait vit du travail des autres. Mis à part l'enfant ou le malade, l'homme doit travailler pour contribuer à la pérennité du corps social. La société a donc besoin que les hommes travaillent pour survivre mais aussi pour qu'ils deviennent des individus capables de se sacrifier à l'intérêt général.

Pas de progrès sans travail

L'organisation sociale d'une communauté implique une répartition des tâches. Celle-ci se constitue autour des sexes, des âges mais surtout des aptitudes individuelles. Ainsi, par le talent de chacun à réaliser avec aisance ce qui est difficile pour d'autres, tous les individus contribuent au progrès social. La division du travail, en assignant des activités aux individus, leur permet de se perfectionner ; la société, qui en tire bénéfice, leur octroie en retour une reconnaissance méritée. Le travail favorise donc la cohésion sociale mais aussi l'émancipation individuelle.

Les animaux bâtisseurs ne sont pas des travailleurs

Le travail transforme la nature pour des besoins spécifiquement humains : par exemple, l'industrie récupère la cellulose des arbres que les forestiers sélectionnent et que les bûcherons coupent afin de fabriquer le livre que vous lisez. Toute cette chaîne de travail répond à un besoin important sans être vital : la culture. Travailler n'est donc plus seulement faire ce qu'il faut pour vivre mais aussi ce qui est nécessaire pour mener une existence conforme à un idéal. C'est pourquoi les animaux qui bâtissent par instinct des termitières ou des barrages sur les rivières, pour ne citer que deux exemples, ne sont pas à proprement parler des travailleurs car il leur manque l'idée qui commande l'action. Chez l'homme, le travail est une nécessité non seulement vitale, mais aussi morale.

II Au travail : aliénation ou libération

Le travail manifeste l'essence de l'homme

Face à la nature, l'homme est particulièrement démuni. Aucun instinct ni aptitude naturelle ne le dispose à survivre aisément au sein d'un écosystème. Il ne lui suffit pas de vivre pour accomplir sa propre humanité. C'est pourquoi le travail rend compte de cette essence de l'homme : il n'est jamais ce qu'il doit être. Travailler permet à l'homme de manifester sa nature qui consiste à s'opposer à l'environnement pour devenir lui-même. L'humanité travaille car sa propre nature ne lui est pas donnée.

Rien n'échappe au travail

Comment donnons-nous de la valeur aux choses ? Toutes ne sont évidemment pas valorisées de la même façon. Ainsi, lors d'un accident de la route détruisant notre véhicule, on s'estime heureux si l'on n'est pas blessé car notre santé a plus de prix que le véhicule. C'est la raison pour laquelle de plus en plus de publicités affirment que la santé est un capital qu'il faut protéger en consommant tel produit, ou en contractant telle assurance. Plus généralement nous sommes conduits à estimer que tout ce qui constitue une valeur, familiale, religieuse ou sociale et non pas seulement économique, doit être travaillé : il faut travailler à sa santé, à son bonheur, à ses amours. Bref, rien n'échappe à l'idée que le travail garantit tout ce qui a de la valeur.

Le travail n'est ni un droit ni un devoir

Dans les économies planifiées, de type socialiste, le travail est un droit car il n'y a pas d'autre moyen d'accéder à la vérité de l'existence que de produire. Mais d'autres économies, celles des sociétés capitalistes de consommation, considèrent le travail comme un devoir. Il faut travailler pour produire plus que ce qui est nécessaire et participer ainsi à l'enrichissement général des individus au sein d'une société fondée sur les échanges. Le profit individuel bénéficie à tout le monde. Mais dans les deux cas, on considère le travail comme le socle de toute vie sociale. Pourtant, on peut imaginer des sociétés où le travail ne serait qu'un passage obligé. On ne travaillerait que pour produire les moyens de subsistance et le reste de l'existence serait consacré à des activités non productives.

La technique nous libère du travail rudimentaire

La technicité est partout chez l'homme. Même les fonctions naturelles sont accomplies techniquement : manger, accoucher et marcher sont déjà, chez l'homme, des activités techniques. Et le travail humain ne commence vraiment que lorsque l'homme utilise des outils qui soulagent sa peine. Les outils permettent non seulement de transformer la matière en vue de satisfaire les besoins, mais aussi de transformer les outils pour les rendre plus efficaces. L'outil incorporé à un système automatique (machine) et autonome (énergie souple et disponible) peut soulager durablement l'homme de ce contact immédiat, dégradant et épuisant, avec la nature. La technique est donc ce qui médiatise, dans le travail, l'effort humain qui s'oppose à la nature. En s'interposant entre la nature et l'homme, la technique décharge ce dernier de la forme rudimentaire du travail.

III Les temps du travail

Le travail est un anachronisme

Le travail est longtemps apparu comme une malédiction ; ses origines théologiques dans différentes mythologies l'attestent. Et si personne ne nie que travailler est nécessaire afin de produire ce dont l'homme a besoin pour vivre, pourquoi continuer quand les besoins sont satisfaits ? Voilà longtemps que nous avons dépassé le seuil où le progrès permet de subvenir à nos besoins. Nous avons progressé au point qu'on pourrait vivre honorablement en ne travaillant que quelques jours par semaine ; mais nous avons aussi cessé de voir la fin du travail comme un progrès. Or, devant l'épuisement des ressources et l'épuisement des hommes, le travail semble bien un anachronisme.

Travailler c'est profaner

Pendant longtemps l'organisation sociale visait à limiter l'extension du travail ; ainsi les jours fériés donnaient l'occasion de célébrer la vie en la libérant du travail. La sphère du sacré exclut le travail qui n'a aucune valeur en lui-même. On peut mourir pour une cause (la vie d'un être cher, sa patrie...) mais pas pour son travail. Ce dernier n'est pas une fin qui mérite le respect, mais un moyen, c'est-à-dire ce qui s'ajuste et se conforme à ce qui a de la valeur. Au contraire, lorsque la vie et la nature ont moins de valeur que le travail et le profit, alors le travail n'apparaît plus comme une consécration de ce qui est important, mais plutôt comme une profanation de ce qui a de la valeur.

Ce sont les travailleurs qui font l'histoire

On devrait se méfier de ce qui s'interprète comme allant dans le sens de l'histoire. Ainsi les révolutionnaires russes voyaient dans la chute du tsar l'annonce de la domination du prolétariat. Le marxisme prétend que la lutte des classes est le moteur de l'histoire et que la domination des classes laborieuses en est l'objectif. Mais on peut regarder l'histoire non pas comme l'expression d'une lutte des classes mais plus simplement comme la manifestation de l'arrachement progressif de l'homme à la nature. À cet égard, le travail est une façon pour l'homme de conquérir sa liberté. Sans travail, comment la liberté produirait-elle des effets dans l'histoire ? Le travail manifeste ainsi la possibilité pour l'homme de façonner son histoire.

Nous travaillons dans le temps pour produire ce qui résiste au temps

La vie est un processus naturel et le travail s'épuise en partie à satisfaire les nécessités vitales. Ainsi une part du temps de travail est dépensée à produire ce qui est immédiatement consommé ; le temps paraît alors comme une prison dont le travail reproduit les cycles. Mais l'homme est un être perfectible et son travail manifeste progressivement une technicité qui permet de produire des objets durables. La production peut échapper au temps : nos cathédrales, nos ouvrages d'art, prouvent qu'il y a une durée propre à certains travaux qui leur confère une objectivité résistant à l'usure du temps. Si une part du travail est consommée avec le temps de la vie, une autre part édifie un monde où les hommes se transmettent ce qu'ils reçoivent du travail des générations précédentes.

IV Valeurs du travail

L'art n'est pas un travail

La création artistique n'est pas la production d'une chose. Elle ne répond à aucun besoin, à aucune logique. Certes, l'artiste est un homme de métier. Mais si celui de l'artisan suffit pour lui permettre de répondre à une demande, il ne l'est pas pour l'artiste qui s'appuie sur autre chose qu'une technique ou un savoir-faire. Le travail apparaît comme l'exécution d'un projet qui gouverne le geste. Mais l'artiste ne voit pas son geste comme l'application d'une idée. Au contraire, l'idée et le geste artistique se répondent dans le mouvement même de la création. Ainsi le travail artistique n'est qu'une façon approximative de désigner le dur enfantement que constitue la création d'une œuvre.

Le travail consomme la nature

L'activité animale fait partie de la nature : les nids des oiseaux, la toile des araignées et les galeries des taupes sont des produits naturels. Le travail ajoute à la nature ce que le désir humain engendre comme nouveaux besoins. Or la production – et le recyclage – des artefacts issus du travail constituent avec le progrès technique une menace pour les équilibres naturels. Le travail productif qui vise l'accumulation de biens au-delà de la seule subsistance fait peser sur la nature une pression qui épuise les ressources et menace en retour le travail lui-même.

Le travail doit nous enrichir

Le travail permet de vivre. Mais l'organisation sociale du travail dans les économies avancées permet aussi d'en tirer profit, notamment par le biais d'un salaire supérieur à ce qu'il faut dépenser pour vivre. L'enrichissement, qui atteste que le travail n'est plus seulement une contrainte mais aussi le moyen d'accomplir ses désirs fondamentaux, devrait être l'horizon de toutes les réformes sociales. Pour autant, les conséquences sociales de la pandémie récente d'un coronavirus, notamment les démissions qui ont suivi les confinements, montrent que l'enrichissement n'est pas l'objet du travail, tout au moins sous forme monétaire. Si le travail doit nous enrichir, c'est aussi dans le sens des sommes d'expérience qu'il propose.

On peut travailler sans aimer son travail

Certains justifient leur travail en prétendant qu'il comble tous leurs désirs. Cela est douteux car le travail est toujours contraint (ce que rappelle son étymologie, *tripalium* – « instrument de torture » en latin). Nul ne conteste que le travail permette d'éprouver une satisfaction liée au sentiment d'accomplissement, ni qu'il réponde à une vocation. Ce qui est moins vraisemblable dans l'éloge du travail, c'est qu'il puisse combler toutes nos aspirations. Si on admet que le travail est la part contrainte de la vie, alors, si on aime son travail c'est qu'on aime toute sa vie. C'est la vie qui fait aimer le travail et non l'inverse.

Exercices de problématisation

Une « problématique », c'est la formulation d'une crise entre deux thèses. Prenez deux thèses au hasard dans le chapitre précédent ; voyez-vous par quelles facettes on peut les opposer ? Certains tirages donnent des problématiques intéressantes (comme ci-dessous), d'autres pas. Avant de lire les corrigés, prenez 60 s pour écrire les idées qui vous viennent.

« Le travail produit ce dont nous avons besoin » vs ①
« On peut travailler sans aimer son travail » ②

① Robinson Crusoé ne fait pas de tourisme sur son île déserte. C'est un véritable paradis, mais il est condamné à y travailler pour survivre.

② Le travail nous offre les moyens de vivre, mais il ne donne pas de sens à notre vie. On peut même parfois, en travaillant avec acharnement, réduire le sens de la vie au seul fait de la prolonger, de la perpétuer. Et vivre pour travailler ne donne pas plus de sens à la vie qu'au travail.

► Pour vivre, faut-il bien aimer son travail ?

« Pas de progrès sans travail » ① **vs « Travailler c'est profaner »** ②

① On ne félicite jamais les gens de leur oisiveté. La religion fait même une obligation de cultiver ses talents. Or, prétendre faire des progrès dans un domaine sans rien faire est aussi irréaliste que de vouloir devenir un champion sans s'entraîner.

② Mais si le travail fait progresser, il ne peut tout changer. Parfois, c'est même en cessant de travailler qu'on progresse. Comment pourrait-on imaginer profiter du temps avec nos amis, notre famille, de nos promenades en forêt, de la musique qu'on aime écouter en rentrant chez soi, si on cherche à rentabiliser à tout prix ses expériences ?

► Doit-on, pour être libre, se libérer du travail ?

« La technique nous libère du travail rudimentaire » vs ①
« Les animaux bâtisseurs ne sont pas des travailleurs » ②

① Un bon artisan, c'est aussi un artisan bien équipé. La maîtrise technique est inscrite dans l'apprentissage du métier. Le travail bien fait repose sur une technique qui libère l'homme des tâches répétitives et le dispose aux tâches plus élaborées.

② Pourtant, certains animaux sont capables de prouesses sans outil ni technique. Leur efficacité tient justement au fait qu'ils font sans savoir.

Le barrage du castor n'est pas planifié ; d'ailleurs, une araignée qui réfléchirait à la façon de faire sa toile ne pourrait-elle pas y rester prisonnière ?

► La technique supplée-t-elle l'instinct ou bien le dépasse-t-elle ?

« Le travail est une discipline » ① **vs « Le travail doit nous enrichir »** ②

① Le travail est analogue à l'éducation : on travaille bien si on s'impose une rigueur qui nous permet d'être reconnu. Et être reconnu par nos mérites signe la fin de l'éducation.

② Pourtant, si l'éducation vise la reconnaissance de nos vertus, l'objet du travail est le profit. On travaille d'abord pour soi et pas seulement pour la reconnaissance des autres. C'est pourquoi le mérite du travail est moins d'éduquer que d'enrichir.

► Peut-on se satisfaire d'un travail même s'il ne nous rapporte rien ?

« Le travail manifeste l'essence de l'homme » vs ①
« On peut travailler sans aimer son travail » ②

① L'homme ne peut vivre sans médiation dans son environnement, au contraire de l'animal. Il doit travailler pour obtenir sa subsistance de la nature et répondre à ses besoins. Le travail définit donc l'humanité.

② Le travail nous permet de vivre, certes, mais il ne donne pas un sens à notre vie. Pourtant, nous y passons beaucoup de temps, et ses produits, s'ils ne servent qu'à notre survie, ne procurent guère de satisfactions si ce n'est alimenter notre vie animale.

► Le travail donne-t-il un sens à notre vie ?

« Le travail n'est ni un droit ni un devoir » vs ①
« Ce sont les travailleurs qui font l'histoire » ②

① Certains courants politiques attribuent à l'État l'obligation de donner du travail à tous. Mais le droit au travail est une utopie car le travail ne se décrète pas ; il n'a pas non plus à être imposé à celui qui peut s'en exempter sans injustice.

② On dit des gens heureux qu'ils n'ont pas d'histoire. Le bonheur est peut-être effectivement au-delà du travail ; mais avant d'être heureux il faut bien travailler. Et d'ailleurs les grands bouleversements historiques sont issus de travailleurs voulant conquérir davantage de liberté.

► Le travail nous fait-il entrer dans l'histoire ou nous en fait-il sortir ?

« Rien n'échappe au travail » ① **vs « L'art n'est pas un travail »** ②

① Certains sportifs expliquent leur succès par le travail. L'existence des nutritionnistes prouve que la préparation de repas équilibrés est une profession. Or, le sport est un loisir, non un travail, et la nutrition est un besoin, pas un métier. Pourtant, tout ce qui produit de la valeur est aujourd'hui assimilé à du travail.

② La valeur d'une œuvre d'art tient au fait qu'elle échappe au travail. Le talent ne dispense certes pas du travail. Mais sans talent, malgré tout le travail du monde, un ouvrage d'art ne deviendra jamais une œuvre d'art, et encore moins un chef d'œuvre.

► Le beau échappe-t-il au travail ?

« Nous travaillons dans le temps pour produire ce qui résiste au temps » vs ①
« Le travail consomme la nature » ②

① Nous devons consommer les fruits du travail d'hier pour continuer à travailler aujourd'hui. Le travail épuise notre temps, mais pas intégralement car nous apprenons de ce que nous faisons. Ce perfectionnement sauve de l'usure du temps des ouvrages que nous pouvons transmettre.

② Mais les œuvres produites par le travail et transmises de génération en génération sont prélevées sur la nature, qui change d'aspect. Et l'accroissement des désirs que nous voulons satisfaire la consomme.

► Le travail prolonge-t-il la nature ou s'oppose-t-il à la nature ?

« Le travail est un anachronisme » vs ①
« Le travail manifeste l'essence de l'homme » ②

① Les progrès technologiques nous permettent de satisfaire nos besoins matériels en travaillant moins d'heures qu'autrefois. Si le travail est le moyen d'une production, nous pourrions donc travailler moins.

② Mais l'homme oisif est rabaissé à son animalité. C'est son industrie qui fait de lui un homme. Le travail est le moyen par lequel il s'accomplit.

► Travaille-t-on pour les satisfactions que procurent les produits du travail ou pour bâtir un monde qui nous ressemble ?

« L'art n'est pas un travail » vs ①
« Le travail produit ce dont nous avons besoin » ②

① L'art n'est pas nécessaire à notre survie. Sa valeur semble du coup détachée de celle du travail. L'art représente une activité humaine supplémentaire, un jeu, indépendant du règne de la nécessité, celui du travail.

② Mais les besoins humains se limitent-ils à la subsistance ? Les enfants élevés sans affection et sans possibilité de jouer montrent souvent des carences cognitives et sont peut-être moins efficaces en tant qu'adultes travailleurs. Or l'art propose des interactions affectives aussi bien qu'esthétiques, et des connections à notre identité et à nos semblables.

► L'art est-il un besoin essentiel susceptible d'un travail ?

Exercices d'exploitation des œuvres

Pour chaque passage clef ci-dessous, relisez les pages de l'œuvre indiquées puis répondez de tête à chaque question (5 s pour savoir quoi dire, 30 s pour le formuler correctement). Cherchez ensuite quelles thèses cet exemple permettrait de défendre (par écrit, 60 s). Retenez les thèses et, pour chacune, l'exemple associé. (Niveau boss : cherchez, dans les trois œuvres, d'autres exemples illustrant la thèse.)

I. Rôles et fonctions du travail

L'homme améliore la nature par le travail, voire s'y substitue

Virgile, *Géorgiques*, livre III, vers 50–284 : de « *Soit qu'admirant les prix de la palme olympique* » à « *mêlé à des herbes et à de coupables paroles* ».

Compréhension

- Quelles sont les prescriptions de Virgile pour élever les spécimens les plus désirables d'animaux des « grands troupeaux » (bovidés et chevaux) ?
- Quel est le rapport entre la deuxième partie de l'extrait, depuis « [m]ais le meilleur moyen d'affermir la vigueur soit des bœufs soit des chevaux... », et sa première partie ?

Virgile recommande d'abord de choisir les mères, selon des critères un peu invraisemblables (la laideur, notamment) et des rappels sur les meilleurs âges pour la reproduction. Il explique aussi comment sélectionner les pères, puis comment nourrir les animaux de façon différenciée pour optimiser les chances de reproduction. Il décrit ensuite comment dresser les veaux ou les poulains pour les champs ou pour la guerre, avant de conclure que la meilleure façon de conserver la vigueur des animaux pour les hommes est « d'écarter Vénus et les aiguillons de l'amour aveugle », c'est-à-dire d'empêcher l'expression de l'instinct de reproduction.

Toute la deuxième partie de l'extrait est consacrée à la description très imagée et pleine d'anecdotes de la puissance de cet instinct chez les animaux, y compris chez les humains : « l'amour est le même pour tous. » Ainsi, paradoxalement, faire croître le cheptel animal de façon bénéfique pour les hommes implique de brider son expression naturelle.

Réflexion

- En quoi ce passage dépasse-t-il la visée descriptive et didactique si présente au long des *Géorgiques* ?
- Ne traduit-il pas une ambition pour l'éleveur de rivaliser avec la nature même dans ce qu'elle a de plus puissant ?

Virgile aborde les soins à apporter aux bêtes choisies pour la reproduction, mais il insiste surtout sur leur sélection. Les critères qu'il présente visent à rapprocher le bétail de l'idéal dont rêvent pour lui les humains, en particulier pour la course et la guerre. Il faut privilégier les chevaux qui éprouvent la « douleur dans la défaite, [l]a gloire d'avoir la palme ». En attribuant aux animaux les mêmes émotions que celles des jeunes gens qui dirigent les chars, il suggère une communion des deux. Il insiste sur l'acculturation des bêtes aux hommes : « le premier travail de ton cheval sera de voir l'ardeur et les armes [...] de supporter le son des trompettes [...] de se faire au gémissement [... d']un chariot [...] de se plaire [...] aux éloges caressants ».

Détourner les animaux du règne de la nature est encore plus net lorsqu'il s'agit de les soustraire à l'instinct de reproduction. Virgile souligne avec des images, des anecdotes et un vocabulaire très violent la puissance de l'instinct et ses effets sur le comportement, laissant ainsi déduire le travail équivalent à faire pour en écarter les bêtes. La toute-puissance de l'instinct est décuplée par l'idée de fécondations surnaturelles des « cavales ». On ne peut s'empêcher de penser que l'idée est donc de souligner le savoir et le savoir-faire humain apprivoisant cette puissance.

Utilisation dans les dissertations

Ce passage pourra être utilisé dans les sous-parties qui abordent le thème des rôles multiples du travail et en particulier du rapport entre travail et nature.

► **Le travail a d'abord pour rôle d'assurer la production de biens et de services**, et en ce sens, il s'agit bien de son efficacité que souligne Virgile en décrivant le rôle des éleveurs vis-à-vis du cheptel et les fonctions qu'on peut ensuite assigner aux animaux.

► **Mais le travail dans cette fonction va aussi transformer la nature elle-même.** Le cheptel produit par et pour les humains ne ressemble plus aux animaux à l'état de nature ; cela se voit dans les tâches pour lesquelles on les dresse mais surtout dans la façon dont on éloigne les bêtes des troupeaux de comportements reproductifs naturels, alors même qu'on vise la reproduction et l'accroissement des troupeaux.

► **Finalement, le travail humain semble pouvoir rivaliser avec la nature et même la vaincre sur son propre terrain** : la lutte contre le fonctionnement naturel de l'instinct de reproduction permet une sélection qualitative parce que les animaux sont détournés de la dépense d'énergie requise par la reproduction individuelle ; mais encore un profit quantitatif car paradoxalement, la sélection produit encore plus de bêtes lorsque l'instinct de reproduction joue naturellement chez celles-ci, puisque cet instinct les conduit alors à des luttes et compétitions destructrices.

Le travail, entre production et éducation

Simone Weil, *La Condition ouvrière*, p. 236–237 : de « *Un mot encore, concernant l'approbation que vous accordez à la division du travail* » à « *odieuse quand elle crée des cloisons étanches* ».

Compréhension

- De quelle « division du travail » parle Weil, qui répond ici au directeur technique Bernard ?
- Quels sont les avantages d'une telle division ?

V. Bernard a dû dire à Weil qu'il se félicitait de l'organisation en place dans son usine où un ouvrier a « le soin de pousser la varlope » tandis qu'un autre doit « penser l'assemblage ». Le premier a donc un travail de pure exécution : il utilise un rabot, sans possibilité d'initiative. Le second, au contraire, doit concevoir un assemblage : il doit résoudre des problèmes, en utilisant son intelligence, sa créativité.

L'avantage de cette organisation est son efficacité. À chaque poste, on met quelqu'un qui convient. Il faut de l'intelligence pour réfléchir à l'assemblage. Or, tout le monde n'arrive pas à penser en trois dimensions. Il faut donc y mettre la personne la plus apte. Elle résoudra plus de problèmes. De même, pousser un rabot est fatigant, et on mettra à ce poste peu technique les travailleurs les plus résistants.

Réflexion

- ▹ À votre avis, que pense Bernard de cette organisation ?
- ▹ Est-ce sur le plan de l'efficacité que porte la critique de Weil et quelle est cette critique ?

Bernard doit considérer cette organisation comme la meilleure, puisqu'elle assure la plus grande efficacité de la production, donc le plus grand gain pour tout le monde, usine, patrons, ouvriers. Au-delà de l'efficacité, il pourrait aussi la considérer comme juste. La justice consiste à rendre à chacun ce qu'il mérite. Or, l'idée de la division du travail est de donner à chacun le travail où il semble le plus apte.

Weil, elle, ne s'intéresse pas à l'efficacité mais à la moralité et au progrès humain, qui sont oubliés par V. Bernard.

Peut-être que la division du travail est efficace, mais le problème est que les tâches qui ne sollicitent pas l'intelligence ont des répercussions sur la mentalité des ouvriers. Une chaîne de causes et d'effets est décrite : l'intelligence diminue à force de n'être pas sollicitée et cette diminution détruit la moralité, la « générosité du cœur ». Ainsi, ce sont les ouvriers professionnels, plus qualifiés, qui montrent leur respect pour la femme qu'elle est, et pas ceux qui sont moins formés.

En outre, cette division du travail néglige l'éducation qu'apporte le travail. Il y a certes de bons et de mauvais élèves, mais Weil appelle à ne pas enfermer les seconds dans des tâches abrutissantes. La justice appelle à ne pas se contenter de l'inégalité factuelle et à favoriser un rapprochement par le haut.

Utilisation dans les dissertations

Ce passage pourra être utilisé dans les sous-parties qui abordent le thème des conséquences morales du travail, dans notre relation aux autres notamment.

► **Le travail a une fonction essentielle : assurer la production de biens et de services**. L'efficacité est une mesure du travail, même s'il vaut mieux ne pas tuer les travailleurs à la tâche. Même le repos, dans cette perspective, ne serait pas un respect pour le travailleur, mais une mesure pour optimiser la force de travail qu'il représente.

► **Le travail a une dimension éducative**, car il occupe et transforme l'esprit. On ne peut pas faire abstraction de cette dimension de la vie sociale quand on s'intéresse à la justice, car c'est au travail que se développent ou s'amenuisent les qualités morales.

► **Production et éducation semblent évoluer en proportions inverses.** En effet, l'apprentissage est plus long que la répétition d'un geste déjà maîtrisé. Tout le monde comprend l'importance d'un bon apprentissage, pour garantir ensuite une bonne production. Mais un employeur aura toujours l'envie, économiquement rationnelle, de recruter quelqu'un de directement opérationnel, de laisser le coût de l'apprentissage à d'autres. Entre ces deux fonctions du travail, productif et éducatif, il y a comme une divergence, qui pose la question de leur compatibilité.

Le travail et ses divisions dans une entreprise moderne

Michel Vinaver, *Par-dessus bord* : de la liste des personnages (début de l'œuvre) à « *Les deux hommes rient longuement et profondément* ».

Compréhension

- Quels personnages sont présentés et comment se rattachent-ils – ou pas – à Ravoire et Dehaze ?
- Comment se succèdent les scènes ?

Les rôles de la pièce correspondent aux postes hiérarchiques et fonctionnels des entreprises. Les personnages interviennent rapidement : un tiers d'entre eux apparaît en une dizaine de pages et cinq saynètes. Certains sont énigmatiques : si le modèle nu est facile à rattacher à un dirigeant qui se pique de ne pas consacrer toute son énergie à une entreprise qu'il connaît par cœur, que penser des danseurs-livreurs ? Et même Passemar, qui a manifestement un pied dans chaque univers ? S'agit-il d'opposer le monde de l'art et de la créativité à celui du travail ? Ou de montrer leur connivence ? On comprend aussi le nom de l'entreprise, Ravoire et Dehaze, et avec un peu d'astuce, son produit, du papier toilette.

La pièce démarre en pleine action et les différentes saynètes s'enchaînent sans transition. On passe d'une scène entre un représentant de commerce (Lubin) et sa cliente (Mme Lépine) à l'arrivée de livreurs qui s'avèrent être des danseurs nous présentant un personnage, Passemar, avec lequel ils jouent avant qu'il annonce être à la fois cadre dans l'entreprise de Lubin et auteur. On assiste ensuite à une scène de bureau, présentant des conflits entre différents services, puis à une discussion entre le PDG de l'entreprise (en train de peindre) et son banquier. Les didascalies indiquent aux personnages qui ne servent plus de « *s'efface*[*r*] » : il n'y a pas d'explications, il faut tout comprendre grâce au dialogue et au jeu. On remarque aussi que certaines saynètes se déroulent presque en simultané, en tout cas en temps croisé. Les didascalies divisent cependant le plateau en un espace « *bureaux* » et un espace « *théâtre* ». Mais dans quel espace est « *l'atelier-salon* » du PDG ?

Réflexion

- ▹ À votre avis, pourquoi ce mode de mise en scène pour un tel sujet ?
- ▹ Et quelle est la raison de la présence de personnages étrangers au propos apparent ?

Vinaver a dit s'être inspiré du théâtre antique, en particulier des comédies d'Aristophane. Cela indique qu'il cherchait une forme inclusive, quelque chose qui suggère une continuité entre la vie personnelle, la vie affective, la vie sociale et la vie au travail, comme l'auteur grec présentait des personnages de son actualité sur scène. Il n'est pas possible de cloisonner le travail et la vie de façon étanche.

Les personnages apparemment étrangers à l'univers de Ravoire et Dehaze renvoient le même signal : faut-il différencier créativité, fête, sentiments de collectivité et travail ? Le personnage de Passemar a clairement ce rôle, faisant de sa vie professionnelle la matière d'une œuvre. (La pièce a marqué une évolution pour Michel Vinaver : il séparait jusque-là son travail de cadre d'entreprise de son activité d'écrivain.) Les danseurs camionneurs ont aussi ce rôle, de même que le modèle nu, Alex, Jiji et l'équipe de l'Infirmerie, sans parler des marketeurs qui se prennent pour des psychanalystes. Mais il faudra faire attention à la dimension satirique de la pièce, qui renvoie dos à dos les personnages et ce qu'ils représentent.

Utilisation dans les dissertations

Ce passage pourra être utilisé dans les sous-parties qui abordent le thème des rôles multiples et parfois contradictoires du travail.

► **La fonction essentielle du travail est d'assurer la production de biens et de services**. Ravoire et Dehaze produit du papier toilette, objet trivial mais d'une importance fondamentale – ce que certains comportements, lors des récents confinements, ont rappelé. Les soucis dans l'organisation efficace de sa production et de sa distribution, comme dans la rémunération de tous les acteurs qui s'en chargent, sont à étudier avec attention.

► **Le travail a une dimension sociale fondamentale** : la division du travail se fonde aussi sur la collaboration ou son désir et il se peut que nous travaillions surtout pour appartenir à un collectif, y trouver notre place et surtout notre plaisir. Il se peut que cette dimension nous domine complètement.

► **La pénibilité et la souffrance du travail le conduisent à être renié pour ce qui procure satisfactions et plaisir, et pourtant lui-même en apporte**. La liste des personnages montre la collusion de deux univers, celui de l'entreprise et celui des émotions (Ravoire et Dehaze est bien une entreprise « familiale »).

II. Au travail : aliénation ou libération

Éloge de la vie champêtre

Virgile, *Géorgiques*, livre II, vers 458–540 : de « *Ô trop fortunés, s'ils connaissaient leurs biens, les cultivateurs ?* » à « *les dures enclumes crépiter les épées* ».

Compréhension

- À la fin du deuxième chant des *Géorgiques*, le ton change. On passe d'un ton descriptif et didactique à celui de l'éloge, car il s'agit de faire un plaidoyer pour le monde rural. Pourquoi ce passage spécifique est-il choisi pour accueillir cet éloge ?
- Pourquoi les paysans devraient-ils être plus heureux que les citadins ?
- Quels sont les critères qui permettent à l'auteur de faire l'éloge de la vie champêtre ?

La fin du deuxième chant constitue l'exact milieu de l'œuvre : on attend donc un morceau de bravoure. On note qu'il y a juste après ce passage, au début du chant suivant, une réflexion du poète sur son art. On peut alors penser que c'est avec nostalgie que Virgile fait d'abord l'éloge de la vie rurale qu'il a mise de côté.

En effet, Virgile chante avec une certaine mélancolie le bonheur des paysans, qui demeurent loin des horreurs de la guerre mais proches des fruits que la terre peut leur fournir. Ils peuvent surtout profiter de ce que la nature leur donne, puisqu'ils vivent en harmonie avec elle. Ces bonheurs sont simples, faciles d'accès ; ils n'ont rien à voir avec le luxe de la ville.

Des critères plus complexes finissent par entrer en jeu : certes, le savoir est une richesse, mais le bonheur est aussi dans l'ignorance. En effet, à la campagne, il n'est pas besoin de savoir pourquoi la plante pousse, elle pousse, on peut la cueillir et jouir de son fruit. Aux tourments que procure toute connaissance, au brouhaha de la place publique, au tumulte de la ville, il y a le plaisir simple de l'évidence. Ce n'est plus à l'échelle de la ville mais à celle de la famille que vit le paysan, mais c'est un bonheur immense que d'être toujours avec ceux qu'on aime.

Réflexion

▹ Virgile sait que son lecteur n'est pas convaincu et que la réussite de l'éloge n'est pas gagnée d'avance : en effet, Mécène est à la cour et la majeure partie de son lectorat est citadine. Par quels arguments le poète cherche-t-il à convaincre son lecteur de la pertinence de son éloge ?

Virgile a recours à de nombreux effets stylistiques qui rendent saisissant ce passage : points d'exclamation, interjections, répétitions. Surtout, il a recours à un vocabulaire particulièrement violent, fortement connoté péjorativement, pour désigner la vie à la ville (comme « vomir »).

De plus, le poète fait appel à une stratégie argumentative particulière : la mise en scène de soi. Il se montre comme un poète aspirant, celui qui accepte le jugement des dieux et qui cherche, plutôt qu'assène, une vérité. Par ce masque de l'humilité, Virgile se montre à l'image des paysans dont il fait l'éloge et peut ainsi gagner la confiance du lectorat.

En terminant sur une réflexion plus politique, il sait qu'il touchera par l'argument le plus important de sa démonstration : le sort de Rome. En se faisant historien, Virgile rappelle que la grandeur actuelle de Rome, qui fait l'orgueil des citadins qui le lisent, et justifie la politique agricole de l'empereur, est née paradoxalement dans les champs de la péninsule, à partir de quelques paysans et bergers.

Utilisation dans les dissertations

Voilà un passage difficile à comparer avec les autres œuvres du programme, où il n'est pas question d'un retour à la vie champêtre. Cependant, derrière la spécificité du mode de vie prôné par le poète romain, il y a une vision éthique du travail : quand on a un rapport sain avec lui, il libère des contraintes de ce monde.

▸ **Un travail simple nous libère des tumultes de la vie.** Par contraste avec ses lecteurs citadins, toujours préoccupés par leurs petits et grands tracas, les paysans sont heureux, parce qu'en restant proches de la nature, ils en voient la richesse, que leur travail justement cultive.

► **Contre l'aliénation au luxe, un travail sain nous ramène au bonheur des choses simples.** En effet, les paysans ne sont pas aliénés par les plaisirs matériels, comme l'argent, qui transforment le travail en forçant à viser la quantité et plutôt que la qualité. Pour avoir toujours plus, pour l'emporter en politique ou à la guerre, les citadins ne savent plus s'arrêter et finissent tout à fait aliénés par leur travail. Les paysans, à l'inverse, savent au contraire profiter de ce que la nature leur offre.

► **Trop de travail est aliénant : le bonheur est aussi dans le repos.** En effet, les paysans savent prendre le repos nécessaire à une vie saine ; le travail de la nature épouse le cycle naturel, au cours duquel des temps sans travaux existent. Pas étonnant que le poète aspire à retrouver cette vie calme, où les êtres sont davantage dans le partage que dans l'appropriation.

Trois formes d'aliénation

Simone Weil, *La Condition ouvrière*, p. 220–222 : de « *Je n'ai pu vous citer aucun cas concret de mauvais accueil* » à « *une humiliation qu'il serait plus humain de lui épargner* ».

Compréhension

- À quoi répond Simone Weil ?
- Que reprochait le directeur technique, V. Bernard, aux ouvriers ?
- Que voulait-il montrer ?

Si Weil dit qu'elle ne peut « citer aucun cas concret de mauvais accueil », le directeur technique, V. Bernard, a dû lui demander si elle avait vu, un jour, un chef mal répondre à la demande d'un ouvrier.

La suite suggère que V. Bernard a reproché à un « ouvrier communiste » ses propos. Le directeur prétend qu'il doit être plus courageux que l'ouvrier car il aurait, même avant d'être directeur, « fait preuve de plus de courage envers des chefs. » Il semble regretter, et même condamner, le fait que l'ouvrier l'a critiqué sans venir le voir.

L'intention de Bernard est de montrer que la résolution des problèmes est freinée par la mauvaise attitude de certains ouvriers, à laquelle il oppose la bienveillance de la direction.

Réflexion

▹ V. Bernard a-t-il raison de rejeter la faute sur les ouvriers ?

Il y a des problèmes, la direction est à l'écoute, mais les ouvriers se taisent. Pourquoi ? Pour V. Bernard, l'explication est la couardise des ouvriers. Cependant, la relation entre les ouvriers et la direction n'est pas un dialogue entre égaux. Si l'ouvrier déplaît, il risque d'être réaffecté à un poste moins attractif, ou d'être licencié au premier prétexte. Or, en contexte de chômage, les employeurs pouvaient être très exigeants. Ils demandaient souvent une lettre de recommandation pour envisager la candidature de l'ouvrier. Ainsi, se faire refuser cette lettre, quand on est mal vu et licencié, c'est risquer une très longue période de chômage. De ce fait, la direction a peut-être raison de se dire bienveillante, mais il est rationnel pour un ouvrier d'éviter de tester cette bienveillance. Que la critique soit permise ne signifie pas qu'elle soit toujours très judicieuse pour l'ouvrier.

Utilisation dans les dissertations

Ce passage pourra être utilisé dans les sous-parties qui abordent le thème de l'aliénation (contraire de la liberté), car il indique trois modalités de la privation de liberté.

► **La menace de la violence empêche la liberté**. Or, V. Bernard est fier de pouvoir dire que ses ouvriers sont libres de parler sans crainte, de faire des remarques, de remonter des problèmes. Il n'est pas coupable de cette aliénation-là.

► **La faiblesse empêche la liberté**. Car pour être libre, il ne faut pas seulement avoir un droit, il faut aussi disposer des moyens de l'exercer. N'avoir aucune protection financière ou sociale, c'est être dans l'impossibilité de s'exprimer autrement qu'avec la plus extrême prudence.

► **L'habitude de la faiblesse éloigne de l'aspiration à la liberté**. Ce qui permet d'agir, ce sont les qualités morales, qui sont en fait des habitudes prises au fur et à mesure de notre expérience, de notre vie en famille, entre amis, et au travail. Si le travail fait prendre l'habitude de se taire, petit à petit on perd l'idée, l'envie, même, de défendre ses intérêts. La troisième forme d'aliénation, peut-être la pire, serait donc celle où l'on a renoncé à vouloir être libre.

Au travail jusqu'à la mort

Vinaver, *Par-dessus bord*, deuxième mouvement : de « *ah monsieur Toppfer oui entrez* » (réplique de Dehaze) à « *il la retire* » (fin du mouvement).

Compréhension

- En quoi se jouent ici des péripéties essentielles pour faire avancer l'intrigue ?
- Comment se devine un autre monde que celui du travail, pourtant dominant dans la pièce ?

Il s'agit de la fin du deuxième mouvement. Selon la structure traditionnelle du théâtre, en cinq actes, il s'agit d'un sommet dramatique. Il y a bien ici des événements importants : d'abord le coup de théâtre, l'effondrement de Fernand Dehaze qui tombe dans le coma et mourra bientôt. Mais on voit aussi le mécontentement de Margerie, la femme de Benoît qui s'apprête à remplacer son père à la tête de l'entreprise, tandis qu'Olivier, fils légitime et successeur attendu, est relégué à l'arrière-plan. La pièce relie donc la mort d'un personnage à la scène de ménage d'un couple en crise, et bientôt adultère : la mort et l'amour sont pourtant tous les deux mis de côté, à la toute fin de l'extrait, pour parler à nouveau chiffre d'affaires.

À côté de ces enjeux majeurs pour la pièce – à qui appartiendra l'entreprise, à qui appartiendra Margerie, la blonde américaine ? – des épisodes mineurs échappent au monde du travail. C'est déjà parce que cette séquence d'épisodes commence le soir, lorsque l'on ne travaille plus. Ensuite, on voit la passion du père pour les tabatières : un antiquaire vient évaluer sa collection et discute avec lui de l'histoire de France. On a enfin une scène très courte à l'hôpital, comme une parenthèse qui rappelle que la mort est bien une manière définitive de quitter le monde du travail. Même si, puisque le monde du travail s'empare de tout, un médecin est présent.

Réflexion

- Comment la succession de ces épisodes permet-elle d'illustrer l'aliénation des esprits et d'expliquer la manière dont on peut y échapper ?

Le père vient de vivre plusieurs moments tendus face à l'échec de son dernier produit et de sa stratégie commerciale, que personne ne veut assumer. Il s'offre un moment de répit pour parler de sa passion et de sa collection : cela le tue, comme s'il ne pouvait vivre que dans le tumulte du monde du travail, et qu'en échapper signait son arrêt de mort.

Margerie n'arrive pas à parler avec son mari, dont l'esprit est entièrement accaparé par l'argent, la réussite de l'entreprise et bientôt sa succession. Le coup de fil passé dans cet épisode est important : il symbolise l'échec d'une relation où les individus n'arrivent plus à communiquer.

À la toute fin de l'extrait, quelques remarques, insignifiantes en apparence, évoquent un monde libéré du travail. En s'interrogeant sur le coma du patron, les femmes opposent sa perte de conscience au réflexe corporel, nous rappelant qu'il y a le monde de la nature et de l'instinct qui, aussi, travaille. Cohen interrompt cet échange d'un « Mon Dieu », qui permet d'invoquer le monde invisible, métaphysique, et peut-être intérieur.

Utilisation dans les dissertations

On pourra utiliser ce passage dans des sous-parties consacrées à la question de savoir si le travail libère ou aliène.

► **On ne vit bien qu'en travaillant**. C'est grâce à l'argent gagné que le père Dehaze a pu accumuler une collection dont il est fier et qui peut rapporter gros, même s'il ne souhaite pas s'en défaire pour l'instant. D'autres métiers défilent dans l'extrait pour rappeler tant l'aspect pratique (médecin) que l'aspect esthétique (antiquaire) du travail.

► **On ne peut pas vivre que de travail**. Le père Dehaze garde dans son bureau une collection, signe qu'il est capable d'associer passion et travail, comme le fait qu'il y pratique la peinture. Les tabatières deviennent un symbole de liberté : fumer, plaisir mortel, c'est préférer obéir à ses désirs plutôt qu'aux lois de la nature. On vit pour des passions, ce que Margerie n'arrive pas à faire comprendre à Benoît. C'est pourquoi elle compare dans ce passage sa propre passion pour les garçons aux hommes toujours accaparés par le « boulot ». Est-ce pour cela que c'est elle qui finira avec les tabatières ?

► **Le travail n'est aliénant que pour celui qui lui confère un rôle trop important**. L'extrait enchaîne les séquences avec une rapidité qui donne le tournis : un père s'effondre, un couple se défait, un nouveau patron s'installe. Le travail permet surtout de ne pas faire face à des enjeux bien plus importants (la mort, l'amour) et représente la solution de facilité, en donnant l'impression qu'on endosse de réelles responsabilités. S'enfermer dans le travail donne l'impression à Benoît de vivre, alors qu'il ne vit ni vraiment ni pleinement. Au contraire, la Pompadour et Margerie ont bien vécu sans pour autant travailler.

III. Les temps du travail

Le temps du labeur, le temps de l'organisation

Virgile, *Géorgiques*, livre I, vers 280–460 : de « *La Lune elle-même a mis dans son cours les jours favorables* » à « *voilà ce que le soleil t'indiquera* ».

Compréhension

- Pourquoi Virgile interrompt-il la description des tâches du cultivateur, et les époques où elles doivent être conduites, par la description de l'art de pronostiquer le temps qu'il fera et même la qualité des récoltes à escompter ?

Les premiers passages, pleins de bon sens, expliquent quoi faire à quel moment afin de ne pas trop souffrir des intempéries mais aussi afin de ne pas nuire à son propre travail en laissant, par exemple, les troupeaux sous l'orage. Ils sont mêlés d'indications sur les moments où il est bon de « donn[er]… de gais festins » et terminent sur le rappel de la nécessité de consacrer du temps aux « dieux ».

Mais ces conseils de bon sens dépendent de la possibilité de déterminer ces bons moments en question : d'où le glissement vers la lecture des nombreux « signes » dont « le Père lui-même a déterminé [ce qu'ils] annonceraient ». Ces signes en très grand nombre englobent un ensemble de phénomènes naturels, depuis les phases de la lune jusqu'aux couleurs du soleil en passant par le comportement des oiseaux, des grenouilles, ou des fourmis.

Réflexion

- Les Romains étaient superstitieux et le texte de Virgile est le reflet d'une culture obnubilée par le besoin mais aussi l'impossibilité de connaître l'avenir. Mais que nous disent ces considérations en ce qui concerne le travail ?
- Et qui se charge de ces présages ?
- Virgile indique que c'est au paysan de lire les signes qui lui importent. Cela fait-il partie de son travail agricole ?

Ces passages soulignent d'abord l'incertitude et l'anxiété qui perdurent autour d'une subsistance assurée par un dur labeur que peut cependant menacer tout un ensemble de catastrophes naturelles. Certes le travail magnifie et optimise l'œuvre de la nature, mais la maîtrise de la nature n'est jamais assurée. En cela le travail des champs et des bêtes reste lié à la nature, continue de lier l'homme et ses besoins à son environnement. Cela souligne une vision holistique : les dieux parlent à l'homme à travers l'univers.

Ensuite, la dimension temporelle du travail apparaît clairement, sur plusieurs plans. Le travail doit être organisé, planifié, il n'est pas homogène. Les tâches diffèrent en nature, et en fonction de leur but, elles se prévoient précisément dans le temps et dans l'espace.

Finalement, le travail manuel dépend en réalité d'une appréhension intellectuelle de l'environnement, d'une connaissance, et cette dernière est présentée comme devant ordonner le travail manuel. De plus, elle a pour critère de fiabilité sa capacité à prédire correctement l'avenir pour des prises de décision efficaces. Elle est un travail parce qu'elle doit aussi rendre plus efficace le travail concret des champs. On a là une forme de division du travail entre conceptualisation et exécution. On remarque cependant qu'il n'y a pas de division des travailleurs : c'est le paysan qui devrait pouvoir effectuer ces tâches, non une caste spécialisée. À moins évidemment de penser au poète et didacticien lui-même.

Utilisation dans les dissertations

Ce passage servira dans les sous-parties qui abordent les différents temps du travail, et la distinction entre temps de travail et temps hors travail.

- **Le temps de travail n'est pas homogène**. L'opposition entre les tâches à assurer pour le travail des champs, et leur planification ou la récolte d'informations pour leur planification, n'est pas hiérarchisée, mais elle existe. Une part du travail est orientée par l'avenir et par les résultats à obtenir.

- **Au temps du travail s'opposent aussi des temps sans travail**, repos certes mais surtout – et de façon bien plus mise en valeur – des plages de recueillement ou de prière, ou des phases d'observation et de réflexion. Une des questions que l'on pourra se poser consiste à savoir si ces plages appartiennent au monde du travail, dont elles favoriseraient le rendement, ou pas. La question est intéressante pour les deux aspects du hors-travail. Prier, est-ce seulement se concilier les dieux ? Observer et interpréter les signes que renvoie la nature, est-ce seulement intégrer au travail une dimension intellectuelle ?

- **Le travail est source de contrôle sur la subsistance mais aussi d'incertitude et d'anxiété sur ses résultats**. Il représente plus de sécurité peut-être par rapport à une vie animale complètement insérée dans l'environnement, mais pas une absence d'incertitude et de risque. En revanche, on peut vouloir éliminer tout risque et toute incertitude du travail, pour le bien ou pour le mal.

Deux organisations du travail : suites et série

Simone Weil, *La Condition ouvrière*, p. 257-258 : de « *Au lieu d'opposer stérilement le machinisme à l'artisanat* » à « *les suites, le monopole de l'homme* ».

Compréhension

- ▹ Que désignent les expressions de travail « en série » et « en suites » ?
- ▹ Qui les a inventées ?
- ▹ Comment s'articulent ces deux temporalités du travail dans le « machinisme » étudié par Weil ?

Weil écrit à l'ingénieur Jacques Laffite pour discuter de son livre sur le travail. C'est Lafitte qui distingue le travail en série et en suites.

Le travail « en série », c'est la répétition d'une même tâche par une personne.

Le travail « en suites » consiste pour une personne à accomplir une suite d'opérations différentes.

Dans le machinisme, l'ingénieur a pour mission de concevoir la production comme une suite de séries : il décompose d'abord la production en étapes (c'est la suite) ; puis chaque étape doit être simplifiée à l'extrême pour qu'elle puisse être accomplie de façon répétitive par des gestes élémentaires (c'est la série). Dans les faits, il est rare qu'une production se limite à un geste absolument unique. Mais l'idéal reste de tendre vers ce modèle de production pour que la tâche du travailleur devienne un « automatisme ». Dans l'entreprise, un corps composé d'intellectuels a le monopole de la conception des suites, tandis qu'une masse d'ouvriers a la charge des séries.

Réflexion

- ▹ Quels problèmes pose cette organisation ?
- ▹ Que propose Weil et à quelle mauvaise solution s'oppose-t-elle ?

Le travail en série a un effet « dégradant », car le temps de travail est dominé par l'exigence de vitesse et les effets pénibles de la répétition. La pensée de l'ouvrier n'est plus sollicitée. La créativité devient l'apanage d'une classe peu nombreuse de concepteurs, tandis qu'une majorité vit dans le stress de la « cadence ». Une inégalité profonde se dessine et Weil souligne la souffrance de ceux qui sont en charge des séries. Elle ne dit rien sur la vie de ceux qui ont la responsabilité de la conception.

Weil propose une organisation qui respecterait la « dignité humaine ». Il s'agit de confier le répétitif, la série, aux machines, et de laisser le monopole des suites aux hommes. Loin de critiquer l'usage des machines, il faudrait les améliorer pour libérer les hommes des tâches répétitives, et leur confier les suites. Il faut que le travailleur passe le plus de temps possible à réfléchir face à la matière. L'idéal est donc de rapprocher les fonctions du travailleur et du concepteur.

La mauvaise solution serait d'abandonner l'idée que le travail puisse être aussi un temps d'épanouissement. Certains pourraient accepter le machinisme « abrutissant », et se jeter alors dans une surenchère en intensifiant le temps de travail pour en réduire la durée. Weil refuse cela, parce que se confronter aux problèmes du travail avec son intelligence est une source de joie et de fierté ; mais aussi, sans doute, parce que le temps soi-disant libéré serait aussi un temps invivable, à cause de la fatigue.

Utilisation dans les dissertations

Ce passage pourra être utilisé dans les sous-parties qui abordent les différents temps du travail, et la distinction entre les temps de travail et les temps hors travail.

► **Le temps de travail n'est pas homogène**. L'opposition entre les suites et les séries est une opposition entre deux formes d'activité : la créativité qui permet d'affronter le monde et ses problèmes en utilisant son intelligence (suites), et la productivité qui repose sur l'accélération et la recherche d'efficacité des gestes (série).

► **L'idéal n'est pas la réduction drastique du temps de travail**, mais son aménagement pour qu'il sollicite les plus hautes qualités humaines. Sans travail, on ne développerait pas assez la créativité humaine, ainsi que d'autres qualités morales.

► **On se trompe si on accepte un temps de travail abrutissant pour s'offrir du temps de loisir**. Pour profiter de ses loisirs, il faut encore avoir de l'énergie et des capacités intellectuelles suffisantes. C'est précisément ce que détruit le travail répétitif et intense, le travail « en série ».

Les temps du travail et le temps hors-travail

Michel Vinaver, *Par-dessus bord* (Quatrième mouvement) : de « *Les trois danseurs, masqués et vêtus en enquêtrices* » à « *Mais comment ?* » (réplique de Passemar).

Compréhension

- À quelle stratégie de l'entreprise le questionnaire des enquêtrices correspond-il ?
- Comment le discours de Passemar lui fait-il écho ?

Benoît vient de décider de relancer les ventes de papier toilette et a consulté pour cela une agence de marketing, Donohue et Frankfurter, patronymes des personnages Jack et Jenny. Ces derniers pensent que développer les ventes de papier toilette requiert une stratégie transformant le fait d'aller à la selle en plaisir, et donc le papier toilette en objet de désir. Les enquêtrices peuvent soutenir les arguments des deux marketeurs en récoltant les sentiments du public sur la défécation et l'usage du papier toilette. Leur rôle est aussi satirique, car à ce stade, Benoît n'est pas à l'aise avec la stratégie proposée, et les questions des enquêtrices sont tout autant d'intrusions dans la vie privée, intime, du public.

Passemar, qui écrit la pièce, se fait l'écho de tous ces doutes. Il ne sait pas si les danseurs, à qui il demande de jouer le rôle des enquêtrices, dans une intention innovatrice – à la fois sauvage et traditionnelle – auprès des spectateurs, vont être un succès commercial. Il se pose la même question que Benoît : transformer le papier toilette en objet de désir ne risque-t-il pas de coûter cher en ne réussissant qu'à choquer et s'aliéner les clients – ou, dans son cas, le public ?

Réflexion

- Quel sens donner à cette idée de faire jouer le rôle des enquêtrices aux danseurs, qui depuis le début de la pièce prennent en charge des rôles de travailleurs divers lors d'intermèdes théâtraux, et entretiennent avec Passemar une curieuse relation entre soumission et révolte ?

A priori, la danse s'oppose au travail. Elle délimite un espace (les didascalies initiales séparent le plateau en théâtre et bureau) et un temps du loisir, de la fête ou de l'art. Faire prendre en charge les enquêtes sur les habitudes de défécation de la population par trois danseurs s'adressant aux spectateurs d'une pièce traitant d'une entreprise de papier toilette, c'est d'abord mettre en doute le sérieux du travail, de la réponse à des besoins, de cette entreprise. C'est aussi mettre en doute le travail de l'auteur de la pièce, sauf justement dans sa dimension satirique par rapport au monde de l'entreprise. Cela soulignerait d'abord l'écart entre travail et art, travail et réflexion éthique ou esthétique.

Mais bien sûr, cela souligne aussi que dans le travail il pourrait y avoir des satisfactions de besoins autres que ceux de la subsistance. Les danseurs s'accordent d'ailleurs dans leur rapport à Passemar, qu'ils soulèvent, attaquent et portent ensemble. Ils poétisent le travail des enquêtrices en le menant dans la salle auprès des spectateurs. Ils travaillent donc vers d'autres objectifs. Ils offrent une pause dans le déroulement de la pièce, mais c'est une pause besogneuse car elle lui est consacrée. Et on ne peut pas dire qu'ils déguisent ou cachent les intérêts de l'entreprise ou de Passemar. Au contraire, l'intermède les énonce clairement, en soulignant l'accord entre ce que voudrait Passemar et ce qu'obtiennent les danseurs. Il s'agit donc de la mise en abyme d'une forme d'ajustement réciproque entre employeur et exécutant que tous les intermèdes montrent comme en progrès au long de la pièce, jusqu'au dernier, qui la finit.

Utilisation dans les dissertations

Ce passage pourra servir dans les sous-parties qui abordent les différents temps du travail, et la distinction entre temps de travail et temps hors travail.

► **Le temps de travail n'est pas homogène**. Le travail des enquêtrices peut se concevoir sur un temps, un espace, et dans un esprit qu'on verrait plutôt comme de l'ordre du repos, du plaisir. Est-ce bien, est-ce mal ? S'agit-il de rappeler que dans les temps de pause, certains travaillent à rendre le repos et la pause possibles ?

► **L'idéal n'est pas de faire disparaître le temps de travail**, mais de l'aménager pour qu'il tienne compte de certains besoins humains, notamment le fait de travailler comme partie d'un collectif, dans un esprit de fête ou d'accord.

► **On se trompe si on accepte n'importe quel travail en pensant ainsi s'offrir du temps de loisir**. En effet, le loisir n'est souvent que le reflet du travail, et on ne peut jouir de ce loisir que l'esprit libéré, ce qui ne serait pas le cas avec un travail pénible. Or, la pièce nous le montre, il n'y a pas un temps pour tout, mais c'est tout le temps que le travail nous travaille.

IV. Valeurs du travail

La cité des abeilles

Virgile, *Géorgiques*, livre IV, vers 149–277 : de « *Maintenant allons !* » à « *et ils gagnent les hauteurs du ciel* ».

Compréhension

- Le quatrième chant des *Géorgiques* surprend : pourquoi est-il entièrement consacré aux abeilles, alors que les autres chants passaient en revue de nombreuses espèces ?
- Après les recommandations adressées à l'apiculteur, pourquoi Virgile se lance-t-il dans une rêverie où il explique la « cité » des abeilles ?
- Pourquoi finit-il par l'évocation du roi des dieux ?

Il y a un saisissant effet de zoom au fil des chants des *Géorgiques* : le ciel et la terre du premier chant ont laissé place aux arbres, puis aux animaux de la ferme. Il semble donc insignifiant de terminer par ces « petits objets ». Mais le poète a grandi à la campagne et sait que les abeilles sont nécessaires à la survie des plantes, en disséminant le pollen : elles ont un rôle essentiel dans le cycle de la nature et elles participent à la survie de toute la vie champêtre qu'il avait chantée jusque-là. Le poète surprend et s'amuse alors à évoquer des êtres géants dans ce passage – les « Cyclopes » ou « l'Etna » : comme un écho entre l'infiniment petit et l'infiniment grand.

Par un effet de métonymie, le poète évoque une « cité » idéale en décrivant l'organisation de la ruche. C'est pourquoi il utilise de nombreuses personnifications, évoquant le mode de vie comme il le ferait pour des individus humains. On comprend donc que le texte est moins descriptif que didactique, et qu'il s'agit moins d'expliquer le fonctionnement réel de la ruche que de rêver à une organisation idéale de la vie sociale.

Enfin, « mince est le sujet, mais non mince la gloire » avait prévenu le poète dès le début du chant. En effet, le génie des abeilles vient du roi des dieux lui-même. Virgile termine ce passage par un éloge important : ce qu'il décrit tend à prouver que les abeilles posséderaient une part, même infime, de l'intelligence divine.

Réflexion

▹ Ce passage montre-t-il Virgile attentif aux plus petits des signes de la nature ou au contraire prouve-t-il le rêve éveillé d'un poète qui invente ?

On a souvent réduit les *Géorgiques* à une œuvre plus intéressée par la description minutieuse que par l'invention poétique. Aucun doute, par la force du détail, Virgile rappelle qu'il est lui-même un propriétaire terrien et qu'il se sert de ce savoir pour composer ses chants, acceptant que la connaissance doit faire partie de la littérature – que le didactique se mêle au poétique – que c'est en composant à partir de l'observation de la nature qu'on peut toucher à la gloire poétique.

Mais on ne peut pas nier que c'est œuvre de poète que de désigner tous les aspects de la ruche par un vocabulaire humain, et que ce raccourci aboutit à une vraie réflexion sur l'organisation d'une cité idéale, où chacun participe à son niveau au bonheur de tous. Plus profonde qu'il n'y paraît, cette représentation d'une cité moins idéale qu'idéalisée relève d'un engagement du poète, qui défend le sacrifice individuel au profit de la communauté. Et le poète termine sur une réflexion aux accents plus graves, sur la mort et sur l'harmonie de la nature tout entière. L'abeille, à l'image de Dieu (le traducteur fait apparaître ainsi le terme), fait la jonction entre tous les êtres du monde. Seul un poète pouvait ainsi tout embrasser et son travail a pour charge, en chantant le monde, de le montrer avec une autre hauteur de vue.

Utilisation dans les dissertations

Toute dissertation pourra être enrichie par une comparaison avec les abeilles car elles sont à l'image du travailleur. De telles comparaisons seront d'autant plus utiles dans des sous-parties évaluant la valeur individuelle ou collective du travail.

► **Le travail a plus de valeur quand on ne travaille jamais pour soi.** Là où l'entreprise moderne répartit les tâches inéquitablement, la répartition est naturelle chez les abeilles et sert une réelle efficacité : le bien-être de la communauté dépend de cette juste répartition.

► **La valeur du travail se mesure par la qualité et la quantité de ce qui est produit par tous.** L'essaim vit bien quand la ruche produit beaucoup : le « miel » et le « nectar » serviront de comparaison facile avec le profit, le rendement ou l'argent. Mais il y a aussi d'autres richesses, qui ne se mesurent pas : la bonne santé de la « progéniture » et le sentiment d'appartenance à un destin collectif, appelé « patrie » dans le texte.

► **Mais on mesure aussi la valeur de celui qui ne travaille pas.** Virgile fait l'éloge du « roi » de la ruche (possible écho avec la commande de Mécène d'une œuvre au service de la politique agricole d'Auguste). L'idée d'un chef qui ne travaille pas, et qu'on admire, pour lequel on est prêt à mourir, peut évidemment faire réfléchir au patron moderne et aux raisons qui font qu'il n'y a plus cette obéissance tout à fait servile : on n'est pas loin d'évoquer le principe d'esclavage et de servitude que dénoncent les œuvres récentes.

Deux mondes du travail

Simone Weil, *La Condition ouvrière*, p. 422-423 : de « *Les bourgeois ont été très naïfs de croire que* » à « *le pain est moins nécessaire que le remède à cette douleur* ».

Compréhension

- Quel sens a l'espoir de devenir riche pour l'ouvrier ?
- En quoi est-il différent chez celui qui a un travail intellectuel ?
- Weil envisage deux remèdes à la douleur de la vie ouvrière. Pourquoi sont-ils au fond insuffisants ?

Notre société repose sur l'espoir de la richesse. Par son travail, on mérite un salaire et, si on épargne, qu'on est malin et courageux, on peut devenir riche. Mais, cet espoir ne rend pas les ouvriers heureux, car la richesse a une autre signification pour eux. Alors que le professeur devenu riche verra l'argent comme un encouragement pour continuer son activité et progresser, l'ouvrier y verra la clé pour quitter son travail. C'est le signe que ce travail ne contient pas de but interne valable. Le travail ouvrier est « sans finalité », il n'y a rien en lui qui ait de la valeur.

Weil étudie deux situations qui donnent du sens à une vie ouvrière. Par moments, la situation politique fait qu'on valorisera le travail ouvrier. Au vingtième siècle, l'Amérique et la Russie ont fait de l'ouvrier un héros car il équipait la population de nouveaux biens issus du progrès technologique. Le sacrifice ouvrier avait alors du sens. Mais ces périodes finissent un jour, et elles restent exceptionnelles. La famille est une autre source d'espoir. On rêve d'avoir des enfants et une fois qu'ils sont là, notre existence se remplit de différents buts importants (les nourrir, les faire grandir, les aimer). Mais en pensant à leur avenir, l'ouvrier aspire-t-il à ce que ses enfants deviennent eux aussi ouvriers ? Au contraire, il voudrait qu'ils fassent autre chose, ce qui est l'aveu que la vie ouvrière n'a pas une valeur suffisante aux yeux même de celui qui la vit.

Réflexion

- ▹ La pauvreté est-elle le seul mal qui rend la vie ouvrière douloureuse ?
- ▹ Quelle conséquence cela a-t-il sur la possibilité d'un dialogue entre les travailleurs ?

En décrivant la souffrance de la vie ouvrière industrielle, Weil insiste bien sûr sur la pauvreté et les difficultés matérielles. Le manque d'argent attache l'ouvrier à son employeur d'une façon comparable à un esclavage. De plus, la perspective de devenir riche est bien illusoire : le salaire se réduit souvent à ce qui permet simplement de survivre. Mais si la pauvreté était le seul mal de la vie d'ouvrier non qualifié, alors dans les rares cas où un ouvrier deviendrait riche, il resterait en poste. Or, c'est le contraire qui se produit. L'ouvrier sait intimement que son travail ne vaut rien par lui-même. Selon Weil, prendre conscience de cela est pire qu'avoir faim pour l'ouvrier.

Pour dialoguer, il faut pouvoir se comprendre. Or, travail qualifié et travail non qualifié forment deux mondes qui risquent d'être étrangers. Le travailleur intellectuel, c'est-à-dire qualifié, peut comprendre que l'ouvrier souffre à cause d'un salaire trop bas, et d'une activité physiquement trop difficile ou dangereuse. Mais résoudre ces problèmes, ce ne serait pas encore régler le problème fondamental qui est l'absence de fin, l'absence de valeur du travail aux yeux même du travailleur. Ce dont l'ouvrier a besoin, c'est ce qu'a même le plus pauvre des écrivains ou des ingénieurs : il voudrait que son travail ait un sens honorable et dont il puisse être fier.

Utilisation dans les dissertations

Ce passage pourra être utilisé dans les sous-parties qui abordent les différents modes de pensée qui sont induits par les différentes sortes de travail.

► **Le travailleur qualifié ne peut pas comprendre le travailleur non qualifié** : il se trompe sur la hiérarchie des problèmes qui touchent la vie ouvrière non qualifiée. C'est pourquoi un vrai penseur politique doit faire l'expérience de la vie ouvrière, comme Weil l'a fait.

► **Tant qu'il y aura du travail non qualifié, ni l'argent ni l'ergonomie du poste de travail ne suffiront à rendre les hommes heureux**. D'un côté, il faudra réduire au minimum ce type de travail. De l'autre, s'il reste du travail non qualifié, il faut le rendre supportable autrement qu'en se réfugiant dans des désirs de changement et de consommation, qui sont toujours le rêve d'une autre vie, non ouvrière. Pour S. Weil, c'est la beauté, et au fond la beauté religieuse, qui peut rendre la vie ouvrière acceptable.

Que la fête commence...

Vinaver, *Par-dessus bord*, sixième mouvement : de « *Hello there* » (réplique de Jack) à « *la fin rejoint le commencement* » (fin de l'œuvre).

Compréhension

- Pouvez-vous identifier les différentes saynètes qui clôturent l'œuvre ?
- Comment se répondent-elles, aussi bien sur la forme que sur le fond ?
- Peut-on parler d'un dénouement traditionnel ?

Comme dans le reste de l'œuvre, les scènes s'enchaînent sans rupture entre elles. La cohérence vient de l'unité de lieu : l'estrade (montée pour la fête ou le cours universitaire). Jenny rompt avec Jack, son ancien partenaire, pour se lancer dans les perruques (on passe d'une partie du corps à une autre) avec Benoît, qui annonce leur mariage. Puis le patron de l'entreprise américaine vient expliquer Youpico, l'esprit de la nouvelle boîte. Des voix de la fête se font entendre, sans que l'on puisse discerner qui parle. Enfin une dernière scène entre Passemar et Monsieur Onde termine l'œuvre.

Il y a peu de suture entre ces épisodes. Pourtant, ils se font écho : non seulement par la forme, puisqu'alternent séquences à répliques courtes (Jenny et Benoît d'abord, les voix de la fête ensuite) et tirades (celle de Young puis celle de Passemar à la fin) ; mais aussi par le contenu, puisqu'il s'agit d'évoquer la place de chacun dans l'entreprise, ceux qui la quittent ou la rejoignent, et même ceux qui changent de poste (Passemar).

La pièce joue avec les codes de la tradition théâtrale. Une comédie, comme le dit Passemar évoquant Aristophane, le maître de la comédie grecque, doit finir par un mariage et un banquet. Nous y sommes. Mais là où le dénouement doit « dénouer » les fils de l'intrigue, *Par-dessus bord* cherche à faire un pas de côté (ou un pas de danse) avec ce qui est attendu : un mariage en remplace un autre, Passemar a fait du surplace dans l'entreprise, le succès du produit lancé par l'entreprise française n'empêche pas son rachat.

Réflexion

- Comment fonctionne la critique du travail en entreprise dans cet extrait ?
- Quelle vision du travail se détache de ces dernières séquences, et plus précisément, quelle valeur attribuer à chaque activité humaine ?

Il y a confusion entre sentiments et travail, la famille et l'entreprise. Cette confusion est entretenue tout au long de la pièce par l'aspect « entreprise familiale » de Ravoire et Dehaze et le déchirement des deux frères pour la succession ; elle est renforcée par le mariage de Jenny et Benoît, qui annoncent fonder une entreprise en même temps qu'une famille. De plus ils s'approprient le mariage de Jiji, fille d'un employé, en embauchant son nouveau mari, Alex. Rien ne peut désormais échapper au monde du travail, pas même les sentiments, et surtout tout doit revenir au patron.

Il y a dans le nom du patron, Young, une critique évidente. Son discours parsemé d'anglicismes finit dans l'absurde et le non-sens. Les effets de mode et de jeunisme ont remplacé les projets, la planification. Seul reste cet « esprit de famille » : on vend une marque aux employés comme aux clients, et derrière le ludique Youpico se cachent les licenciements. La tirade de Passemar sert de miroir inversé à ce discours vide de sens, car il s'interroge sur ce qui vient de se dire, en même temps que sur le théâtre, dont la valeur symbolique est ici soulignée par sa capacité à représenter le réel pour lui donner, enfin, du sens.

Utilisation dans les dissertations

Utilisez ce passage pour critiquer le monde du travail dans l'entreprise moderne, en particulier l'inversion des valeurs entre satisfaction des besoins et productivisme en vue d'un profit.

► **Il y a une confusion entre le produit du travail et le marketing qui trouve des acheteurs en créant une demande**. Le mariage de l'ancien patron avec la spécialiste du marketing le montre : il importe moins à l'entreprise de faire un produit de qualité que de savoir le vendre. Tandis que le papier toilette était associé à un besoin naturel, la perruque montre le triomphe de l'artifice dans le monde contemporain.

► **Les discours d'entreprise se détachent des réalités et valeurs du travail pour valoriser ou dévaloriser arbitrairement**. Tout comme la tirade de Young finit dans l'absurde et le bégaiement, les paroles échangées lors de la soirée sont vidées de leur portée par absence de toute marque énonciative. On parle surtout pour combler un vide. Le théâtre et le discours universitaire seuls donnent du sens à ce que les personnages ont vécu, et encore, puisqu'ils ne font que signaler un éternel recommencement.

► **Le travail envahit tout**. En effet, même quand il doit réfléchir à sa pièce, Passemar est sans cesse interrompu dans ses pensées par des considérations sur son avenir, dans l'entreprise notamment. En avouant que la fin n'est qu'un recommencement, il rappelle l'effet cyclique du travail auquel on n'échappe jamais.

Exercices de recherche d'exemples

Dans vos dissertations, chaque thèse doit être appuyée par deux exemples tirés de deux œuvres différentes. Essayez d'illustrer les thèses présentées page 34, puis lisez (et retenez) notre solution. (D'autres passages des œuvres sont possibles pour chaque thèse et chaque passage peut a priori illustrer plusieurs thèses.)

I Rôles et fonctions du travail

« Le travail produit ce dont nous avons besoin »

Virgile[1] évoque un âge d'or où la terre produisait par elle-même tout ce qui était nécessaire, mais aussi la volonté du dieu qu'un dur travail soit désormais requis.

Simone Weil rappelle « la joie de manger un pain qu'on a gagné »[2], événement assez rare et relié à un sentiment de solidarité. Elle souligne souvent « la pression inexorable et quotidienne de la nécessité »[3] sur la vie des ouvriers.

Vinaver a choisi d'illustrer la société industrielle avec un article, le papier toilette, que la nature ne produit pas.

« Le travail est une discipline »

Virgile évoque bien des fois la pression des tâches à exécuter : ainsi, même s'il pleut[4], le cultivateur ne peut se reposer. Son œuvre est prescriptive, il indique la démarche à suivre à un interlocuteur nommé, avec impératifs, verbes au futur, propositions de choix, en quantité.

Simone Weil décrit le contrôle exercé sur les ouvriers, notamment par le fait de pointer ; pour eux, la discipline s'exerce de l'extérieur, c'est une contrainte. L'essai sur la rationalisation est exhaustif sur ce plan.

Chez Vinaver, on trouve de nombreux exemples de travail en action : les scènes entre Lubin et Mme Lépine, les séances de remue-méninges, le compte-rendu des effets des noms pour le nouveau papier toilette sur la clientèle, les dialogues avec le banquier Aussange, etc. Leur utilisation doit faire la part parfois de la satire.

[1] livre I, depuis « Et cependant... » jusqu'à « ... en de dures circonstances », vers 91–156
[2] p. 59 [3] p. 214 [4] livre I, vers 255-288

« Pas de progrès sans travail »

Virgile décrit souvent l'amélioration de la nature pour les besoins des hommes par le travail, « les soins », par exemple au livre III, la description des choix à opérer pour la reproduction des animaux[5].

Weil souligne auprès de son élève Simone Gibert que « la réalité de la vie, ce n'est pas la sensation, c'est l'activité »[6] et elle s'acharne à vouloir améliorer les conditions de travail des ouvriers. Mais elle montre aussi le désespoir d'une vie de travail sans progrès, dans la répétition.

Vinaver montre que le marketing et la réorganisation du travail ont été un progrès. Mais le résultat n'est pas acquis définitivement. La fin de l'œuvre suggère que le même travail devra sans cesse être recommencé.

« Les animaux bâtisseurs ne sont pas des travailleurs »

La ruche de Virgile est pleine d'animaux bâtisseurs – mais ils sont personnifiés. Le livre IV peut être lu comme une métaphore du travail humain, non animal. Les animaux du livre III sont au contraire livrés aux passions, particulièrement à l'instinct de reproduction et à ses violences[7], si l'homme ne les maîtrise pas.

Weil n'a quasiment aucune vision de la pleine nature : l'univers des ouvriers en est coupé, leur subsistance assurée par le seul échange de leur « force ouvrière »[8] contre « des sous »[9]. Elle déplore cette rupture avec « les rythmes du monde »[10].

Pour Vinaver aussi, la rupture entre monde animal et monde du travail est totale.

II Au travail : aliénation ou libération

« Le travail manifeste l'essence de l'homme »

Le projet des *Géorgiques* est de valoriser le travail des campagnes en les contrastant avec la vie de guerres et de luttes de la Rome de l'établissement de l'empire d'Auguste. Même si l'ouvrage est une commande plus ou moins mercenaire, de nombreux passages résonnent avec authenticité et rappellent les origines dans cette campagne de Virgile, ainsi la fin du livre II depuis « Ô trop fortunés, s'ils connaissaient leurs biens, les cultivateurs ? »[11]

Comme on l'a vu, Simone Weil souligne auprès de son élève Simone Gibert que « la réalité de la vie, ce n'est pas la sensation, c'est l'activité »[12]

[5] vers 50–285 [6] p. 69 [7] vers 200–285 [8] p. 317 [9] p. 206, p. 228 [10] p. 348 [11] livre II, vers 458 [12] p. 69

mais elle veut surtout trouver un moyen de rétablir pour les ouvriers, dont elle concède qu'ils œuvrent par nécessité et que c'est inévitable, une dignité ou une joie. Il est vrai qu'elle finit par ne la trouver que dans la poésie ou la religion.

L'entreprise Ravoire et Dehaze a tendance à happer tous les personnages et intérêts manifestés dans la pièce : la famille de Lubin, dont le gendre et la fille, pourtant musiciens rebelles, reviennent y travailler, les danseurs de Passemar, qui jouent des rôles de travailleurs. L'intention est cependant souvent satirique.

« Rien n'échappe au travail »

Les exemples de la pression des tâches à accomplir chez Virgile s'appliquent ici : « il y a encore [...] un autre travail, et qui n'est jamais épuisé »[13] et le peu de place accordé au repos ou même à la prière peuvent être notés, ainsi que leur subordination au labeur : le cultivateur ne doit pas oublier d'honorer les dieux[14], c'est une tâche de plus. Virgile concède à la fin du livre II « un repos assuré » aux paysans et « des loisirs dans un vaste domaine »[15].

Simone Weil souligne qu'elle ne peut « respirer » que « le samedi et le dimanche »[16] ainsi que les difficultés à avoir des loisirs, une culture, quand on « continue à se sentir abruti[e] »[17] par le travail.

Comme on l'a vu, ce qui frappe dans *Par-dessus bord*, c'est le nombre d'exemples où des sujets existentiels ou affectifs sont happés par l'entreprise. Le personnage de Passemar est emblématique puisqu'il fait de toute sa vie en entreprise la matière de son autre travail, écrire.

« Le travail n'est ni un droit ni un devoir »

C'est la nécessité qui mène au travail chez Virgile, dont même le choix de chanter tout cela est au fond un travail de commande, si le lyrisme l'emporte parfois, comme probablement ses souvenirs.

La loi d'airain de la nécessité est aussi celle que décrit Simone Weil en évoquant d'une part la précarité des ouvriers à la merci d'un renvoi sans référence (par exemple, dans la vie des ouvrières métallos[18]), d'autre part l'indifférence apprise à la nature ou à la qualité du produit, dont les ouvriers sont tenus ignorants. Mais Simone Weil n'accepte ni cette absence de droits, ni cette absence de finalité et de responsabilité dans le travail des ouvriers. Cette dernière absence de devoirs, remplacés par des contraintes, est en particulier jugée avilissante et corruptrice[19].

[13] vers 379–413 [14] livre I, vers 321–354 [15] livre II, vers 446–479 [16] p. 53 [17] p. 75
[18] p. 268 [19] p. 75

Dans l'univers de Vinaver, droits et devoirs sont supplantés par efficacité et désir.

« La technique nous libère du travail rudimentaire »

Les abeilles (livre IV) n'utilisent aucune technique et se contentent de leur corps et de ce que la nature leur a donné : c'est pourquoi elles répètent inlassablement les mêmes gestes. En revanche, l'homme apprend des techniques pour dompter la nature, à l'image des chevaux qu'il faut dresser. Toute l'entreprise des *Géorgiques* est didactique : il s'agit de communiquer ces techniques à ceux qui ne les connaissent pas. En se perfectionnant sans cesse, l'homme se libère des contraintes de la nature et sait même les moments où il peut jouir d'un repos bien mérité.

L'industrialisation de masse a conduit Simone Weil à tenir un discours critique vis-à-vis de la machine. Celle-ci devait permettre aux hommes de ne plus être limités par la nature mais c'est la machine elle-même qui contraint les ouvriers : au point que Simone Weil finit par montrer que ce sont eux qui sont réduits au rôle de « machine qui obéit à la voix »[20], refaisant inlassablement les mêmes gestes, prisonniers de la cadence infernale, « esclaves de la machine moderne »[21].

Chez Vinaver, le papier toilette d'abord, les tabatières ensuite, les perruques enfin, sont autant de symboles d'un éloignement progressif de l'homme avec sa nature. Au point que la technique, au lieu de nous libérer, nous plonge dans un monde tellement artificiel que le travail en entreprise est vide de sens.

III Les temps du travail

« Le travail est un anachronisme »

Chez Virgile, on travaille en suivant le rythme des saisons. Le mythe de l'âge d'or[22] explique l'origine du travail mais l'œuvre n'en indique aucune fin : au contraire, « le travail des laboureurs revient toujours en un cercle »[23]. Ainsi, le travail ne s'inscrit pas tout à fait dans le temps, dans le sens qu'il est infini et voué à se répéter.

Désormais, le travail ne suit plus le rythme des saisons et, dans le monde industriel que décrit Simone Weil, il obéit à une autre manière de séquencer le temps : la cadence[24] qui « abruti[t] »[25] les ouvriers. Il n'y a pas de raison à ce que le travail de la modernité soit à ce point abrutissant :

[20] « Expérience de la vie d'usine », p. 347 [21] Lettre à Nicolas Lazarévitch, p. 63 [22] livre I, 91–156 [23] livre II, 379–413 [24] « Expérience de la vie d'usine », p. 337 [25] Lettre à Boris Souvarine, p. 75

« le chronométrage se fait en dépit du bon sens »[26]. Ce travail « ne peut pas être transfiguré, il faut le supprimer » ; le fait qu'elle parle d'un travail meilleur à l'avenir est la preuve que le travail du présent est insatisfaisant : « La vie les vend cher, les progrès qu'elle fait faire.[27] »

Les rapports de force que décrit Vinaver sont aussi archaïques que ceux décrits par Monsieur Onde dans la mythologie. C'est pourquoi la hantise des patrons d'apparaître dépassés est paradoxale puisqu'en voulant coller à la mode, on se démode très vite.

« Travailler, c'est profaner »

Chez Virgile, le travail l'emporte sur la religion : « Oui, même aux jours de fête, il est des travaux auxquels les lois divines et humaines permettent de se livrer »[28]. Ainsi, c'est à la seule nature que le travailleur doit obéir et, quoi qu'en dise la religion, il faut suivre ses lois. De même, c'est elle qui fournit les richesses dont le paysan profite en fin de compte. En revanche, à la ville, on travaille pour de l'argent, pour avoir du succès en politique, à la guerre ou dans les arts ; bref, le travail y apparaît, comme une profanation de ce qui a vraiment de la valeur, comme le bonheur des siens ou l'ombre d'un arbre un jour de grande chaleur[29].

De façon assez inattendue, le travail est envisagé comme un espace possible de rédemption par Simone Weil, l'homme pouvant justifier son existence dans l'univers et racheter ses fautes. On comprend alors mieux la virulence de ses critiques envers le capitalisme qui transforme le salaire en « aumône »[30].

L'intérêt du théâtre de Vinaver consiste à montrer que l'ambition salit davantage que la fonction naturelle de déféquer, qui nourrit toutefois la grossièreté de certains passages. Le travail au service de l'ambition peut devenir profanatoire en défigurant tout ce qui est structurant, en particulier la famille.

« Ce sont les travailleurs qui font l'histoire »

Les *Géorgiques* participent d'une propagande à destination d'anciens soldats qu'on souhaite inciter à reprendre des parcelles agricoles. On peut imaginer qu'ayant connu la guerre, ils y voient davantage que dans les travaux des champs, le poids de l'histoire. Mais justement, Virgile fait du travail le premier des combats : « Tous les obstacles furent vaincus par un travail acharné »[31]. C'est du combat contre la nature que dépendent les autres batailles.

[26] Lettre à Nicolas Lazarévitch, p. 63 [27] Lettre à Albertine Thévenon, p. 57 [28] livre I, 259–275 [29] livre II, 490–540 [30] « Expérience de la vie d'usine », p. 340 [31] livre I, 123–156

Certaines images de Weil sont cruelles et édifiantes : dans « Expérience de la vie d'usine », elle explique que « les pièces [produites sur les chaînes] ont leur histoire » mais que l'homme qui les fabrique « n'est pour rien dans cette histoire »[32]. Ainsi le travail à la chaîne fait sortir l'ouvrier de l'histoire. On comprend alors que les grèves de 1936 puissent constituer pour elle une raison d'espérer ; mais à la condition que les dirigeants syndicaux, pour peser sur l'histoire, n'imaginent pas transformer l'élan réformateur en « impérialisme ouvrier »[33] qui conduirait à imposer de nouvelles formes injustes de domination.

Dès le premier mouvement, l'écriture de *Par-dessus bord* associe le mythe du poème eddique de la guerre des Ases et des Vanes et la réalité capitaliste. La jonction des récits laisse penser que les événements se font écho. Cet écho suggère que ceux qui pensent écrire l'histoire chez Ravoire et Dehaze ne voient pas qu'ils y sont comme des marionnettes.

« Nous travaillons dans le temps pour produire ce qui résiste au temps »

Virgile a tendance à opposer la guerre qui consomme tout au travail qui permet de tout recommencer, comme dans les derniers vers du livre II : « nous avons fourni une immense carrière, et voici qu'il est temps de détacher du joug les cols fumants des chevaux ». Mais même si le travail des « vieux Sabins » a permis d'édifier Rome, ce qu'on voit dans les *Géorgiques*, c'est un travail pris dans un cycle incompressible.

Si les pièces que fabriquent les ouvriers résistent à l'usure, ce n'est pas parce que l'ouvrier est excellent, mais parce que la chaîne de production est efficace. Le travail sert l'objet et non l'homme. Weil s'acharne à défendre au contraire une conception du travail où les objets qui résistent au temps portent la marque de ceux qui les construisent. Elle termine « Expérience de la vie d'usine » en exhortant les ingénieurs à concevoir des systèmes de production qui permettent « non seulement de construire des objets, mais de ne pas détruire des hommes. »[34]

Ravoire et Dehaze vend du papier toilette, un bien d'usage qui se consomme, qu'on ne peut imaginer résister au temps. Mais on devine, par exemple dans la rencontre des présidents des deux entreprises[35] qui veulent parler « de l'avenir », que c'est en fait leur concurrence forcenée qui provoque l'obsolescence des produits, la désuétude des méthodes, et l'inutilité des hommes.

[32] p. 339 [33] « Condition première d'un travail non servile », p. 421 [34] p. 351 [35] cinquième mouvement

IV Valeurs du travail

« L'art n'est pas un travail »

Virgile se souvient de sa jeunesse agricole à Mantoue[36], et c'est dans sa mémoire de paysan qu'il puise les connaissances qu'il transmet. Mais son art doit chanter les campagnes, pas y produire les richesses : et tel un temple de marbre, il embellit la vie rurale de sa voix. « C'est moi qui, le premier, si ma vie est assez longue, ferai descendre les Muses [...] pour les conduire avec moi dans ma patrie ; le premier, je te rapporterai, ô Mantoue, les palmes d'Idumée, et, dans la verte plaine, j'élèverai un temple de marbre, au bord de l'eau »[37]. Il distingue donc clairement le travail de l'esprit et celui des mains.

Simone Weil évoque parfois des œuvres d'art : elle encourage ainsi les ouvriers à se familiariser avec les auteurs grecs car elle pense que la littérature antique a de puissants échos avec la réalité ouvrière[38]. Elle explique également que le film de Charlot présente une image poétique et facile d'accès de cette même réalité[39]. Ce faisant, elle distingue les œuvres d'art du travail fait par les ouvriers. Les premières expliquent le monde et peuvent même élever l'âme ; le second, au contraire, inhibe l'âme et l'endort. Attention toutefois : il faut se méfier d'« un opium quelconque »[40] qui se substituerait à l'art véritable.

La même distinction apparaît chez Vinaver : ce que vit Passemar se retrouve tout de suite interrogé par lui dans la pièce qu'il écrit. Il construit des échos puissants et parfois inattendus avec le cours de mythologie de Monsieur Onde : l'art est un reflet du monde et donc, aussi, du travail. C'est donc l'œuvre où la distinction est la plus floue : les danseurs adoptent différentes tâches possibles ; le marketing doit rendre attractif même ce qui n'est pas de l'art.

« Le travail consomme la nature »

Chez Virgile, toute l'activité humaine à la campagne a pour but de consommer les fruits de la nature. L'idée qu'une agriculture solide témoigne aussi de la richesse d'une nation conduit à insister sur le fait qu'il faut développer toujours plus mais Virgile rappelle sans cesse de respecter les cycles naturels[41].

Simone Weil décrit un monde où le secteur primaire a laissé sa place au secteur secondaire, qui est une transformation encore plus grande de la nature. On produit en masse, créant sans cesse de nouveaux besoins

[36] livre III, 10–15 [37] livre III, 10–39 [38] Lettre à Victor Bernard, p. 244 [39] p. 236 et p. 287 [40] Lettre à Jacques Lafitte, p. 261 [41] livre I, vers 287–310

qui, pour être assouvis, vont davantage puiser dans les ressources naturelles, à commencer par les ressources humaines : les ouvriers, leurs corps, leurs mains, meurtris par des années d'esclavage moderne. C'est ce que raconte Simone Weil au début de « La vie et la grève des ouvrières métallos » dans des petites séquences d'humiliation : « on défile comme un troupeau »[42].

Le monde de l'entreprise moderne propose des services, qui sont la majorité des métiers du monde contemporain. Ainsi, le travail ne semble plus consommer la nature, qui n'est jamais évoquée chez Vinaver. On y vise l'accumulation de biens sans utilité, comme la collection de tabatières du père Dehaze, en oubliant tout ce que cela a coûté en ressources.

« Le travail doit nous enrichir »

Les trois œuvres au programme dénoncent un rapport dévoyé entre travail et richesse. Ainsi, les paysans de Virgile, « eux qui, loin des discordes armées, voient la très juste terre leur verser de son sol une nourriture facile »[43], ne visent pas le luxe qui domine les citadins. En effet, le poète latin évoque tout ce qui plaît à la ville : « une haute demeure » aux « superbes portes », « énorme flot de clients », « battants incrustés d'une belle écaille », « étoffes où l'or se joue », « des bronzes »[44]. Cette liste s'oppose frontalement avec la véritable « riche[sse] en ressources variées » que procure la nature[45].

Les théories capitalistes évoquent les principes économiques qui permettront d'enrichir l'ensemble de la société mais Simone Weil s'intéresse aux injustices : l'ouvrier ne jouit pas de la même richesse que le patron ; or, cela semble injuste car c'est l'ouvrier qui travaille le plus. Il y a bien chez la philosophe la reconnaissance de métiers utiles (l'ingénieur Jacques Lafitte, la candidate à l'école normale Simone Gibert) mais elle accueille favorablement la grève, principe du refus du travail pour gagner plus dignement sa vie et travailler dans de meilleures conditions.

Les employés chez Ravoire et Dehaze gagnent leur vie en travaillant dans l'entreprise. En ce sens premier, ils s'enrichissent parce qu'ils travaillent. Néanmoins, on voit la vacuité de nombreux emplois au cours de la pièce : ce n'est donc plus le problème que tout travail mérite salaire, mais que tout salaire est distribué à des travaux qui n'en méritent plus vraiment. Au nom de l'enrichissement, on a créé dans l'entreprise moderne des tâches qui tournent à vide, réduisant le travail au rang de « boulot » sans véritable savoir-faire, justifiant la valse des postes.

---

[42] p. 269 [43] livre II, vers 460–461 [44] livre II, vers 458–474 [45] idem

« On peut travailler sans aimer son travail »

L'écriture même des *Géorgiques* prouve que Virgile sait qu'on peut se retrouver à effectuer un travail qui ne nous plaît pas. De nombreux Romains sont envoyés, par la politique agricole d'Auguste, aux champs et Mécène commande au jeune poète un ouvrage chargé de les convaincre : on le lit dès l'ouverture du premier chant, qui est une dédicace à Mécène, aux dieux tutélaires de l'agriculture et à Auguste, à qui le poète promet une place éternelle dans le ciel. Est-ce là un signe qu'il n'est pas enthousiaste face à cette commande ?

La grève dont parle Simone Weil est-elle un signe que les ouvriers n'aiment pas leur travail ou, au contraire, qu'ils l'aiment assez pour pouvoir le modifier et l'améliorer ? En tout cas, aussi curieuse et intéressée soit la philosophe par son expérience dans le monde ouvrier, elle reconnaît que ce sont des tâches ingrates.

Plusieurs personnages de *Par-dessus bord* n'affichent guère d'amour pour leur métier, et ce à tous les étages de l'entreprise : de Lubin, tout en bas, à Benoît tout en haut, en passant par Passemar qui évolue au gré des patrons et des stratégies d'entreprise. Mais Lubin a une fille à élever ; Benoît reçoit l'entreprise en héritage ; Passemar, étudiant en lettres, a besoin de manger. Les derniers qui semblent aimer leur métier sont ceux qui ont une vocation ou une passion : l'antiquaire ou le médecin, par exemple. Mais même l'universitaire compare son métier à un long tunnel sombre, et son travail à celui de la taupe, qui creuse inlassablement[46].

[46] troisième mouvement

Notions abordées : labeur, pénibilité, bonheur, épanouissement

Sujet 1
« Nulle part dans l'Ancien Testament la mort n'est le salaire du péché. Et la malédiction qui chassa l'homme du paradis ne lui donna pas pour châtiment le travail et la naissance : elle fit seulement que le travail devint pénible et que la femme enfanta dans la douleur. » Vous direz dans quelle mesure cette citation de Hannah Arendt (*Condition de l'homme moderne*, note 1, 1958) éclaire votre lecture des œuvres inscrites cette année à votre programme.

Corrigé proposé par Brigitte Breen

I Analyse du sujet

1 Analyse des termes du sujet

Hannah Arendt se réfère ici à un passage essentiel de la Genèse qui décrit comment Dieu chasse Adam et Ève du jardin d'Éden : « Parce que [...] vous avez mangé du fruit de l'arbre dont je vous avais défendu de manger, la terre sera maudite à cause de ce que vous avez fait, et vous n'en tirerez de quoi vous nourrir pendant toute votre vie qu'avec beaucoup de travail. »[1]

La philosophe conteste une interprétation qui a pu être faite de ce passage. Selon cette interprétation, le travail serait intrinsèquement lié au péché originel : parce qu'il a fauté, l'homme devrait travailler et le travail serait la peine infligée à l'homme. Il faudrait alors entendre d'une part, que dans le jardin d'Éden, l'homme ne travaillait pas – le travail ne serait donc pas naturel à l'homme si l'on se réfère à l'homme tel qu'il est sorti des mains du créateur. D'autre part, le travail serait le fruit de la malédiction divine. Le travail serait une peine au double sens du terme : une punition et une activité pénible, fatigante, épuisante. Il serait dès lors indissociable de l'idée de châtiment, de souffrance et même de mort.

Or, Hannah Arendt écrit : « nulle part dans l'Ancien Testament la mort n'est le salaire du péché ». Cette affirmation interpelle. Le terme « salaire », en particulier, est curieusement employé. Le salaire est le prix à payer pour un travail, une activité humaine productrice d'une certaine valeur. « Le salaire du péché », au contraire, serait le prix à payer par celui qui a mal agi. La signification du mot « salaire » est inversée : le salaire devient le prix de la faute et il doit être payé par le coupable. Mais si l'homme

[1] Genèse, III, 16–17, trad. Lemaître de Sacy, 1657

a commis le mal, peut-il jamais en être quitte ? Le mot « salaire » renvoie d'abord à une valeur quantitative, mais ici il est associé à la mort : cela voudrait dire que l'homme doit payer de sa mort son péché – tout salaire déterminable, c'est-à-dire toute quantité de valeur mesurable, étant insuffisante pour racheter le mal. Hannah Arendt rend manifeste l'absurdité de penser le travail et la mort comme un salaire que l'homme devrait payer en contrepartie du mal commis. S'il en était ainsi, l'homme ne pourrait jamais s'acquitter de sa dette et serait condamné à peiner jusqu'à la mort. Elle conteste cette vision : Dieu n'a pas condamné l'homme à un prix impayable et à une existence laborieuse entièrement placée sous le signe de la souffrance.

Il est possible alors de comprendre la malédiction divine en un tout autre sens. Ce n'est pas le travail lui-même que Dieu a maudit, ce sont les conditions dans lesquelles l'homme doit travailler : le travail devint pénible parce que la terre devint aride et qu'il devint difficile de la faire fructifier. Il est à noter que la souffrance est associée aux deux activités les plus essentielles à la vie – le travail qui permet de se nourrir et l'enfantement qui assure la perpétuation de l'espèce. Hannah Arendt souligne que si le travail est pénible, il est pourtant tourné vers la vie et non vers la mort. Il appartient alors aux hommes de s'approprier leur travail afin de dépasser la part de souffrance qu'il comporte.

2 Confrontation aux œuvres

La question de la pénibilité et du sens du travail est évoquée par **Virgile** dans les *Géorgiques* à travers la description qu'il donne du travail des champs. Ce travail, en dépit de sa dureté, assure aux êtres humains une vie heureuse, en harmonie avec la nature. Il obéit au cycle des saisons et est réglé par les dieux. Le travail de la terre est donc vu comme naturel à l'homme. La nature tout entière se prête à la main de l'homme – comme si elle l'attendait. L'homme, de son côté, trouve son plaisir dans le travail de la terre car le labeur y est pénible mais gratifiant. Enfin, Virgile évoque l'hostilité de la nature – tempêtes, pluies, vents violents – qui ruine les efforts du paysan et le fait que ce travail constitue un labeur sans fin car il faut toujours recommencer son œuvre.

Dans *La Condition ouvrière*, **Simone Weil** brosse un tableau très sombre du travail à l'usine. Le travail s'y résume à la peine, à une peine tellement écrasante qu'elle ne peut être verbalisée. Asservi à sa machine, vidé de toute pensée, obligé sans cesse de se concentrer sur des gestes mécaniques, à la merci des ordres d'un contremaître, l'homme perd son âme et son humanité. La philosophe se demande à quelles conditions l'ouvrier pourrait travailler sans sacrifier sa vie et sa dignité. Ce qui rend le travail mortifiant, ce n'est pas qu'il demande des efforts – car un travail pénible peut être gratifiant s'il est fécond – mais c'est qu'il fait perdre son sens à l'existence humaine. Le travailleur est indifférent à ce qu'il produit et sa personne est indifférente au patron de l'usine.

Dans *Par-dessus bord*, **Vinaver** met en scène l'absurdité de vies conduites par la logique productiviste. Ses personnages n'ont pas de contrôle sur leur propre existence et obéissent à un mécanisme qui les dépasse. Dans un chaos apparent, ils s'agitent autour de la production et de la vente d'un objet particulièrement grotesque, le papier toilette. Vinaver fait parfaitement sentir combien son activité échappe à l'homme dans un jeu de faux-semblants : dans l'univers du marketing, la parole n'est qu'un leurre et les mots se révèlent des pièges pour celui qui cherche à leur donner un sens. Le travail n'a alors rien d'une peine ni d'une quête de sens : il est vide, mais d'un vide étourdissant, entraînant les humains dans des combats pathétiques, des rivalités et des jalousies qui, par-delà leur frivolité, laissent apercevoir une humanité fragile et déboussolée.

3 Problématisation

Il y a donc un problème, qui consiste à réduire le travail à sa pénibilité dans une lecture théologique de l'origine du travail. L'humanité peut-elle s'approprier le travail afin de dépasser la part de souffrance qu'il comporte ?

II Plan détaillé

I Le travail pénible peut aussi avoir du sens et de la valeur
1. L'idée de peine et d'effort est certes liée à l'idée de travail mais...
2. ... le travail pénible est source de joie et de fierté
3. La nostalgie du paradis perdu est vaine : le repos est source d'ennui et de perte de soi

L'homme dont le principe de la vie est l'activité, comme l'écrit Simone Weil, ne pourrait pas se réaliser sans efforts et sans peine. Cependant, le travail ne doit pas se réduire à la peine sinon la vie humaine serait sacrifiée.

II Quand le travail est réduit à n'être qu'une peine, il devient mortifère
1. Le travail servile
2. Le travail absurde
3. Le travail sans limite

Il appartient aux hommes de transformer leurs conditions de travail pour ne pas que leur vie ne leur échappe.

III L'humanité doit s'approprier le travail pour s'épanouir
1. S'approprier le travail : comprendre ce que l'on fait
2. La fraternité dans le travail
3. Le travail au-delà de la peine

III Dissertation rédigée

Accroche

SELON une vision théologique, le travail serait intrinsèquement lié au péché originel. Le travail serait une peine au double sens du terme : une punition et une activité pénible. Il serait dès lors indissociable de l'idée de châtiment, de souffrance et même de mort.

Citation et analyse

Or, Hannah Arendt écrit dans *Condition de l'homme moderne* : « nulle part dans l'Ancien Testament la mort n'est le salaire du péché. Et la malédiction divine qui chassa l'homme du paradis ne lui donna pas pour châtiment le travail et la naissance : elle fit seulement que le travail devint pénible et que la femme enfanta dans la douleur ». Hannah Arendt rend manifeste l'absurdité de penser le travail et la mort comme un « salaire » que l'homme devrait payer en contrepartie du péché. S'il en était ainsi, l'homme ne pourrait jamais s'acquitter de sa dette et serait condamné à une existence laborieuse entièrement placée sous le signe de la souffrance et de la mort. La philosophe conteste cette vision du travail. Ce n'est pas le travail lui-même que Dieu a maudit, ce sont les conditions dans lesquelles l'homme doit travailler : le travail devint pénible parce que la terre devint aride et qu'il devint difficile de la cultiver. La souffrance est associée aux deux activités les plus essentielles à la vie – le travail qui permet de se nourrir et l'enfantement qui assure la perpétuation de l'espèce. Arendt souligne ainsi que si le travail est pénible, il est pourtant tourné vers la vie.

Pbmatique

L'humanité peut-elle s'approprier le travail afin de dépasser la part de souffrance qu'il comporte ?

Plan

Dire que le travail est pénible ne signifie pas qu'il n'a pas de sens ou de valeur. Cependant, quand le travail est réduit à n'être qu'une peine, il devient mortifère. Il appartient alors aux hommes de faire du travail l'expression d'une vie pleinement humaine.

SI LE travail est pénible, il ne voue pas l'humanité à la souffrance et à la mort. En effet, un travail harassant peut être source d'accomplissement et de joie pour celui qui parvient à se reconnaître dans ce qu'il a produit.

L'idée de peine est liée à l'idée de travail. Dans les *Géorgiques*, le travail de la terre est décrit comme rude et difficile. Il s'agit de dompter une nature parfois hostile : « C'est que tous les arbres exigent une dépense de soins, que tous demandent d'être dressés en pépinière et domptés à grand frais.[2] » Ce travail ne se fait pas au hasard, mais suit des lois humaines et divines. Ainsi, il donne sens à l'existence humaine. De la même manière, Simone Weil fait l'éloge de la discipline. Sans contrainte, l'homme ne serait pas en mesure de former des objets mais surtout de se former lui-même. Elle précise néanmoins que la discipline doit rester humaine : « J'appelle humaine toute discipline qui fait appel dans une large mesure à la bonne volonté, à l'énergie et à l'intelligence de celui qui obéit.[3] »

Simone Weil rappelle alors que le travail pénible peut être source de joie et de fierté : « Longtemps avant le travail en usine, j'avais appris à connaître le travail des champs [...] et malgré des fatigues accablantes j'y avais trouvé des joies pures et profondes.[4] » L'effort fructueux apporte la joie car il est synonyme d'accomplissement. La communion de l'homme avec la terre ingrate qu'il a cultivée et dont il tire sa pitance peut même mener à un sentiment de plénitude. C'est ainsi que Virgile décrit le paysan comme égal à un roi : « avec ces richesses, il s'égalait, dans son âme, aux rois »[5]. Dans le monde capitaliste décrit par Vinaver, la concurrence entre les entreprises et entre les salariés rend impossible toute sérénité, mais le travail n'en est pas moins vital dans la mesure où il stimule les forces humaines et permet ce que Benoît appelle une « aventure ».

La nostalgie du paradis perdu serait donc vaine car les existences humaines ne pourraient pas s'accommoder du repos. Virgile rappelle que le roi des dieux a rendu le travail nécessaire pour que son empire ne s'engourdisse pas dans une « triste indolence[6] ». Il évoque la force de vie qui jaillit du travail des hommes après l'intervention de Jupiter : « son but était, en exerçant le besoin, de créer peu à peu les différents arts, de faire chercher dans les sillons l'herbe du blé et jaillir du sein du caillou le feu qu'il recèle[7] ». Et, si le travail aujourd'hui peut paraître pathétique et ridicule, Vinaver nous dit qu'il reste indissociable de l'identité d'un être. C'est ce que reconnaît Lubin : « je suis né vendeur, il me faut la route, le contact avec la clientèle, le goût de la victoire, chaque fois que j'enlève une commande, je leur ai dit : Ravoire et Dehaze c'est toute ma vie »[8]. Pour Weil, vivre pour les sensations, c'est être dupe de la vie. L'homme se trompe en pensant que le bonheur se trouve dans l'oisiveté et la recherche du plaisir. Une telle vie mène à l'ennui et seul le contact avec le réel dans le travail permet à l'être humain de se réaliser ; elle écrit à une ancienne élève : « la réalité de la vie, ce n'est pas la sensation, c'est l'activité[9] ».

---

[2] livre II, 54–85 [3] Première lettre à Auguste Detœuf, p. 283 [4] idem [5] livre IV, 122–154 [6] livre I, 123–156 [7] idem [8] cinquième mouvement [9] p. 69

L'homme dont le principe de la vie est l'activité, comme l'écrit Simone Weil, ne pourrait pas se réaliser sans efforts et sans peine. Cependant, le travail ne doit pas se réduire à la peine sinon la vie humaine serait sacrifiée.

QUAND le travail est réduit à la peine, il devient mortifère. L'homme y perd sa dignité et y épuise ses forces.

Simone Weil décrit le travail à l'usine comme un travail fatigant et avilissant pour l'être humain car il exige de lui « une docilité de bête de somme résignée »[10]. L'ouvrier ne contrôle pas ce qu'il fait et c'est lui qui est de part en part contrôlé : par la machine qu'il sert, par les ordres du contremaître et par la peur qui paralyse son esprit. Si l'usine ne lui a pas encore pris sa vie, elle a tué son âme. Humilié, rabaissé, il s'enferme dans le mutisme. Dans la pièce de Vinaver, les salariés sont incapables de parler en leur nom propre : quand Passemar est rétrogradé, il ne fait que prononcer les mots que son employeur veut lui faire dire. À la fin de l'entretien, il s'avoue à lui-même : « Je ne sais pas ce qui m'a pris de prononcer un pareil réquisitoire contre moi-même, peut-être étaient-ils prêts à me laisser continuer ?[11] » L'entreprise dévore l'existence de ses salariés, qui sont utilisés puis rejetés dès lors qu'ils ne sont plus productifs. L'ambition est la lame de fond sur laquelle viennent se briser les existences humaines, et elle est sans pitié.

Par-dessus bord rend manifeste l'absurdité du monde du travail. Les personnages se démènent pour vendre du papier toilette. Cet objet dérisoire devient le symbole de la perte de sens du travail. Seul règne en définitive l'arbitraire du pouvoir, qui se dévoile notamment dans les scènes de licenciement. C'est également l'arbitraire des ordres du contremaître que dénonce Weil, car il est l'une des causes les plus profondes de l'oppression. En entrant à l'usine, l'ouvrier se soumet à un système arbitraire où l'humain n'a pas sa place. Elle décrit ainsi une scène de renvoi : « on me renvoie d'une usine où j'ai travaillé un mois, sans qu'on m'ait jamais fait aucune observation. Et pourtant on embauche tous les jours. Qu'est-ce qu'on a contre moi ? On n'a pas daigné me le dire.[12] » En revanche, chez Virgile, si la nature peut se montrer cruelle et réduire à néant le travail du paysan, elle n'est jamais injuste. Les tempêtes et les déluges sont des phénomènes naturels, ils ne visent pas à humilier l'homme ou à le manipuler et on peut même les prévoir.

Dans la société moderne, l'absence de justice dans le travail s'accompagne d'une absence de limite. La journée du travailleur est résumée chez Vinaver : « manger travailler dormir »[13]. L'homme dépense sa vie dans le

[10] Lettre à Albertine Thévenon, p. 59 [11] cinquième mouvement [12] « La vie et la grève des ouvrières métallos », p. 268 [13] deuxième mouvement

travail, il ne lui reste ensuite aucune énergie. Ainsi, le travail perpétue seulement une vie animale et même pire selon Simone Weil, car l'animal n'est pas restreint dans son être, empêché de penser et de s'exprimer. Elle décrit la fatigue accablante des ouvriers : « des hommes vigoureux dans la force de l'âge, s'endorment de fatigue sur la banquette du métro. Pas après un coup dur, après une journée de travail normale. Une journée comme il y en aura une encore le lendemain, le surlendemain et toujours.[14] » Le travail, en effet, n'est jamais fini. Virgile note aussi que « le travail des laboureurs revient toujours en cercle[15] ». Cependant, chaque saison est marquée par un labeur qui lui est propre et l'hiver, le laboureur se repose.

Il appartient aux hommes de transformer leurs conditions de travail pour ne pas que leur vie ne leur échappe.

L'HUMANITÉ doit s'approprier le travail et dépasser la part de souffrance qu'il comporte.

Le travail n'est humain que si l'homme se donne un but et comprend ce qu'il fait. Virgile montre que le travail du paysan exige un savoir-faire et repose sur des règles et une véritable connaissance de la nature. Pour Simone Weil, l'oppression dans les usines n'est pas une fatalité. Il s'agit de rendre son humanité à l'ouvrier : « L'usine devrait être un lieu de joie, un lieu où même s'il est inévitable que le corps et l'âme souffrent, l'âme puisse aussi pourtant goûter des joies, se nourrir de joies.[16] » Cela ne sera possible qu'en transformant le rapport de l'ouvrier à son travail et aux machines. Le travailleur ne doit pas à être réduit à répéter sans cesse les mêmes gestes. Chaque travailleur devrait avoir le sentiment de faire véritablement quelque chose et de contribuer par son activité à un projet collectif.

L'isolement et les rapports de rivalité sont sources d'inhumanité. C'est ce que montre *Par-dessus bord*. Le monde du travail y apparaît comme un monde en guerre : guerre entre les entreprises, guerre fraternelle pour succéder au père, guerre entre les nouveaux et les anciens, avec en toile de fond la guerre mythologique racontée par Monsieur Onde. Pourtant, une certaine fraternité lie entre eux les petits salariés. C'est dans cette fraternité au bas de l'échelle sociale que Simone Weil voit l'espoir d'un changement des conditions du travail ouvrier. Pour elle, la libération du travail ne peut se faire que par un mouvement collectif. Elle décrit la grève comme un moment de fraternité entre les ouvriers : « Joie de trouver tant de sourires, tant de paroles d'accueil fraternel. Comme on se

[14] « La vie et la grève des ouvrières métallos », p. 271 [15] livre II, 379–413 [16] « Expérience de la vie d'usine », p. 343

sent entre camarades dans ces ateliers où, quand j'y travaillais, chacun se sentait tellement seul sur sa machine ![17] »

Il serait même possible de goûter le travail au-delà de la peine. Virgile voit ainsi l'Italie antique comme un pays de cocagne où règne un printemps continuel et où l'homme cultive presque sans effort une terre grasse et fertile. Le travail s'illustre alors dans toute sa force créatrice et l'homme ne se contente pas de travailler pour se nourrir mais bâtit des palais, des villes incomparables. C'est que la finalité du travail n'est pas la peine mais la création. C'est pourquoi Simone Weil écrit que si un remède existe aux maux du travail, « il exige un effort d'invention[18] ». C'est parce qu'il est invention que le travail peut devenir une passion pour l'homme qui oublie alors ses efforts et sa peine. C'est encore parce qu'il est invention que le travail peut permettre de libérer les ouvriers du travail mécanique en produisant de nouvelles techniques et en redonnant sa place à l'homme.

Réponse

Si le travail est avant tout lié à la vie, ce n'est pas seulement à la vie animale comme moyen de satisfaire les besoins naturels, mais à la vie de l'esprit et à la création. En réfléchissant aux origines du travail, on a vite trouvé en Jupiter ou en Dieu des explications à la pénibilité du travail, sans chercher au contraire à montrer combien celle-ci pouvait être source d'accomplissement.

Ouverture

La question se pose cependant de savoir si par le travail nous sommes capables de créer un monde où l'homme ait toute sa place, sans être l'esclave moderne du travail, de ses mots et de ses choses.

IV Éviter le hors-sujet

Il est essentiel de bien voir en quoi Hannah Arendt s'écarte de la lecture habituelle du texte de la Genèse selon laquelle la malédiction serait la nécessité de travailler. Le travail serait pour l'humanité un mal nécessaire. On pourrait alors se demander : « Le travail est-il un mal nécessaire ? » ou même, en interprétant davantage, « L'homme peut-il se libérer du travail ? » Cependant, Hannah Arendt écrit que la malédiction ne porte pas sur le travail lui-même (la nécessité de travailler ou encore la valeur du travail) mais sur la manière de travailler. Elle insiste sur le fait que le travail n'est pas un châtiment et qu'il n'est pas associé à la mort. À l'inverse, il est lié à la vie.

La question pour l'humanité n'est donc pas de se libérer du travail mais de donner un sens à la pénibilité du travail. Il s'agit de repenser les liens entre le travail et la peine afin d'envisager un rapport au travail à travers lequel la vie humaine pourrait s'épanouir.

[17] La vie et la grève des ouvrières métallos, p. 276 [18] Expérience de la vie d'usine, p. 344

Notions abordées : sens et origine du travail, vertu du travail

Sujet 2
Dans *L'Encyclopédie* dirigée par Diderot et d'Alembert, Louis de Jaucourt écrit : « Travail (s. m.) : Occupation journalière à laquelle l'homme est condamné par son besoin, et à laquelle il doit en même temps sa santé, sa subsistance, sa sérénité, son bon sens et sa vertu peut-être. » Dans quelle mesure votre lecture des œuvres au programme vous permet-elle de souscrire à cette définition du travail ?

Corrigé proposé par Jacques Bianco

I Analyse du sujet

1 Analyse des termes du sujet

Cette définition du travail opère un véritable renversement : elle considère d'abord le travail comme le labeur nécessaire, puisque l'homme y est « condamné », le terme suggérant la peine qui lui est associée. Mais par le biais d'une gradation comprenant cinq termes, Jaucourt passe vite de la peine aux bienfaits : le travail a une double nature, il est quotidiennement fastidieux, mais « en même temps » cinq fois profitable. Le travail permet bien, comme le dit l'adage, de faire de nécessité vertu : ce terme final, quoique soumis à la condition du modalisateur « peut-être », est central dans la définition, puisque la dernière vertu du travail serait de favoriser la vertu humaine. Dans la gradation, les premiers termes précisant les bienfaits du travail sont évidents : la « santé » et la « subsistance » sont les conséquences directes et logiques du « besoin » qui condamnait l'homme : il s'agit là des faces d'une même pièce. La « sérénité » peut également s'entendre dans ce sens : avec le travail, qui garantit la subsistance, la crainte du lendemain s'estompe. Mais ce terme, central dans la gradation, est pivot, puisqu'avec lui nous glissons vers des enjeux moraux et non plus strictement physiques. Le travail ne permet pas la seule survie, il rend meilleur : l'homme en tire profit, non seulement matériellement ; c'est une source de lumière intellectuelle (le « bon sens ») mais aussi morale. La perspective ainsi retournée, il faut comprendre que si le travail est une condamnation physique, l'oisiveté serait la véritable condamnation morale : l'homme a besoin de manger, mais également de cette « occupation journalière » à laquelle il doit ses lumières.

2 Confrontation aux œuvres

La conception du travail selon Jaucourt est a priori très proche de celle de Virgile dans les ***Géorgiques*** : après l'âge d'or, où l'homme pouvait se sustenter à loisir, advint le temps du travail. Il faut désormais s'adonner à la culture et à l'élevage pour « son besoin » : mais Virgile chante avant tout le travail pour ses beautés et ses vertus. L'observation de la nature, le geste auguste du semeur, de même que la défense de la ruche par les abeilles, cela va bien au-delà d'un souci physique de préservation de la santé ; dans ses vœux à Auguste, Virgile associe justement les louanges du travail à un idéal de paix, au nom d'une vertu politique et morale alors menacée[1].

La vie des travailleurs, telle qu'on peut la percevoir dans ***La Condition ouvrière***, ne correspond pas du tout à la vision optimiste du travail de Jaucourt : Simone Weil ne cesse en effet de déplorer l'anéantissement physique et moral des ouvriers, moins nourris que vidés par leur labeur. Le « besoin » physique (il faut manger) exerce sa loi au détriment des facultés morales, négligées, voire attaquées par les patrons et les théories capitalistes comme le taylorisme. En revanche, ce que décrit Jaucourt pourrait faire figure d'idéal aux yeux de Weil, qui rêve d'un travail qui grandirait l'ouvrier, métaphoriquement nourri, malgré la nécessité quotidienne de se rendre à l'usine et la condamnation à son état.

Enfin, la conception du travail en entreprise qu'on perçoit à la lecture de ***Par-dessus bord*** semble résister à la définition de Jaucourt : le travail ne rend ni serein, ni vertueux. La réussite, l'ambition, réclament du « bon sens », mais c'est une qualité requise a priori et non une conséquence du travail. Vinaver suggère en effet que le travail va bien au-delà de sa qualité première, répondre aux besoins physiques et sustenter l'individu : mais s'il a rapport aux sphères morales, il semble ne pas rendre l'homme meilleur.

3 Problématisation

L'analyse du sujet met en évidence deux tensions, qui serviront à construire la problématique. La première concerne la dualité du « besoin » : d'abord physique, à l'origine du travail ; à la fin spirituel, conséquence si heureuse qu'elle en devient un besoin à la fois psychologique, intellectuel et moral. La seconde est perceptible dans le renversement à l'œuvre : le travail est « en même temps » la peine et le réconfort de l'homme. Dans quelle mesure le travail peut-il concilier sa pénible raison d'être, une nécessité physique, et des vertus morales à première vue antinomiques avec la peine qu'il suppose ?

[1] livre premier, fin

II Plan détaillé

I Le travail, tout en répondant a priori à un besoin physique, est apte à satisfaire a posteriori des besoins spirituels
1. Le travail permet avant tout de (sur)vivre
2. Le travail bien fait engendre une satisfaction spirituelle
3. Le travail est associé à des considérations morales, voire métaphysiques, qui vont au-delà du seul besoin physique

Le travailleur aspire à plus que la survie et il faut donc reformuler le propos de Jaucourt : le travail est une tâche nécessitée par des besoins physiques, dans laquelle il recherche – et non à laquelle il doit – des satisfactions morales. Il s'agirait moins d'heureuses conséquences que d'une quête difficile à mener en raison des vicissitudes extérieures.

II Le travailleur en quête de sérénité, de bon sens et de vertu
1. Des bienfaits soumis à la nécessité du rendement
2. Des bienfaits soumis aux conditions du travail
3. Des bienfaits soumis à l'état d'esprit du travailleur

Dès lors, il apparaît que les vertus morales du travail sont en réalité des idéaux difficilement visibles à l'œuvre. C'est au travailleur de façonner ces heureux bienfaits, comme fruits spirituels de sa tâche.

III Pour satisfaire aux besoins moraux, le travail réclame un recul réflexif
1. Le travail empêche de penser donc de trop souffrir
2. Cependant pour que le travail rende l'homme meilleur, celui-ci doit penser et comprendre la finalité de sa tâche
3. Lorsque c'est le cas, le travailleur affranchi accède bel et bien à la vertu

III Dissertation rédigée

LE VIEILLARD turc rencontré à la fin de *Candide* assène la maxime suivante : « Le travail éloigne de nous trois grands maux : l'ennui, le vice et le besoin. » Il loue les mérites d'une vie paisible consacrée à la culture de ses arpents : le travail est moins une peine qu'un réconfort ; le bénéfice n'est pas seulement financier, puisque le travail, non content de sustenter l'homme (il éloigne « le besoin »), l'apaise (« l'ennui ») et le rend meilleur (« le vice »). Accroche

Louis de Jaucourt a une même conception du travail, lui qui le définit ainsi, dans *L'Encyclopédie* dirigée par Diderot et d'Alencourt : « Travail (s. m.) : Occupation journalière à laquelle l'homme est condamnée par son besoin, et à laquelle il doit en même temps sa santé, sa subsistance, Citation et analyse sa sérénité, son bon sens et sa vertu peut-être. » Jaucourt opère un renversement : si le travail est d'abord une « condamnation » physique, il devient un réconfort de l'âme ; c'est le sens de la gradation qui satisfait d'abord le corps, avant de contribuer aux bien-être spirituel (« sérénité »), intellectuel (« bon sens ») et moral (« vertu »). Travailler, c'est faire de nécessité vertu ; la condamnation initiale est subvertie en cela que la véritable peine, pour l'esprit, serait de demeurer oisif. Le besoin, d'abord physique, devient a posteriori moral, puisque du travail dépendent les lumières de l'homme.

Pbmatique Dans quelle mesure le travail peut-il concilier sa pénible raison d'être, une nécessité physique, et des vertus morales a priori antinomiques avec la peine qu'il suppose ?

Plan Certes, le travail ne se contente pas de répondre à un besoin physique mais satisfait aussi à des aspirations spirituelles. Toutefois, ces bénéfices moraux sont moins une heureuse conséquence du travail que les fruits d'une quête difficile à mener. Dès lors, c'est à l'individu de façonner ces bienfaits, et pour cela, il doit prendre un certain recul réflexif quant à la tâche qui l'occupe.

Il apparaît bel et bien, à première vue, que le travail, dont le sens initial est de conserver la santé physique de l'homme, lui procure un bénéfice moral.

Avant toute chose, le travail est bien cette tâche « journalière » nécessitée par le besoin physique de l'homme ; elle permet de vivre – voire de survivre – et en cela, on ne peut s'y soustraire. Passemar, personnage-auteur de la pièce de théâtre de Vinaver, le déplore, lui qui se destinait à une carrière littéraire : « mais il fallait vivre [...] et ils m'ont embauché chez Ravoire et Dehaze »[2]. C'est donc la « condamnation » qui prime : l'homme est soustrait au besoin physique de se sustenter, et doit reléguer au second plan les aspirations de son âme. Simone Weil rappelle, dans l'ensemble de son essai, que les ouvriers (contrairement à elle, qui a choisi cette condition) sont enchaînés à la nécessité : « On l'exécute à cause d'un besoin, non en vue d'un bien ; "parce qu'on a besoin de gagner sa vie" »[3]. Dès lors, toute satisfaction morale est subordonnée au besoin physique ; le moindre bonheur dépend de la possibilité de se nourrir. « Ces soirs-là, je sentais la joie de manger un pain qu'on a gagné »[4], écrit-elle à Albertine Thévenon. Mais cet aveu suggère néanmoins que le travail est à même d'engendrer une certaine satisfaction spirituelle.

Certes, la fonction première du travail est la subsistance, mais ses bénéfices ne sont pas seulement physiques. La première et plus évidente des satisfactions spirituelles du travail est, selon Jaucourt, la « sérénité »

---

[2] premier mouvement [3] p. 419 [4] p. 59

de l'assurance du repas à venir, mais également celle, morale, du travail bien fait. Cohen, au début du cinquième mouvement de *Par-dessus bord*, se réjouit : « Je vous dirai que je suis plus heureux maintenant le travail est plus intéressant ». Mais ce bonheur dû au travail reste en deçà du « bon sens » et de la « vertu » que Jaucourt distingue à son horizon ; c'est un tel travail que loue Virgile dans ses *Géorgiques*. Le travail de la terre exerce le bon sens du cultivateur attentif au mouvement de la nature, avec lequel – et grâce auquel – il doit composer. Mais c'est surtout la vertu que trouve le noble travailleur, récompense de celui qui, méprisant faste et conquête, trouve la félicité dans le travail de sa terre – ainsi, au début du livre IV, le vieillard de Coryce et sa récolte laborieuse : « avec ces richesses, il s'égalait, dans son âme, aux rois »[5]. Le travail est intrinsèquement associé à des considérations morales, voire métaphysiques.

Jaucourt suggère que l'oisiveté serait la véritable peine de l'âme ; et en effet, elle n'est pas à même de satisfaire à ses nobles besoins – bon sens, vertu – comme le signale Simone Weil dans une lettre à Jacques Lafitte : « Il ne faut pas tendre à réduire indéfiniment la part du travail dans la vie humaine au profit d'un loisir qui ne satisferait aucune des hautes aspirations de l'homme »[6]. Le travail comme moyen d'un idéal métaphysique supplante le travail de subsistance, et ce malgré les rudes conditions de la vie des ouvriers. C'est la raison pour laquelle Virgile loue d'une même voix les idéaux du travail et de la paix, leur beauté commune. À la fin du livre I, durant lequel Virgile n'a cessé d'enseigner à écouter les présages de la nature, il apparaît que c'est précisément l'incapacité à lire ces présages qui a précipité les guerres civiles. La ruine des valeurs du travail va de pair avec l'abandon d'une paix pérenne : « La charrue ne reçoit plus l'honneur dont elle est digne ; les guérets sont en friche, privés des laboureurs entraînés dans les camps ; et les faulx recourbées servent à forger une épée rigide. »

Le travailleur aspire à plus que la survie et il faut donc reformuler le propos de Jaucourt : le travail est une tâche nécessitée par des besoins physiques, dans laquelle il recherche – et non à laquelle il doit – des satisfactions morales. Il s'agirait moins d'heureuses conséquences que d'une quête difficile à mener en raison des vicissitudes extérieures.

Les heureuses récompenses spirituelles promises par Jaucourt n'étant pas des conséquences nécessaires, il s'agit de considérer ce qui fait obstacle à leur jouissance.

Le travail suppose de tirer un bénéfice de sa peine – c'est-à-dire recevoir un gain. À quoi bon travailler à perte ? L'intrigue de *Par-dessus bord* est fondée sur la nécessité, pour l'entreprise Ravoire et Dehaze, d'éviter la

[5] vers 122–154 [6] p. 257

faillite ; dès son entrée en scène, le PDG constate : « Mes ventes baissent avec régularité de quatre pour cent par mois depuis octobre je travaille à perte »[7]. Dans cette perspective, Simone Weil rappelle fréquemment que le chef d'entreprise est lui aussi enchaîné à une nécessité, celle du rendement ; là est la cause des difficultés à améliorer les conditions de travail des ouvriers, non dans la cruauté fantasmée du patron. Dans sa correspondance avec quelques-uns de ces patrons d'usine, elle reconnaît leurs besoins – « l'obsession du rendement », écrit-elle à Victor Bernard[8] – démontrant ainsi son honnêteté intellectuelle et déplorant que les besoins de chaque camp soient incompatibles, empêchant les ouvriers de jouir de meilleures conditions de travail – ces dernières déterminant également l'accès ou non aux jouissances spirituelles promises par Jaucourt.

Dès le titre de l'ouvrage de Weil, il est clair que ce sont les conditions de travail des ouvriers qui empêchent la jouissance de bénéfices spirituels. Dans sa conférence sur la rationalisation, elle explique que les exigences intrinsèques de la fabrication sont contraires aux aspirations des travailleurs. « La solution idéale, ce serait une organisation du travail telle qu'il sorte chaque soir des usines à la fois le plus grand nombre de produits bien faits et des travailleurs heureux »[9] : or, dans l'état actuel des choses, seule la première obligation dicte les conditions du travail. Weil précise que c'est uniquement la faute du seul système capitaliste : c'est bien dans l'organisation du travail que nous trouvons les principaux obstacles aux baumes spirituels promis par Jaucourt. La vicissitude est alors extérieure ; ainsi les abeilles de Virgile, en dépit de la perfection de leur organisation, peuvent être victimes de bouleversements extérieurs qui corrompent ces conditions de travail et provoquent la ruine de la ruche : la mort du roi, l'invasion de la blatte, ou encore l'agressivité du frelon[10]. Mais il y a d'autres facteurs contraires à la jouissance des bienfaits moraux du travail, qu'il faut chercher dans l'état d'esprit du travailleur, non plus dans des conditions extérieures qui le dépassent.

En effet, il apparaît que le travailleur a un rôle prépondérant à jouer dans la quête de récompenses morales. Après la nécessité du rendement, on compte le manque d'enthousiasme parmi les obstacles. Celui qui travaille par obligation, sans esprit d'initiative ni motivation, sombre sur un écueil – ainsi Passemar explique-t-il la déchéance de Ravoire et Dehaze « qui n'a pas su à temps prendre le tournant »[11]. Le directeur général adjoint le déplore et reproche à Dutôt : « Vous cherchez des excuses au lieu de vous occuper de votre boulot qui est d'insuffler l'enthousiasme à vos hommes »[12]. Comment accéder à la vertu promise par le travail en négligeant ce dernier ? Virgile, au moment de rédiger son œuvre, refuse

[7] premier mouvement [8] p. 233 [9] p. 307 [10] livre IV, vers 184–246 [11] premier mouvement [12] deuxième mouvement

la facilité : « Les autres sujets de poèmes qui auraient charmé les esprits oisifs sont maintenant trop connus »[13]. Il se met en scène la plume à la main et souligne le travail qui lui incombe – ainsi au milieu du livre IV il se dit « bientôt à la fin de [ses] peines »[14]. Le travailleur doit être acteur investi de sa quête des vertus morales du travail.

Dès lors, il apparaît que les vertus morales du travail sont en réalité des idéaux difficilement visibles à l'œuvre. C'est au travailleur de façonner ces heureux bienfaits, comme fruits spirituels de sa tâche.

POUR goûter aux bénéfices moraux promis par Jaucourt, le travailleur doit fournir un autre travail, de nature réflexive.

Or, cette nécessité est empêchée. Simone Weil constate le besoin vital, pour l'ouvrier qui achève sa journée de travail, « de s'évader »[15] : c'est-à-dire de ne plus penser au travail avant d'être contraint de s'y consacrer entièrement dès le lendemain. Le travail enjoint de ne pas penser, puisque c'est la seule chose qui permet à l'ouvrier de ne pas dépérir : « La seule ressource pour ne pas souffrir, c'est de sombrer dans l'inconscience. »[16] Est-ce ce qu'on doit lire, en creux, dans la remarque de Passemar, juste après l'évincement de Madame Bachevski ? « On dit que le taux de mortalité des gens à partir du moment où on les met à la retraite grimpe d'une façon vertigineuse »[17] : débarrassé d'une occupation forcée et nécessaire, le travailleur, livré à lui-même et à sa pensée, est en danger. Mais ce constat cynique confirme l'existence effective des vertus du travail, nécessaire à la santé morale de l'individu.

Dès lors, le véritable dépérissement dans le travail est en fait l'absence de pensée ; l'homme doit réfléchir à sa tâche, son sens, et notamment sa finalité. C'est un bien nécessaire aux yeux de Simone Weil ; cela ne change certes pas les conditions matérielles du travail, mais cela change tout pour le travailleur à qui l'on a montré le produit fini, qui en a éprouvé les joies et s'affranchit ainsi du temps brisé de la même pièce éternellement recommencée[18]. Il s'agit, en somme, de prendre du recul, d'avoir une vue d'ensemble de son travail, non un regard limité à la tâche immédiate. L'unité fait figure d'idéal : le travail n'est plus subdivisé en fractions insignifiantes et le travailleur forme avec lui un tout cohérent dont il distingue les contours et apprécie les formes. C'est, chez Virgile dans le livre IV, toute la beauté du travail des abeilles qui « passent leur vie sous de puissantes lois » et « mettent en commun les trésors amassés »[19], selon une rigueur qui suppose leur « divine intelligence »[20].

[13] début du livre III [14] vers 88–121 [15] p. 304 [16] p. 285 [17] cinquième mouvement
[18] « Expérience de la vie d'usine » [19] vers 154–184 [20] vers 217–246

Aussi, les bienfaits promis par Jaucourt sont envisageables selon ces conditions. L'individu affranchi du joug qui l'empêche de penser la finalité – et donc la beauté – de son travail accède aux plus hautes lumières, dont celles de la vertu. Nous comprenons l'emploi par Jaucourt du modalisateur « peut-être » : le rapport de cause à conséquence, du travail à la vertu, est loin d'être évident a priori. Dans *Par-dessus bord*, les travailleurs ne goûtent pas à cet ultime fruit : avec cynisme, le dramaturge montre l'enlisement de l'entreprise dans des actions qu'elle ne justifie que par l'argent, y compris celui que ça coûte. Cet abrutissement intellectuel est incarné par Jack et Jenny, les deux conseillers en marketing dont les honoraires élevés justifient l'utilité (« ils ont raison », « Puisqu'ils trouvent des gens comme moi pour payer »[21]) et qui inventent un sens factice, incompatible avec la clarté que délivre le travail bien fait : « Non on est dans une spirale », répond Jack à Benoît qui constate tourner en rond[22]. En revanche, les travailleurs chantés par Virgile vers la fin du livre II sont « trop fortunés, s'ils connaissent leurs biens »[23] : ces biens, seul le cultivateur éclairé les connaît, précisément en vertu des lumières que lui a conférées sa tâche. Cet idéal du travail dépasse l'« occupation journalière » et confère un modèle à l'existence tout entière ; ainsi Weil, pourtant la plus pessimiste des auteurs du corpus, peut-elle écrire : « Parfois il suffirait au travailleur d'étendre à toutes les choses sans exception son attitude à l'égard du travail pour posséder la plénitude de la vertu »[24].

Réponse LES ENJEUX du travail dépassent sa fonction première, satisfaire aux besoins physiques, parce que l'individu considère le travail et y cherche des satisfactions morales qu'il ne lui confère pas a priori.

Ouverture Dès lors, une combinaison de facteurs, appartenant d'une part aux conditions objectives du travail, d'autre part à la faculté réflexive du travailleur, permet ou non l'accès aux jouissances promises par Jaucourt, avec, in fine, l'apprentissage de la vertu.

IV Éviter le hors-sujet

De nombreux sujets, tâchant d'expliquer le sens et le rôle du travail, montreront la même tension entre la peine qu'il suppose et la vertu qu'on en tire. Il est donc indispensable de mettre en évidence, dans la problématisation, la spécificité de la citation, afin de ne pas « plaquer » des raisonnements faits à l'avance et écrire une dissertation qui pourrait répondre à plusieurs sujets. Ici, la problématisation repose notamment sur la dualité du « besoin » (a priori physique, a posteriori moral), et la dissertation discute le bien-fondé du groupe verbal « il doit », les heureuses conséquences identifiées par Jaucourt n'allant pas de soi.

[21] quatrième mouvement [22] quatrième mouvement [23] vers 446–479 [24] p. 429

Notions abordées : production, valeur, structure, simulacre

Sujet 3
« C'est le procès de travail lui-même qui est devenu interchangeable : structure d'accueil mobile, polyvalente, intermittente, indifférente à quelque objectif que ce soit, indifférente au travail même entendu dans son opération classique [...]. »   Dans quelle mesure ce constat de Jean Baudrillard (*L'Échange symbolique et la Mort*, 1976) vous semble-t-il rendre compte de la démocratie dans les œuvres au programme ?

Corrigé proposé par Rémy Arcemisbéhère

I Analyse du sujet

1 Analyse des termes du sujet

Baudrillard choisit de considérer le travail comme un « procès » (c'est-à-dire un processus), ce qui le conduit à être attentif aux modalités de l'action que constitue le travail, à son espace-temps (lieux, horaires) et à ses agents : sa « structure d'accueil ». Il observe que celle-ci est devenue « mobile », « polyvalente », « intermittente » et « indifférente » : elle apparaît ainsi mal définie et mouvante. En somme, celle-ci se dissout et se fragmente au point de faire oublier sa présence. Baudrillard décrit un monde où le travail est partout et nulle part à la fois, on ne peut pas lui échapper. Le point de départ de cette citation rejoint son terme : en effet, pour le philosophe, « le procès du travail » est « indifféren[t] au travail même entendu dans son opération classique ». Ainsi, le philosophe décrit une opération de substitution lors de laquelle le travail a été remplacé par un simulacre, c'est-à-dire par une version dégradée de lui-même.

Selon Baudrillard, ce travail qui tourne à vide se distingue de sa forme originelle (son « opération classique »), tournée vers la production. À travers cette citation est décrite la dégradation du travail dans les sociétés modernes : celui-ci n'est plus un moyen (« indifférente à quelque objectif »), mais est devenu sa propre fin. Cet état s'oppose historiquement aux sociétés pré-industrielles, qui cloisonnaient nettement la sphère du travail en la distinguant de celle des loisirs. En changeant de mode de production, le travail industriel a bouleversé les structures de vie des travailleurs, les obligeant à repenser leur rapport au temps et à reconfigurer jusqu'à leur espace de vie. La citation de Baudrillard désigne spécifiquement les sociétés post-industrielles, dans lesquelles le travail ne pèse plus sur l'homme mais se fait oublier, au point de devenir diffus et d'envahir tout l'espace social.

Ce jugement constitue donc une réflexion sur la place du travail dans la société : celui-ci cesse d'être perçu comme une activité réalisée dans le but de produire quelque chose, mais devient la structure même de notre rapport aux choses et aux autres. Selon Baudrillard, ce mode de production est devenu, en perdant sa substance, l'objet d'une consommation par la société.

2 Confrontation aux œuvres

Virgile décrit dans les *Géorgiques* une vie rustique qui absorbe le paysan au quotidien. Même les jours de pluie ou les jours de fête, le travailleur ne manque pas d'occupation. Le poète décrit de manière technique le déroulement des journées et les années des paysans, qui doivent correspondre aux lois et aux cycles naturels, dont le travailleur doit savoir lire les signes. Ainsi, cette vie rustique est prenante et monopolise presque toutes les forces du paysan, mais ses structures sont fixes et immuables, de même que les astres dont se sert le paysan pour planifier son travail. Ainsi Virgile peut-il affirmer que la vie des paysans demeure semblable à celle que menaient « les vieux Sabins »[1].

Simone Weil décrit un monde industriel où l'usine commence à envahir la vie des ouvriers, et même leur imaginaire. Néanmoins, même si le travail prend une place de plus en plus hégémonique au sein du temps et de l'espace de l'ouvrier, son territoire continue d'être fermement borné : le travailleur identifie clairement l'usine comme un espace étranger à lui et divise pareillement sa journée de travail entre le temps travaillé et le temps chômé. Le travail, parce qu'il pèse, manifeste clairement son existence – et par extension ses bornes.

La pièce *Par-dessus bord* de **Michel Vinaver** illustre le dernier stade de dilution du travail dans les sociétés capitalistes décrit par Baudrillard. En effet, les agents sont ici interchangeables, et les personnages s'en vont (Fernand Dehaze, Madame Bachevski, Lubin) tandis que d'autres s'installent (Jack Donohue, Jenny Frankfurter). De plus, le procédé de superposition des tableaux efface la frontière entre la vie privée des personnages et leur travail : en outre, pour la famille Dehaze, le travail se confond avec la famille. Pourtant, au sein de cette mouvance généralisée des individus et des modes de travail, rien n'a véritablement changé, et Ravoire et Dehaze continue de produire du papier toilette...

3 Problématisation

Baudrillard montre que le travail déborde l'espace et le temps qui sont assignés à son objectif premier de production. Ce sujet invite à mettre en

[1] livre II, vers 512–542

tension le travail comme activité concrète et distinctement bornée et le travail comme principe de structuration de la vie du travailleur.

En quoi le travail excède-t-il l'activité productrice du travailleur pour constituer un nouveau paradigme social ?

II Plan détaillé

I Le travail productif est un procès distinctement défini
1. Le procès du travail est subordonné à son objectif
2. Cette activité est limitée dans le temps et dans l'espace
3. Pour que le travail soit productif, les tâches dévolues aux travailleurs doivent être fixes

Bien que le travail soit une activité très strictement bornée, son influence sur notre existence est grande. En effet, le travail structure notre société en nous imposant un mode d'organisation du temps et de l'espace au-delà de la stricte activité productrice qui le définit originellement.

II Le travail structure nos existences au-delà de son procès
1. La division de notre temps est structurée par le travail
2. Le travail constitue un mode d'organisation de l'espace
3. En société, il devient le principe de notre rapport aux autres

À force d'être partout, le travail semble pourtant *in fine* ne se trouver nulle part : en se généralisant à tous les domaines de l'existence et en s'imposant comme un principe organisateur des sociétés, le travail devient le simulacre de lui-même et se détache des structures qui l'ont produit.

III Le travail devient un fait total en diluant ses propres structures
1. Le travail polyvalent, ou la substitution des agents et des formes du travail
2. Le travail intermittent, ou la fragmentation des cadres du travail
3. Le travail est indifférent à ses objectifs : il est devenu l'objet d'une production

III Dissertation rédigée

AU XXIE SIÈCLE, le développement des technologies de communication a révolutionné les usages du travail : le télétravail a ainsi aboli la frontière entre le lieu de travail et le domicile du travailleur, tout en fragmentant ses horaires (au point de voir émerger la demande d'un « droit à la déconnexion »). Accroche

Jean Baudrillard avait déjà pressenti cette évolution du travail mo- Citation et analyse derne. Dans *L'Échange symbolique et la Mort*, il écrivait « C'est le procès de travail lui-même qui est devenu interchangeable : structure d'accueil mobile, polyvalente, intermittente, indifférente à quelque objectif que ce soit, indifférente au travail même entendu dans son opération classique [...]. » En considérant le travail comme un « procès », c'est-à-dire en étant attentif à ses modalités, il observe que celui-ci s'est progressivement détaché de sa finalité productive originelle en fragmentant ses « structures d'accueil » (horaire, lieu, agents). Le travail s'est tant diversifié qu'il s'est dilué dans la vie du travailleur, au point où ce dernier ne peut plus vraiment dire où il commence et où il finit : alors qu'il était partout, il semble désormais n'être nulle part.

Pbmatique Le sujet propose donc de distinguer le travail comme activité concrète et distinctement bornée et le travail comme principe de structuration de la vie du travailleur. En quoi le travail excède-t-il l'activité productrice du travailleur pour constituer un nouveau paradigme social ?

Plan Dans un premier temps, nous montrerons que le travail productif est un procès distinctement défini, pour ensuite révéler comment ce dernier structure en profondeur nos existences. Enfin, nous chercherons à comprendre comment il est devenu un fait total en diluant ses propres structures.

DANS son « opération classique », le travail se définit par la production. Subordonnées à celle-ci, ses modalités sont alors clairement définies : on sait quand le travail commence et surtout où il s'arrête.

Le travailleur qui connaît la finalité de son travail peut ainsi le circonscrire. Vinaver rappelle cette subordination du travail à sa fin productive lors d'une scène comique : les conseillers en marketing Jack et Jenny obligent les employés de Ravoire et Dehaze à formuler explicitement l'objet de leur travail ; après avoir prosaïquement décrit la fonction du papier toilette, Jack ajoute « Est-ce qu'on ne peut pas, en partant de là, construire un produit et le lâcher avec une force explosive ? »[2] *A contrario*, comme l'affirme Simone Weil dans « Expérience de la vie d'usine », les ouvriers sont aliénés parce qu'ils ne peuvent définir précisément l'objet qu'ils produisent : « il est vrai qu'ils ne fabriquent pas véritablement des objets tant qu'ils se bornent à répéter longtemps une combinaison de cinq ou six gestes simples toujours identiques à elle-même »[3] : elle propose ainsi de « faire parcourir de temps à autre l'usine »[4] par les ouvriers pour leur faire sentir la finalité de leur travail.

Parce que son objectif de production est fixe, le cadre du travail – sa « structure d'accueil » – l'est également : sa durée et son lieu sont donc eux aussi précisément définis. Ainsi, selon Virgile au livre II des *Géorgiques*,

[2] p. 341 [3] p. 346 [4] p. 345

le cultivateur se définit d'abord par la terre qu'il travaille : « c'est de là que découle le labeur de l'année ; c'est par là qu'il sustente sa patrie et ses petits enfants, ses troupeaux de bœufs et ses jeunes taureaux qui l'ont bien mérité. »[5] Il est ainsi attaché à la terre qui constitue son moyen de production. Cette production est aussi associée à une durée fixe qui chez Vinaver est délimitée par la carrière du salarié : ainsi, la pièce se plaît à mettre en scène le début de celle-ci (le recrutement de Jean Passemar) et sa fin (le licenciement de Madame Bachevski et la retraite de Lubin). Le travail, dont la durée se dilate parfois à l'extrême, n'en possède pas moins une fin à la fois identifiée et attendue.

Les tâches dévolues au travailleur sont, elles aussi, fixes et précises, pour être productives. Simone Weil, dans sa conférence « La Rationalisation », définit ainsi cette notion : « une organisation rationnelle du travail devant nécessairement à l'intérêt de l'ouvrier, du patron et du consommateur. »[6] Cette méthode consiste donc à déterminer scientifiquement tous les rôles et toutes les tâches. Pour Virgile, l'organisation et la division fixe et naturelle du travail des abeilles constituent une analogie de celles de travailleurs : dans le livre IV des *Géorgiques*, il décrit les « instincts merveilleux »[7] qui font que les unes « veillent à la subsistance », tandis que d'autres s'attachent à « construire les rayons », ou encore doivent « monter la garde aux portes de la ruche »[8].

Bien que le travail soit une activité très strictement bornée, son influence sur notre existence est grande. En effet, le travail structure notre société en nous imposant un mode d'organisation du temps et de l'espace au-delà de la stricte activité productrice qui le définit originellement.

Au-delà du procès du travail, dont le cadre est strictement fixé, le travail structure nos existences : d'une certaine façon, le travail semble être partout.

Ainsi, le travail régit l'organisation de notre temps. Dans le premier livre des *Géorgiques*, Virgile évoque avec précision les moments importants du travail du cultivateur, dictés par les grands cycles naturels : « nous pouvons, même par un ciel douteux, connaître d'avance les saisons, distinguer le temps de la moisson et le temps des semailles »[9]. En outre, les impératifs du laboureur outrepassent même ceux de la religion : « il est des travaux auxquels les lois divines et humaines permettent de se livrer »[10]. Ainsi, la vie du cultivateur est déterminée par les impératifs incompressibles de son travail. Simone Weil ajoute : « Le travail du paysan obéit par nécessité à ce rythme du monde »[11]. Et la pièce de Vinaver expose également comment l'entreprise définit le quotidien de ses salariés :

[5] vers 512–542 [6] p. 309 [7] vers 122–154 [8] vers 154–184 [9] livre I, vers 221–225
[10] vers 255–288 [11] « Expérience de la vie d'usine », p. 348

malgré les crises que traverse l'entreprise, les mêmes scènes se répètent (l'échange entre Lubin et la grossiste Madame Lépine) ou bien se font écho (les réunions de famille et les scènes de conseil). Ainsi, le dramaturge donne à voir la façon dont Ravoire et Dehaze rythme proprement la vie de ses agents.

Le travail constitue également un mode de structuration de l'espace. Comme le montre Virgile au livre II, la division du sol répond aux impératifs du travail du cultivateur, car « toute terre ne peut porter toute espèce de plante »[12] : le paysan doit donc maîtriser son espace (fertilité de la terre, pente, ensoleillement) et l'organiser en fonction de ses productions. Même si, à la différence de la ferme, le lieu de travail de l'ouvrier est subi plus que choisi, l'usine est également identifiée comme un lieu de production (opposé aux lieux de repos et aux lieux de vie). Simone Weil montre, dans « Expérience de la vie d'usine », que le travailleur a « vécu dans l'exil » lors de sa journée de travail, car il a été forcé de vivre dans « un lieu où il n'était pas chez lui »[13]. L'imaginaire de l'ouvrier est donc structuré par ce lieu autour duquel s'organisent toutes ses activités.

Sur le plan social, le travail s'impose même comme le principe de notre rapport aux autres. Bien sûr, comme l'a montré Simone Weil dans « La Rationalisation », le travail hiérarchise les individus : selon elle, l'ouvrier a été « relégué par la société actuelle à un rang inférieur », parce que la classe ouvrière a été « soumise à la volonté arbitraire des cadres dirigeants de la société »[14]. Pour Vinaver, cette régulation des rapports interpersonnels par le travail se joue à un niveau plus affectif : ainsi, pour Fernand Dehaze, le travail se confond avec la famille. Il affirme par exemple, lors du premier mouvement, que « ceux qui travaillent quarante heures par semaine ensemble forment une authentique communauté ». Les faits lui donnent raison, puisqu'à la fin de la pièce le gendre de Lubin, Alex Klein, devient membre de l'équipe de direction.

À force d'être partout, le travail semble pourtant n'être nulle part : en se généralisant à tous les domaines de l'existence et en s'imposant comme un principe organisateur des sociétés, le travail devient un simulacre et se détache des structures qui l'ont produit.

À FORCE de s'imposer comme un repère immuable dans nos vies, le travail finit par s'effacer : il devient un fait total en diluant ses propres structures.

Comme l'affirme Baudrillard, le travail est devenu « polyvalent » : il peut ainsi substituer ses agents les uns aux autres et échanger leurs tâches. Ainsi, dans *Par-dessus bord*, les agents sont interchangeables et les

[12] vers 85–116 [13] p. 339 [14] p. 306

personnages s'en vont (Fernand Dehaze, Madame Bachevski, Lubin) tandis que d'autres s'installent (Jack Donohue, Jenny Frankfurter). Comme l'affirme Benoît lors du départ de Lubin dans le sixième mouvement, « Lubin ne disparaît pas entièrement puisque son gendre crée chez nous le service de merchandising ». Simone Weil observe le même phénomène dans les usines : « Au niveau de l'ouvrier, les rapports établis entre les différents postes, les différentes fonctions, sont des rapports entre les choses et non entre les hommes ». Cela la conduit à affirmer : « Les choses jouent le rôle des hommes, les hommes jouent le rôle des choses »[15]. Pour Simone Weil, les ouvriers deviennent alors les pièces interchangeables de la machinerie du travail. Ils se fondent dans celle-ci et assimilent jusqu'aux mots du travail capitaliste : « les ouvriers, quand ils parlent de leur propre sort, répètent [...] le plus souvent des mots de propagande faits par des gens qui ne sont pas ouvriers. »[16]

Le travail s'impose également comme un paradigme social en fragmentant ses limites habituelles. Par exemple, l'éloge de la vie rustique par Virgile impose le paradigme du travail comme valeur supérieure à laquelle est subordonné l'ensemble de l'existence : pour le paysan « point de relâche, [avant] qu'il n'ait vu l'année regorger de fruits »[17]. Son bonheur s'identifie au contentement du travail bien exécuté : il mène sa vie familiale sur sa propriété en compagnie de son troupeau. Le travail déborde également de ses structures classiques dans *Par-dessus bord*. Vinaver montre en effet que le travail s'identifie au reste de l'existence grâce à un procédé de superposition des scènes qui brouille la limite entre la vie privée des personnages et leur travail. Par exemple, aux yeux d'Olivier, Ravoire et Dehaze doit devenir, plus qu'un producteur de papier toilette, un « monument consacré à la mémoire de son père et de son grand-père »[18].

Ainsi, le travail moderne semble indifférent à ses objectifs premiers, mais il s'impose partout. Déjà, pour Virgile, cet oubli de la finalité productive du travail constituait une angoisse : il opposait ainsi le paysan qui cueille les fruits « que donnent [...] les bienveillantes campagnes »[19] et les professions militaires et politiques, oublieuses de ces nécessités. Simone Weil considère ce détachement de la dimension productrice comme une conséquence perverse du taylorisme : elle observe dans « La Rationalisation » que paradoxalement ce n'est pas la « production qui augmente avec le système Taylor ; d'une manière générale, ce n'est pas ce qui sert à satisfaire les principaux besoins de l'existence »[20]. Vinaver expose le même dérèglement de la production, qu'il associe à l'image de la digestion dans le quatrième mouvement : « l'économie du superflu » vient se

[15] « Expérience de la vie d'usine », p. 336 [16] « Expérience de la vie d'usine », p. 328
[17] livre II, vers 512–542 [18] troisième mouvement [19] livre II, 479–512 [20] p. 320

substituer à l'économie de nécessité. Au sein de ce nouveau paradigme, le travail est donc lui aussi devenu l'objet d'une production consommée – puis digérée – par notre société.

Réponse

AINSI, on peine à cerner les contours du travail. Certes, cette activité est strictement délimitée dès lors qu'on la considère comme un moyen de production : ses lieux sont fixes, et le temps qu'on lui consacre est précisément borné. Néanmoins, le travail se présente également comme un principe structurant qui ordonne notre société et régit notre rapport au temps et à l'espace : ainsi, on divise notre journée en fonction du travail, et l'espace est lui aussi divisé selon cet impératif. Au cours de ce processus, le travail est en fait devenu un fait total : à force de régir nos vies, on ne le perçoit plus. Pour cette raison, il s'est fragmenté et a dilué ses propres structures, s'émancipant de sa finalité de production.

Ouverture

Baudrillard déconstruit donc la notion de travail et montre qu'elle contamine nos représentations : il est impossible de sortir du monde du travail – même quand on est privé de celui-ci. Ces thèses seront reprises par David Graeber en 2018 dans son ouvrage polémique, *Bullshit jobs*, où il fait l'hypothèse que le capitalisme a inventé des métiers inutiles pour répondre à cette nécessité de produire du travail.

IV Éviter le hors-sujet

Baudrillard met en lumière la dilution des structures mêmes du travail. Même si ce sujet implique de montrer que le travail ordonne notre vie collectivement, ce sujet ne doit pas être confondu avec les citations qui décrivent la part relative que nous lui autorisons à prendre à titre individuel. Par exemple, Roland Barthes écrit dans son essai aux accents autobiographiques *Roland Barthes par Roland Barthes* (1975), « Rien ne rôde, ni le désir ni l'agression ; seul le travail est là, devant moi, comme une sorte d'être universel : tout est plein. » Le critique désigne ici la dilatation qui affecte le travail dans certaines situations. La métaphore spatiale qui oppose le vide et le « plein » signifie que le travail remplit nos vies, ce qui a pour effet d'en exclure le reste. Roland Barthes observe donc le travail d'un point de vue affectif, voire spirituel : le travail lui apparaît comme un état d'esprit. Barthes s'oppose ainsi Baudrillard : alors que ce dernier considérait l'invasion de la vie par le travail comme une dégradation du travail productif, Barthes décrit l'avènement de ce fait comme un état désirable.

Notions abordées : naturel, difficulté, effort, simplicité, gratuité, plaisir

Sujet 4
« Quelquefois la difficulté de l'ouvrage nous plaît, quelquefois c'est la facilité ; et, comme dans un jardin magnifique nous admirons la grandeur et la dépense du maître, nous voyons quelquefois avec plaisir qu'on a eu l'art de nous plaire avec peu de dépense et de travail. »   Vous direz dans quelle mesure cette citation de Montesquieu (*Essai sur le goût*, « Des diverses causes qui peuvent produire un sentiment », 1757, posthume) éclaire votre lecture des œuvres inscrites cette année à votre programme.

Corrigé proposé par Morgan S. Trouillet

I Analyse du sujet

1 Analyse des termes du sujet

Le libellé se termine sur « travail », le mot au programme, rendant difficile son analyse : il faut lire à rebours pour bien comprendre ce qui est dit ; autre difficulté, la longueur de la phrase, construite syntaxiquement par des parallélismes puis une comparaison.

Le sujet repose sur une opposition entre l'ouvrage durement travaillé et l'ouvrage réalisé avec facilité. Les deux cas sont possibles, avoue le grand philosophe des Lumières : « quelquefois » est répété trois fois comme pour bien montrer qu'il n'y a pas vraiment de critère pour expliquer un tel jugement. Alors qu'il réfléchit « sur le goût », et plus précisément dans ce passage sur les « causes qui peuvent produire » un tel sentiment, Montesquieu élimine d'emblée la somme de travail, l'effort – appelé ici « dépense » – comme cause du plaisir que procure un ouvrage.

Après le point-virgule, pour mieux éclairer le propos, l'auteur compare l'ouvrage – production réalisée par nos mains, mais ne possédant pas nécessairement la finalité esthétique d'une œuvre – à « un jardin magnifique ». L'évocation du jardin, lieu qui passe pour naturel mais que la main a produit, est significative car elle rappelle qu'il s'agit tout de même d'un ouvrage, qu'il y a bien eu un premier geste qui a travaillé et produit. Cependant, la quantité de travail, le temps passé à l'ouvrage, l'effort qu'on a consenti, n'ont pas d'incidence sur notre admiration ni notre plaisir. Il n'y a donc pas absence totale de travail, mais la « facilité » justifie qu'il y ait eu « peu de » travail.

Enfin, les critères pour juger des « ouvrages » sont le plaisir et l'admiration : ils sous-entendent un regard extérieur, le jugement par un tiers, sur le travail accompli.

2 Confrontation aux œuvres

Virgile chante la vie champêtre, et avec elle tout ce que les hommes vont devoir faire pour la rendre utile et agréable. Cet éloge du travail des champs, de la vigne et de l'élevage nous rappelle que même ce qui semble le plus naturel, comme l'activité des abeilles, peut se comprendre à l'aide du principe même de travail. Tout dans la nature travaille, et la beauté naturelle existe. Ainsi, la démarche virgilienne répond bien au sujet : il s'agit de rappeler d'abord qu'il y a toujours un travail premier qui produit l'ouvrage. Il ne s'agit plus de réfléchir à la différence de nature entre le naturel et l'artificiel, mais à une différence de degré entre les ouvrages produits par un effort important et ceux faciles où l'homme peut presque sans effort recueillir les fruits de la nature. Le titre de l'œuvre ne signifie-t-il pas justement « travail de la terre » ?

Le principe qui veut que tout est d'abord travail se retrouve critiqué chez **Simone Weil**. En effet, la philosophe se concentre sur le monde ouvrier. Or, la vie des ouvriers est entièrement dominée par leur travail, au point qu'il a modifié leur rapport à l'espace et au temps. En ce sens, on comprend qu'elle n'accorde pas beaucoup d'intérêt au plaisir ou à l'admiration pour le produit fini, et qu'elle développe davantage le fait que le monde contemporain a tant avancé dans la spécialisation du travail et la technique complexe du produit fini, qu'il n'y a plus d'ouvrage « facile ».

C'est de la même façon qu'on peut rattacher **Michel Vinaver** au sujet : à son tour il critique le rapport dévoyé du monde contemporain au travail. Toutefois la critique raisonnée de la philosophe a laissé place à l'ironie grinçante et au comique amer. Le théâtre permet de présenter une panoplie nombreuse de personnages, et donc de cas, qui symbolisent tous à leur manière l'impossibilité pour le monde de l'entreprise de laisser la place à la beauté (transformée en objet de marketing), à la facilité (qu'incarne la simplicité du produit vendu), à l'admiration (la concurrence rend tout succès suspect). Les derniers rapports humains qui pourraient échapper au travail, au monde capitaliste et à la valeur marchande, sont à leur tour envoyés « par-dessus bord », comme le nouveau mari de Jiji finalement recruté à son tour par l'entreprise. En laissant entrevoir et deviner ce qui resterait d'encore admirable et en critiquant le reste, Vinaver s'inscrit bien dans ce que dit Montesquieu, pour en déplorer l'impossibilité actuelle. Il ne s'agit plus d'admirer mais de « profiter », mot dont l'étymologie nous fait comprendre que l'argent a remplacé le travail.

3 Problématisation

La doxa veut que l'ouvrage soit d'autant plus admirable, suscitant d'autant plus de plaisir, qu'on y a passé de temps, qu'il a coûté beaucoup d'efforts. C'est la raison de la difficulté à apprécier ce qui est simple, parce qu'on le regarde sous l'angle du travail qu'il a coûté. Alors, peut-on encore se permettre de lancer l'ouvrage puis de laisser faire le temps et la nature ? Peut-on encore admirer et prendre du plaisir à la gratuité, à la facilité, à la simplicité ?

II Plan détaillé

I Le travail n'est pas un critère pour admirer un ouvrage
1. Le plaisir du simple
2. Le plaisir du facile
3. Le plaisir du gratuit

La tentation serait donc grande de dire qu'« il ne sert à rien de travailler ». Néanmoins, il n'est pas seulement question du jugement, il est aussi question du processus même qui produit l'ouvrage qu'on juge. Or, il faut bien l'avouer, tout ouvrage nécessite travail.

II Le travail est au commencement de tout ouvrage
1. On ne peut se contenter de ce que produit la nature
2. La nature elle-même travaille
3. Le naturel est lui-même une construction de la main de l'homme

Si le travail ne peut être l'objet de plaisir en lui-même, l'effort qu'il faut fournir peut tout à fait être reconnu et admiré ; et c'est le travail qui rend sensible ces nouveaux objets d'admiration.

III Un surplus de travail qui permet de mieux juger et apprécier
1. La quantité de travail traduit l'effort qu'il faut fournir pour un produit de qualité
2. Le travail passé à rendre pratique un produit permet de l'apprécier davantage
3. Le travail peut développer l'aspect esthétique, inutile, du produit

III Dissertation rédigée

NE DIT-ON pas « tout travail mérite salaire » ? Le dicton populaire rappelle qu'il y a un rapport de cause à effet entre le travail et le bénéfice qu'on en tire. On peut alors penser que la réciproque est vraie : on ne jugerait positivement que ce qui a coûté beaucoup de travail. Accroche

Citation et analyse

Or, dans son *Essai sur le goût*, Montesquieu analyse la possibilité inverse : « Quelquefois la difficulté de l'ouvrage nous plaît, quelquefois c'est la facilité ; et, comme dans un jardin magnifique nous admirons la grandeur et la dépense du maître, nous voyons quelquefois avec plaisir qu'on a eu l'art de nous plaire avec peu de dépense et de travail. » Le philosophe français des Lumières distingue tout à fait l'admiration et le plaisir que suscite un ouvrage du travail nécessaire pour le produire. Il réfute donc l'idée que le travail serait un critère pertinent pour juger d'un ouvrage. Bien sûr, on peut encore admirer ce qui se produit quand la nature fait son œuvre librement, sans effort, avec le temps pour seul maître. Néanmoins, il ne s'agit pas de s'enthousiasmer pour l'œuvre de la nature, mais des ouvrages produits par l'homme.

Pbmatique

Ainsi, quand bien même c'est l'homme qui a travaillé pour produire, le travail n'est pas le critère pour juger l'ouvrage. Alors même que le naturel est admirable, peut-on se satisfaire de ne rien faire pour produire un ouvrage qui procure du plaisir ?

Plan

S'il est vrai que le travail ne peut servir de critère pour évaluer un ouvrage et le juger digne d'admiration, il n'en demeure pas moins vrai que le travail est aussi à l'origine de tout ouvrage qu'on admire. Ainsi, c'est surtout le travail qui permet de mieux apprécier un ouvrage.

MÊME s'il est possible de juger une œuvre par l'effort consenti pour la produire, le travail n'est pas nécessairement un critère pour l'admirer.

Il est vrai qu'on peut prendre plaisir à observer des œuvres simples. La simplicité se reconnaît car elle rappelle la beauté de la nature. C'est tout l'enjeu des *Géorgiques* de Virgile : ses chants exaltent la simplicité de la vie rustique, celle-là même qu'il défend tout en rappelant, à la fin du livre II, qu'elle fut paradoxalement le berceau de la grandeur de Rome : « Telle est la vie que menèrent jadis les vieux Sabins, telle fut celle de Rémus et de son frère [...] ; ainsi Rome devint la merveille du monde et seule dans son enceinte renferma sept collines. »[1] Aussi grande la Rome d'Auguste puisse-t-elle désormais être, il faut encore exalter la vie champêtre et la joie des paysans, car elle est en harmonie avec le cours de la nature. On comprend que Simone Weil critique le rapport dévoyé du monde de l'usine avec la nature, tant la spécialisation poussée à l'extrême, grâce à la science, a dénaturé l'homme. C'est tout l'enjeu de sa conférence « La rationalisation » : la division du travail en gestes élémentaires est une simplification contre nature.

On apprécie et admire également ce qu'il est facile de comprendre car il y a un rapport immédiat entre l'ouvrage et le jugement, sollicitant

[1] 512–542

moins de travail de la part de celui qui juge. Ainsi, dans une lettre à Victor Bernard, Simone Weil évoque « le nouveau film de Charlot »[2] : en effet, *Les Temps modernes*[3] de Charlie Chaplin rendent davantage sensible l'expérience de l'usine que les explications de la philosophe : « Il m'est apparemment impossible de me faire comprendre. Peut-être le film de Charlot y réussirait-il mieux que ce que je puis vous dire. »[4] Elle reconnaît que le cinéaste « a exprimé une partie de ce qu'[elle a] ressenti ». C'est tout le contraire du marketing, qui s'efforce de rendre compliqué ce qui est simple : Jack demande « Ben qu'est-ce que c'est le cul ? »[5] et Jenny renchérit, le but étant de trouver une formule de plus en plus alambiquée. Or la pièce de Vinaver et le film de Charlot tentent d'expliquer, par une forme plus facile d'accès, le théâtre et le cinéma, le burlesque et la provocation.

Enfin, on prend plaisir à ce qui est gratuit ; or, la véritable gratuité est rare. C'est cette rareté qui en fait la richesse, et explique qu'on apprécie ce qui a nécessité peu de travail, et qui donc coûte peu. À la fin du Quatrième mouvement de *Par-dessus bord*, une petite saynète entre Lubin et Mme Lépine montre la manière dont on a détourné cette gratuité : « Nous avons mis au point une promotion sans précédent avec en cadeau pour vous cette magnifique lampe de style qui deviendra l'ornement de votre salon il suffit que votre commande soit le double de la moyenne des derniers six mois » explique le représentant. Le cadeau semble gratuit, mais il vient avec une promesse d'achat dont Madame Lépine n'est pas dupe : « Votre lampe de style vous pouvez vous la fourrer là où je pense ». Cette gratuité se retrouve partout dans la nature, à qui sait la voir, et elle explique que les paysans sont les véritables « fortunés » : « O trop fortunés, s'ils connaissaient leurs biens, les cultivateurs ! Eux qui, loin des discordes armées, voient la très juste terre leur verser de son sol une nourriture facile. »[6]

La tentation serait donc grande de dire qu'« il ne sert à rien de travailler ». Néanmoins, il n'est pas seulement question du jugement, il est aussi question du processus même qui produit l'ouvrage qu'on juge. Or, il faut bien l'avouer, tout ouvrage nécessite travail.

EN EFFET, au commencement de tout ouvrage, il y a la main de l'homme. C'est toujours un travail qui transforme la nature et c'est précisément ce travail premier qui n'est pas un critère pour juger l'ouvrage fini.

On comprend bien qu'il y ait un travail premier, parce que l'homme ne peut plus se contenter de ce que produit la nature. Au secteur primaire (Virgile), ont succédé les secteurs secondaire (Weil) et tertiaire (Vinaver).

[2] p. 236 [3] p. 287 [4] p. 236 [5] quatrième mouvement [6] livre II, 446–479

Déjà Virgile évoque-t-il la nécessité du travail dans le rapport de l'homme à la nature. Ses chants prennent parfois des accents didactiques, car il y a des méthodes à suivre pour récolter les fruits de ce travail : « Au travail donc, ô cultivateurs ![7] » Avec le monde contemporain, les besoins sont d'autant plus grands que la population mondiale a explosé ; les objets de la modernité ont atteint des sommets techniques nécessitant toujours davantage d'effort. C'est d'ailleurs stimulant en soi, de l'aveu de Simone Weil : « Un des plus puissants [stimulants], dans tout travail, est le sentiment qu'il y a quelque chose à faire et qu'un effort doit être accompli.[8] »

Cela nous rappelle que le travail est un concept opérant pour la nature elle-même. En effet, on dit que « ça travaille » dès qu'il y a une action, dans le temps, sur un corps. La pièce de Vinaver réfléchit ainsi aux nombreuses actions de la nature sur le corps humain : il est question de déféquer (pour vendre du papier toilette), de faire l'amour (Margerie et Olivier) ou de mourir (Fernand Dehaze). Même les employés se « recycl[ent] », selon le mot de Saillant à Madame Bachevski[9], preuve qu'ils appartiennent à ce grand mouvement de la nature. Et Virgile exalte d'ailleurs avec autant de force la main du paysan que le monde naturel tout entier. Ainsi, on peut déceler dans la nature « des signes non moins certains »[10] du retour du beau temps comme les mouvements des astres ou les chants des bêtes. La nature vit, donc elle travaille. Or quand on la trouve belle, ce n'est pas ce travail qu'on juge.

Par ailleurs, on peut aller plus loin, ce que, dans le sujet, l'image du « jardin magnifique » nous permet de comprendre : le naturel, parce qu'il est une mise en forme de la nature, est déjà le produit de l'homme, déjà le résultat d'un travail sur la nature. Ainsi du corps, qui semble être l'aspect le plus organique d'une personne, et que pourtant un travail a modelé. Dans sa lettre à Simone Gibert, Simone Weil ne dit-elle pas combien elle est peinée que son ancienne élève « ne puis[se] pas faire de sport »[11] ? Elle finit par lui « recommander d'exercer le plus » ses « muscles », ses « mains », ses « yeux ». C'est donc que même le corps est le produit d'un travail. La défécation elle-même devient chez Vinaver un geste social, et non plus organique : « l'homme est un animal qui s'essuie »[12], explique Jack, détournant la célèbre formule d'Aristote « l'homme est un animal politique », dévoyant la philosophie pour en faire une formule publicitaire et un bon mot.

Si le travail ne peut être l'objet de plaisir en lui-même, l'effort qu'il faut fournir peut tout à fait être reconnu et admiré et c'est le travail qui rend sensible ces nouveaux objets d'admiration.

---

[7] livre II, 22–54 [8] « Expérience de la vie d'usine », p. 344 [9] cinquième mouvement
[10] livre I, 390–422 [11] p. 71 [12] fin du quatrième mouvement

On peut admirer le travail, non pas de celui qui a fait l'ouvrage, mais de celui qui l'améliore ou l'embellit. Et si ce n'est pas le travail lui-même que l'on juge, l'ouvrage est d'autant plus admirable qu'on comprend l'ensemble des efforts consentis par le travailleur.

C'est parce que la quantité de travail traduit l'effort, qu'on peut davantage apprécier un produit de qualité. C'est donc moins le travail lui-même que la difficulté de la tâche qui est digne d'admiration, même si le jugement n'est possible qu'une fois l'œuvre finie. La qualité du produit est donc importante car c'est elle qui rend sensible les efforts de ceux qui ont travaillé. On devine aisément l'ironie de Vinaver, qui critique des efforts inutiles (comme le montrera le cuisant échec du « bleu-blanc-rouge » du Deuxième mouvement), parce que réduits au seul marketing ; la publicité tourne à vide (le patriotisme est ici fort peu à propos). Au début du troisième chant des *Géorgiques*, Virgile rappelle qu'il y a des sujets trop connus pour les chanter encore et qu'il se donne pour rôle de tracer une nouvelle voie qui le rendra digne d'admiration : « Les autres sujets de poèmes qui auraient charmé les esprits oisifs sont maintenant trop connus. [...] Il me faut tenter une route où je puisse moi aussi m'élancer loin de la terre et voir mon nom vainqueur voler de bouche en bouche. »[13]

Il n'y a pas seulement la qualité du produit, il y a aussi son aspect pratique, car le travail passé à rendre pratique un produit permet de l'apprécier davantage. Ainsi, après l'échec du premier papier toilette, le « Mousse et Bruyère » se vend parce qu'il ajoute du confort au produit. Il est plus agréable, il est d'une qualité bien supérieure à un papier ordinaire. En réfléchissant aux prochaines innovations, Grangier s'écrie « Développons un papier ouate indéchirable »[14], se concentrant donc sur une avancée supplémentaire. Dans « La condition ouvrière », Simone Weil prend « l'exemple de l'automobile »[15] et en parle comme d'« un instrument de transport » avant de préciser : « une automobile ne sert pas seulement à rouler sur une route ». Elle oppose ainsi les aspects pratiques et symboliques de l'objet. Or ce n'est pas l'aspect pratique de l'objet industriel qui empêche d'améliorer la vie des ouvriers, de ceux qui travaillent pour rendre pratique l'objet.

C'est qu'il y a également l'aspect esthétique, certains diraient inutile, du produit. Or, cet aspect sensible ou intelligible permet également d'admirer l'ouvrage, qui peut même devenir œuvre. N'est-ce pas ce qu'évoque régulièrement Virgile, lorsqu'il fait référence à sa propre tâche ? Son texte devient autotélique, c'est-à-dire tourné vers lui-même. Alors les « courageux cultivateurs » lui donnent la force de poursuivre son rude travail de poète : « C'est un travail ; mais espérez-en de la gloire, courageux cultivateurs. Je ne me dissimule pas en mon for intérieur combien il est difficile

[13] 1–22 [14] cinquième mouvement [15] p. 392

de vaincre mon sujet par le style et de donner du lustre à de minces objets.[16] » Simone Weil rappelle, dans une lettre à Victor Bernard, que sa formation intellectuelle peut être mise au service des ouvriers[17]. Elle évoque combien la littérature grecque classique peut résonner avec leur expérience et qu'elle se sent prête à « ce travail ». Il y a donc à côté du travail industriel un autre travail, louable pour son inutilité et son projet esthétique.

Réponse

IL NE faut pas confondre le travail de la nature avec l'effort du naturel et de la simplicité. Tout ouvrage est un produit de l'homme, un travail de la main ou de l'esprit. La confusion possible entre la nature et ce qui passe pour naturel explique qu'on peut juger admirable la simplicité, justement parce que la nature et le temps travaillent de toute façon.

Ouverture

Néanmoins, le travail apporte un surplus à l'ouvrage, et développe des qualités (« l'utile et l'agréable » comme le veut la formule, mais aussi le beau et le gratuit) qui rendent d'autant plus agréable et admirable ce qu'on peut appeler, dans tous les sens du terme, l'œuvre.

IV Éviter le hors-sujet

Nombreux seront les sujets qui sépareront le travail de ce qu'il produit, comme la citation de Multatuli : « Ce n'est pas la récompense qui élève l'âme, mais le labeur qui lui valut cette récompense. » Il faudra alors analyser les raisons qui justifient cette séparation : chez Montesquieu, il s'agissait de réfléchir à la manière dont fonctionne le jugement de goût sur un ouvrage, une fois celui-ci terminé, afin de ne pas réduire ce jugement au seul concept de travail. En revanche, chez Multatuli, il est question d'une élévation de l'âme, pour rappeler que c'est le travail et non sa « récompense » qui la permet. Ainsi, en distinguant les deux aspects du travail, le penseur hollandais rappelle que le travail, quand il se fait « labeur », est sa propre « récompense », qui est cette élévation. Cette réflexion rend au travail toute sa richesse, renversant l'idée qu'on travaille pour une récompense extérieure à soi, tandis que le philosophe français voulait au contraire, en passant par le goût, rappeler et exalter la puissance du simple et sa beauté.

---

[16] livre III, 286–317 [17] p. 244

Notions abordées : besoin, animalité, vie organique, nature de l'homme

Sujet 5
« Il ne nous appartient pas [...] de chercher si l'éducation (qui apparaît sous la forme des interdits religieux) est la conséquence du travail, ou le travail la conséquence d'une mutation morale. Mais en tant qu'il y a l'homme, il y a d'une part travail et de l'autre négation par interdits de l'animalité de l'homme. » Dans quelle mesure ces propos de Georges Bataille (*L'Érotisme*, 1957) éclairent-ils votre lecture des œuvres au programme ?

Corrigé proposé par Géraldine Deries

I Analyse du sujet

1 Analyse des termes du sujet

La première phrase de Bataille pose une relation entre travail et un ensemble que l'on pourrait synthétiser sous le terme de vie morale, soit prise de distance vis-à-vis de la vie organique et instinctive ; il y aurait relation de cause à effet entre ces deux phénomènes, sans que celui des deux qui a la préséance ait d'importance. Ce qui compte, c'est que le travail et ce qui devient dans la deuxième phrase plus clairement « négation par interdits de l'animalité de l'homme » sont posés comme des phénomènes à la fois liés et séparés, indissociables mais susceptibles d'être distingués. On comprend mieux que cette négation, liée à l'éducation « sous la forme des interdits religieux », soit susceptible aussi de correspondre à une « mutation morale » : en effet, le mot de mutation ancre solidement la morale dans une origine organique, même si cette mutation l'éloigne de la vie animale.

Le plus important est que cette négation de l'animalité est définie de façon bien précise : elle se fait par les « interdits religieux » à l'origine de toute éducation, opposée à l'instinct ; elle se fait donc sur la base d'interdits qui relèvent de la croyance et non de la connaissance, outre qu'ils pourraient bien être, en dernière analyse, d'ordre naturel, résultat d'une « mutation ».

Le travail étant de toute façon une des formes que prend, pour l'être humain, la satisfaction de ses besoins organiques, depuis qu'il ne vit plus dans la pleine nature de chasse et de cueillette – et encore lui fallait-il déjà la peine de se baisser et de ramasser ! – et encore moins dans le jardin d'Éden, on peut se demander dans quelle mesure Bataille n'est pas simplement en train de souligner la distance entre vie animale et vie humaine du point de vue de la simple survie ; pour lui, cette distance équivaut à une négation de notre animalité. Elle implique donc une vision négative ou limitée de l'animalité, celle de l'homme comme celle des animaux. L'animalité serait l'organicité – manger, dormir, mourir. Or le travail se limite-t-il à satisfaire ces besoins ? Si non, son extension ne signifie-t-elle pas que le travail n'est pas tant négation de l'animalité qu'affirmation de l'humanité ?

2 Confrontation aux œuvres

Chez **Virgile** le labeur paysan semble un prolongement de l'animalité heureuse de l'homme des campagnes, en harmonie avec son univers naturel, dont il ne fait au fond qu'optimiser le fonctionnement et s'en approprier les fruits en partie, lui réservant toujours de quoi se renouveler. Il ne semble pas y avoir cette solution de continuité entre travail et animalité, travail et nature, que Bataille observe comme propre à l'homme, sinon cependant dans la notion d'effort et de vigilance du paysan.

Le travail dont **Simone Weil** se préoccupe, celui des ouvriers au service de l'appareil industriel capitaliste, ne fait d'abord que subvenir à des besoins organiques et serait donc une réduction des ouvriers à l'animalité la plus limitée, elle-même empêchée de se déployer dans un rapport direct à l'environnement, privilège pourtant du moindre rat ou chat de gouttière. Le travail n'est que le moyen de la survie et de la reproduction de la classe ouvrière : il s'agit de la vision la plus négativement proche de celle de Bataille, le travail sans autre intérêt que celui de se substituer à la bouche, aux membres et aux organes sexuels des ouvriers. Mais la dénonciation de cette situation implique la conception d'un travail qui pourrait être autre.

Dans le monde de ***Par-dessus bord*** en revanche, la rupture entre monde du travail et besoin animal semble totale, même chez les personnages les plus fragiles économiquement, Lubin, les artistes de jazz ou surtout Passemar, la figure de l'auteur lui-même, également cadre de l'entreprise. Mais le produit de l'entreprise est un rappel saisissant du lien entre toute cette besogne organisée et l'animalité humaine à un des niveaux les plus organiques possibles, la défécation. D'autant plus que le papier toilette est très certainement déjà une expression de la négation de l'animalité rendue possible par le travail, et que c'est ce papier toilette que l'entreprise va œuvrer à transformer en objet de désir. Or ce travail est lui-même tourné en dérision, comme les autres types de travail décrits dans la pièce, depuis les tabatières, objets d'un artisanat consacré à un produit de consommation situé au-delà du besoin, jusqu'au travail universitaire dont le produit ne fait que doubler le réel. Ni le jazz, ni les camps de concentration, ni l'ambition théâtrale ne sont épargnés : ne surnagent peut-être de ces différentes formes de production que les fêtes et les célébrations, suggérant que le travail n'est peut-être pas chez Vinaver lié à ses productions mais au processus lui-même, à la sociabilité en somme.

3 Problématisation

En liant travail et négation de l'animalité, Bataille reste attaché à une vision de l'homme reniant dans une espèce de souffrance sa nature organique. Et si le travail était expression de la nature humaine, y compris dans sa dimension organique, l'affirmation et non pas la négation de son animalité ?

II Plan détaillé

I Le travail remplace la satisfaction immédiate de besoins animaux

1. L'existence symbiotique dans un milieu naturel n'est possible nulle part
2. Le travail devient nécessaire à la simple survie organique
3. Son lien à la simple survie organique devient de plus en plus distant

La distance entre travail et négation de l'animalité immédiate se faisant plus grande, le travail remplit peu à peu d'autres fonctions. On peut même dire qu'il crée des besoins à satisfaire, eux-mêmes intermédiaires pour la satisfaction des besoins de base, mais dans l'oubli de ce besoin.

II Le travail satisfait d'autres besoins, tant individuels que sociaux, que ceux de la survie

1. L'accroissement des savoirs et techniques divise le travail
2. Ces accroissements produisent des besoins en organisation
3. Pour les gens qui remplissent ces tâches, ils correspondent à des besoins

La complexification du lien travail-besoin transforme le travail d'activité médiatrice de buts et productions en activités poursuivies pour elles-mêmes. Mais le travail exprimerait alors notre nature, animale ou humaine.

III Le travail dans son développement historique correspond plutôt à l'expansion de notre spécificité qu'à sa négation

1. Ni la production par le travail ni sa rémunération ne produisent de satisfaction
2. La satisfaction provient de l'appartenance reconnue à un collectif
3. Mais elle peut rendre aveugle aux activités du collectif

III Dissertation rédigée

Accroche

QUE LE travail soit le propre de l'homme depuis l'expulsion du paradis terrestre est un constat aussi courant que non analysé ; en revanche que le travail, comme l'humanité, soit lié à la négation active d'une part animale de nous-mêmes est déjà une forme d'interprétation de ce mythe.

Citation et analyse

C'est cette dernière que défend Bataille en disant qu'« [i]l ne nous appartient pas [...] de chercher si l'éducation (qui apparaît sous la forme des interdits religieux) est la conséquence du travail, ou le travail la conséquence d'une mutation morale. Mais en tant qu'il y a l'homme, il y a d'une part travail et de l'autre négation par interdits de l'animalité de l'homme. » Le travail étant de toute façon une des formes que prend, pour l'homme, la satisfaction de ses besoins organiques, depuis qu'il ne vit plus dans la pleine nature de chasse et de cueillette, et encore moins dans le jardin d'Éden, on peut se demander dans quelle mesure Bataille ne souligne pas simplement la distance entre vie animale et vie humaine du point de vue de la simple survie ; pour lui, cette distance équivaut à une négation de notre animalité. En liant travail et négation de l'animalité, Bataille reste attaché à une vision de l'homme reniant dans une espèce de souffrance sa nature organique.

Pbmatique

Et si le travail était expression de la nature humaine, y compris dans sa dimension organique, l'affirmation et non pas la négation de son animalité ?

Plan

Nous verrons que, si effectivement le travail se substitue d'abord à la satisfaction immédiate de besoins organiques, il satisfait non seulement d'autres besoins, mais encore il s'avère le mode d'expression de l'homme en tant qu'animal.

LE TRAVAIL remplace la satisfaction immédiate de besoins animaux. L'existence symbiotique dans un milieu naturel n'est possible nulle part. Dans les *Géorgiques*, l'âge d'or « avant Jupiter [quand] la terre produisait tout d'elle-même, librement, sans contrainte »[1] est révolu par la volonté du dieu lui-même ; les abeilles elles-mêmes illustrent l'idée d'une république industrieuse dans laquelle toute relâche, fût-elle due à la maladie, fait risquer à « l'espèce tout entière [de] manquer soudain »[2]. Dans la pièce de Vinaver, on pourrait penser qu'un certain nombre de personnages vivent en quelque sorte en symbiose avec l'entreprise ou même avec la société contemporaine. Ainsi Margerie Dehaze, l'épouse américaine du plus ambitieux des deux fils du fondateur de l'entreprise, semble ne vivre que de ce rôle ; Alex Klein et Jiji, fille d'un représentant

[1] livre I, 123–156 [2] livre IV, 246–282

de commerce de l'entreprise, semblent ne vivre que de « happenings » et jazz des fêtes parisiennes[3] ; Passemar transforme sous nos yeux sa vie de « cadre moyen » se posant des questions en pièce de théâtre, mise en abyme d'une continuité entre travail et vie personnelle[4]. Mais Margerie, trompée par Benoît, le trompe avec son frère et s'enfuit avec les tabatières de son beau-père ouvrir une entreprise aux États-Unis ; Alex entre dans l'entreprise[5] ; et Passemar redevient cadre administratif en se demandant s'il va encore pouvoir continuer[6] : l'instabilité et la nécessité de s'adapter règnent.

Tout cela souligne que même la survie organique repose sur un travail : soit, comme chez Virgile, au plus près de la réalité organique des champs et des bêtes, dont l'homme optimise et même sublime la productivité ; soit, comme pour les ouvriers dont Simone Weil partage et décrit la vie dans *La Condition ouvrière*, par l'insertion dans un circuit économique où l'homme échange sa force brute contre un salaire qui lui permet de payer un logement, des vêtements et de quoi se nourrir.

Ce salaire, « des sous »[7] comme le dit Simone Weil, n'a plus aucun lien physique ou même de similitude avec la vie physique dont il permet cependant, à grand-peine pour ceux qui gagnent peu, la continuation. Weil, décrivant à Albertine Thévenon son expérience en usine, souligne qu'elle a parfois ressenti « la joie de manger un pain qu'on a gagné »[8] mais elle met surtout l'accent sur la déconnexion entre le travail et le travailleur dans l'« esclavage »[9] ouvrier : « [o]n ne *peut pas* être "conscient" »[10]. Dans l'univers de Vinaver, le caractère construit de l'existence humaine est le plus constamment souligné, étant donné que l'entreprise Ravoire et Dehaze, comme on l'apprend peu à peu au début du premier mouvement, tire ses revenus de la fabrication de papier toilette ; même les déjections corporelles font l'objet d'un circuit économique institutionnalisé qui les distancie d'un processus naturel.

La distance entre travail et négation de l'animalité immédiate se faisant plus grande, le travail remplit peu à peu d'autres fonctions. On peut même dire qu'il crée des besoins à satisfaire, eux-mêmes intermédiaires pour la satisfaction des besoins de base, mais dans l'oubli de ce besoin.

LE TRAVAIL satisfait d'autres besoins, tant individuels que sociaux, que ceux de la survie.

Virgile, dans sa volonté de louer les tâches agricoles en les décrivant dans toute leur complexité, montre en même temps leur diversité et donc

[3] troisième mouvement [4] premier mouvement [5] sixième mouvement [6] cinquième mouvement [7] p. 206 [8] p. 59 [9] p. 60 [10] p. 60

éventuellement la division sociale du travail auquel elle peut conduire, par exemple entre lecteurs des signes annonciateurs de la météorologie et laboureurs[11]. Il décrit d'ailleurs explicitement dans le quatrième livre un tel partage des fonctions dans la ruche, distinguant « roi » et ouvrières puis au sein de ces dernières entre « les unes » et « les autres », « les plus vieilles » et « les plus jeunes » selon leurs tâches[12]. Dans les entreprises modernes d'ailleurs, comme celles que présentent Simone Weil ou Vinaver, la division du travail est une donnée qui n'a plus besoin d'être justifiée ni expliquée, quoiqu'elle donne lieu à des visions critiques ou satiriques différentes.

En tout cas, une fois instaurées, ces divisions des tâches produisent des besoins d'organisation et de coordination. Pour Virgile, la ruche est une espèce de république obéissant à un « pacte »[13] tacite qui amène les abeilles à ne jamais rechigner à « rec[evoir] les fardeaux »[14]. Simone Weil en revanche décrit dans « La rationalisation » les choix opérés dans les usines conduisant à une hiérarchisation entre concepteurs de l'organisation pour maximiser la productivité, et exécutants. Alors qu'on pourrait s'organiser pour sortir « chaque soir des usines à la fois le plus grand nombre possible de produits bien faits et des travailleurs heureux »[15], les usines se sont orientées vers la production en coupant les exécutants d'une part de la définition de leurs tâches, en les transformant en objets de l'observation, et d'autre part de la réflexion de spécialistes des bureaux d'études chargés de concevoir, sans eux, les gestes à faire pour maximiser les cadences et donc les rendements.

Du point de vue de ces spécialistes, leur réflexion est indispensable au fonctionnement de la production, de même que leurs interventions dans les ateliers pour régler les machines, expliquer les gestes à faire et donner des indications de vitesse d'activité. L'objectivation de l'activité des exécutants, des ouvriers, leur paraît la seule façon d'optimiser leur travail ; que les exécutants n'aient plus l'intelligence du métier ou du geste et que leur activité devienne servile n'est pas de leur ressort. De la même façon, dans l'entreprise mise en scène par Vinaver, la division du travail dans la production et la distribution sociale de papier toilette est là pour tenter de démultiplier la demande en transformant ce produit en objet de désir au mépris des besoins réels. Mais comme la santé financière de l'entreprise, et son attractivité pour d'éventuels acheteurs américains, dépendent de l'augmentation de la demande et non de la satisfaction d'un besoin, ce sont ceux qui fabriquent le besoin supplémentaire, et ceux qui organisent cette réorientation de l'entreprise, qui « triomph[ent] »[16]. Ce sont ces activités qui correspondent désormais à un travail, qui répondent à des besoins, dont les origines organiques sont

[11] livre I [12] livre IV, 154–184 [13] livre IV, 184–217 [14] 154–184 [15] p. 307 [16] cinquième mouvement

de plus en plus indiscernables. Vinaver montre à quel point ces origines sont oubliées : pour Benoît, responsable de cette expansion commerciale, et pour ses complices en marketing, leur activité ne constitue jamais qu'une étape de leur propre développement, comme, selon Weil, pour Taylor, la prise de contrôle sur le travail ouvrier n'était qu'une étape dans son propre développement[17].

La complexification du lien travail-besoin transforme le travail d'activité médiatrice de buts et productions en activités poursuivies pour elles-mêmes. Mais le travail exprimerait alors notre nature, animale ou humaine.

Le travail dans son développement historique correspond plutôt à l'expansion de notre spécificité qu'à sa négation.

La pièce de Vinaver montre donc bien d'abord que ce ne sont pas les produits du travail qui procurent de la satisfaction. Elle montre aussi que ce n'est pas non plus, lorsque le produit du travail est éloigné des besoins, la rémunération du travail fourni qui procure une telle satisfaction. C'est intéressant car, contrairement à ce qui se passe pour le travail ouvrier tel que le décrit Weil, cette absence de satisfaction n'est pas non plus parce que le produit échappe au travailleur qui ne contribue qu'à une infime parcelle de sa fabrication : en effet, tous les personnages actifs de la pièce savent très bien ce qu'ils fabriquent et comment ils y contribuent. Et ce n'est pas non plus, là encore contrairement aux observations de Weil, parce que les rémunérations sont insuffisantes, car les cadeaux offerts à Lubin ne sont pas sans substance[18], et personne ne meurt de faim ni ne souffre de précarité, même si tout le monde a peur de perdre son emploi.

Vinaver, comme Weil lorsqu'elle réfléchit aux conditions qui rendraient le travail ouvrier moins servile, touche à une autre réalité du travail : sa satisfaction est rarement son rôle dans notre survie, qu'il soit rempli directement, comme chez l'agricole Virgile, ou non. La satisfaction dans le travail provient de l'appartenance reconnue à un collectif qui dépasse la satisfaction du besoin de survie individuelle, que ce soit pour les abeilles dont « la race, elle, demeure immortelle »[19], pour les membres de Ravoire et Dehaze damant d'abord le pion aux Américains de « Youpico », pour les ouvriers en grève en 1936 renversant les rapports de pouvoir les réduisant habituellement à la « docilité »[20] et retrouvant un sentiment de l'appartenance et de la valeur dans le processus que Weil revendique pour eux au quotidien lors de ses discussions avec les ingénieurs ou responsables des usines où elle a travaillé. C'est probablement

[17] « La rationalisation » [18] premier et sixième mouvements [19] livre IV, 184–217
[20] p. 59

en cela que le travail est affirmation de l'homme « animal social » plutôt que négation de cette animalité, comme le voudrait Bataille.

Cela dit cette vision n'est pas plus optimiste que celle, plus traditionnelle, liant travail et souffrance dans la perte d'un rapport direct au monde de la nature. Il est difficile de ne pas saisir le caractère satirique de la représentation de l'univers de l'entreprise contemporaine telle que Vinaver s'en empare, ni de ne pas voir que les personnages triomphants du cinquième mouvement deviennent les vendeurs alliés aux Américains du mouvement final, alors même que Passemar annonce en conclusion que « la fin rejoint le commencement ». De la même façon les difficultés de Weil sous le nom d'Émile Novis à imaginer un travail ouvrier qui puisse transcender la monotonie et l'absence de finalité autre que la répétition est significatif : elle ne voit au fond de transcendance réelle à ce travail que dans la religion[21]. C'est dire peut-être la vérité pour ces auteurs du lien entre travail, organicité, et mort.

Réponse

POUR Bataille, le travail serait le signe de la rupture avec notre animalité, mais selon une vision assez étroite de l'animalité humaine. Une vision plus large de cette animalité, comprenant nos tendances sociales ainsi que nos capacités à nous insérer dans l'univers social comme dans une autre nature, nuance cette vision.

Ouverture

Cela dit, elle n'est peut-être pas plus optimiste dans sa vision du travail et de notre organicité ou mortalité.

IV Éviter le hors-sujet

De nombreux sujets ou citations seront susceptibles de lier le travail et la nature humaine selon des formulations plus ou moins anthropologiques. On peut penser entre autres aux textes de la Genèse qui décrivent l'éviction du jardin d'Éden, ou leur commentaire, par exemple par Hannah Arendt[22]. Comme toujours, il s'agit avant tout d'éviter de plaquer un cours déjà préparé sur le sujet, en s'imaginant reconnaître des éléments réemployables tels quels. Il faut, avant de réutiliser des arguments ou des exemples, bien analyser le sujet et en dégager la spécificité. Ici, elle concerne l'animalité et l'organicité humaine, ainsi que la vision négative de cette dernière, qui n'imagine pas cette organicité comme force positive ou simplement dynamique. C'est sur ces aspects qu'ont porté la problématique et la discussion.

[21] p. 424 [22] dissertation n° 1

Notions abordées : travail, liberté, aliénation, nature, temps

Sujet 6
L'Homme se libère-t-il en travaillant ?

Corrigé proposé par François-Xavier Soutet

I Analyse du sujet

1 Analyse des termes du sujet

L'intérêt du sujet tient à ce qu'il nous invite à revoir l'idée commune selon laquelle le travail s'oppose à toute forme de liberté. Cette idée, commune parce que partagée par le sens commun, n'est pas absurde. On oppose en effet le temps du travail au temps libre ; on voit souvent le travail comme un devoir, une contrainte voire une souffrance comme le rappelle son étymologie : tripalium, instrument de torture.

Cependant, cette idée commune se heurte à une autre idée simple : gagner son indépendance par le travail, et plus précisément par les fruits de son travail. En effet, si celui-ci peut apparaître contraignant, il n'en demeure pas moins que nous prenons tous conscience de sa nécessité pour gagner en indépendance matérielle et financière, et pour s'extraire de son milieu d'origine, bref pour vivre sa vie. De ces deux idées simples, on peut donc en déduire que la notion de liberté, si elle se rapporte au travail, ne peut être comprise uniquement comme absence de contrainte ou de devoir.

En outre, la question posée insiste bien, avec le participe présent, sur l'activité même du travail davantage que sur son résultat. Ce ne serait pas au terme du travail que l'Homme se libérerait mais dans son processus. Cette précision grammaticale a de quoi rendre encore plus sceptique le sens commun. En effet, comment l'Homme peut-il se dire libre au moment même où il travaille, c'est-à-dire au moment où il ne peut quitter son poste, où il doit effectuer telle ou telle tâche, où le temps presse, au moment où son patron lui demande d'être toujours plus productif ? Le sujet lui-même apporte une réponse. Il ne demande pas si l'Homme est libre en travaillant, mais s'il se libère en travaillant. Cela implique donc que la libération est elle-même un processus en cours. Il faut donc penser deux processus, deux évolutions, plutôt que deux états : la liberté et le résultat du travail. Par ailleurs, la forme pronominale invite à penser une libération de l'Homme par l'Homme. La liberté n'est donc pas donnée, elle est à conquérir progressivement, elle ne vient pas de l'extérieur mais de celui-là même qui se libère.

2 Confrontation aux œuvres

Le texte de **Virgile** est sans doute celui qui traite de manière la plus positive du rapport entre travail et liberté. En effet, les *Géorgiques* invitent à penser que l'Homme conquiert sa liberté sur la nature en la dominant et en l'exploitant mais également sur les contraintes sociales et humaines qui pèsent sur la vie citadine. Cependant, si pour Virgile le travail apparaît comme source d'une vertueuse et authentique libération, il ne manque cependant pas de souligner l'effort permanent que le labeur exige pour faire face aux caprices et aux contraintes de la nature.

À l'inverse, **Weil** souligne l'aliénation écrasante qui pèse sur les individus dans le monde de l'usine. Loin d'être source de libération, le travail apparaît largement comme vecteur qui fait passer l'Homme à l'état de bête de somme résignée, inférieure à la machine à laquelle il est aux ordres dans le travail à la chaîne. Cependant, l'univers de l'usine est aussi à l'origine d'une conscience de classe, une conscience d'appartenance à une humanité commune (dont elle est l'exemple concret). Si l'aliénation est présente dans le travail industriel, elle n'en demeure pas pour autant une fatalité.

Vinaver, quant à lui, propose une vision toute différente du travail qui, dans sa version contemporaine, semble exclure ou écarter toute forme de labeur. On ne produit plus, on vend, on écoule des stocks et on fait du profit. Cependant, l'aliénation demeure, notamment dans la figure du consommateur qui devient la proie de cette forme toute contemporaine de travail : le marketing.

3 Problématisation

Dans quelle mesure le travail, qui est d'abord douleur et contrainte, permet-il progressivement à l'être humain de s'émanciper, c'est-à-dire d'accéder à une forme de conscience de lui-même qu'il n'aurait pas trouvée dans le repos ou l'oisiveté ?

II Plan détaillé

I L'Homme gagne son indépendance par son travail..
1. L'Homme doit travailler pour se libérer des contraintes
2. Le travail apporte indépendance et autonomie
3. Par son travail, l'Homme sort de sa condition animale

Certes, l'Homme acquiert une indépendance et une maîtrise dans son activité et par le résultat de celle-ci, mais il ne se libère jamais du travail et de son organisation dans laquelle il peut progressivement s'enfermer.

II ... mais aussi aliénation et enfermement progressifs !
1. Le processus du travail enferme l'Homme
2. L'Homme devient aliéné
3. En travaillant, il ne vient même plus à l'idée de l'individu de se révolter

Si l'Homme peut être aliéné dans son travail, il faut d'abord qu'il prenne conscience de cette aliénation et qu'il repense le rapport à son travail dans son organisation et dans le sens qu'il veut lui donner.

III L'émancipation humaine doit passer par un nouveau rapport au travail
1. Il faut repenser le travail et son organisation
2. Prendre conscience du produit de son labeur et de soi-même
3. Une vie émancipée et libérée des contraintes

III Dissertation rédigée

Accroche

« JE SUIS loin des idées communes, je crois les corvées moins contraires à la liberté que les taxes. » Par cette formule extraite du *Contrat social*, Rousseau cherche à rompre avec le présupposé selon lequel le travail s'opposerait à la liberté.

Citation et analyse

Pourtant, le travail, qu'il soit compris comme labeur ou comme métier, apparaît d'emblée synonyme de devoir, de contrainte voire de souffrance, et semble donc antithétique avec l'idée de liberté. De même, on distingue le temps libre, c'est-à-dire le loisir, du temps de travail. Historiquement, celui qui travaille est l'esclave par opposition à l'affranchi. Cependant, il est indéniable que le travail apparaît comme un moyen de gagner en indépendance matérielle ou économique, de maîtriser un environnement, ou encore de tirer une satisfaction de lui-même par la réussite de son travail. La formulation précise de la question vient cependant renforcer le problème ; si c'est en travaillant que l'Homme se libère, cela implique que la libération n'est pas dans le résultat du travail (qu'il s'agisse d'un salaire, d'une œuvre, ou d'une indépendance) mais dans l'activité ou dans le processus lui-même. Or, cette idée paraît là encore contraire au bon sens puisque l'activité laborieuse ou professionnelle est par définition contraignante et accaparante ; cependant, la question souligne que c'est l'Homme qui se libère, donc que l'action est en train de se faire progressivement. À ce titre, « se libérer » indique qu'il y a bien un processus à l'œuvre, processus que la question invite à mettre en relation avec celui du travail ; ainsi, s'il n'est pas évident que l'Homme se libère en travaillant, il est néanmoins certain que se libérer est en soi un travail, une souffrance, un devoir, qui ne va pas sans certaines contraintes.

Pbmatique Il s'agira donc de comprendre en quoi le travail, qui enlève d'abord sa liberté à l'Homme, constitue paradoxalement ce qui va lui donner cette liberté, ou ce par quoi il va conquérir une liberté qu'il n'aurait pu acquérir dans le repos, l'oisiveté ou la consommation.

Plan Nous verrons d'abord qu'en effet le travail permet à l'Homme de gagner son indépendance, mais nous verrons ensuite qu'une certaine organisation et qu'un certain rapport au travail peuvent enfermer et aliéner l'être humain. Il faudra donc se demander si ce n'est pas en réorganisant et en révisant son rapport au travail que l'Homme peut trouver une véritable émancipation.

Si le travail apparaît d'abord comme libérateur, c'est parce qu'il permet notre libération de la nature et des contraintes qu'elle nous impose.

Refuser le travail serait à l'inverse une manière de se laisser aller et de se laisser faire par les événements ou par les circonstances. Ni la nature ni le monde ne donne rien, c'est toujours à l'être humain d'agir par lui-même. Ainsi, Virgile compare-t-il le travail aux champs à une lutte face aux éléments naturels qui n'épargnent pas l'Homme : « Celui qui, à force de rames, pousse sa barque contre le courant, si par hasard ses bras se relâchent, l'esquif saisi par le courant l'entraîne à la dérive »[1]. L'Homme n'a en ce sens pas le choix de travailler puisque le travail apparaît comme le seul moyen par lequel il peut ne pas subir les circonstances et surmonter les obstacles qui se présentent à lui : « Tous les obstacles furent vaincus par un travail acharné. »[2] Le travail permet aussi de se libérer des autres. C'est la raison pour laquelle la liberté par le travail peut se trouver dans une économie libérale, donc dans le monde de l'entreprise. Si l'on veut se libérer, il faut travailler plus dur, face à une concurrence parfois farouche. Le travail permet à l'Homme de s'adapter dans le monde et non de le subir. Comme le souligne Dehaze[3], il faut s'adapter au monde qui se transforme pour ne pas le subir. Ainsi, que ce soit dans la nature ou sur des marchés économiques, le travail permet à l'Homme de se libérer en se rendant maître du monde qui l'entoure.

L'Homme gagne alors une forme d'indépendance et d'autosuffisance. Il n'a plus besoin des autres, ce qui est une forme de liberté. Il pourvoit aux besoins des autres par le fruit de son travail comme le souligne Virgile qui insiste sur l'autosuffisance du paysan, « C'est par là qu'il sustente sa patrie et ses petits-enfants »[4]. Le travail lui permet du même coup de prévoir et d'anticiper les besoins à venir, de vivre dans une forme d'autarcie. Si l'indépendance peut être matérielle, elle peut aussi être culturelle. Ainsi, pour Weil, le travail en usine lui a permis de s'extraire

[1] livre I, 187–220 [2] livre I, 123–156 [3] premier mouvement [4] livre II, 512–542

de son milieu. Elle décrit sa joie, au-delà de sa souffrance, du travail en usine par lequel elle a pu s'échapper d'un « monde d'abstraction »[5] et se confronter à la réalité. Se libérer ne passe pas sans une découverte des autres et d'un autre monde.

Enfin, c'est par son travail que l'Homme se distingue de l'animal. Il est alors normal de préférer la figure du travailleur à celle du consommateur, qui fait pâle figure face à lui. En effet, l'Homme qui travaille produit ou contribue à créer quelque chose de durable. À l'inverse, le consommateur détruit littéralement ce qu'il consomme et n'apporte rien au genre humain. C'est la raison pour laquelle ce dernier fait l'objet d'une critique si vive de la part de Simone Weil qui n'hésite pas à opposer « ceux qui vivent de sensations » et les « hommes travailleurs et créateurs »[6]. La critique de cette oisiveté est telle qu'elle les relègue au rang de « parasites », par opposition aux ouvriers et créateurs « qui seuls sont des hommes ». Le consommateur est passif, alors que le travailleur est actif. Cette opposition fait donc du consommateur non seulement un parasite mais bel et bien une proie toute désignée pour le publicitaire. Vinaver explique comment ce dernier parvient à aliéner le consommateur en pénétrant son esprit, en créant chez lui un besoin et en le forçant à dépenser son argent pour un produit auquel il ne pensait même pas. Bref, le consommateur est un être qui passe son temps à satisfaire ses désirs, à la différence du travailleur qui est capable de les dompter.

Certes, l'Homme acquiert une indépendance et une maîtrise dans son activité et par le résultat de celle-ci, mais il ne se libère jamais du travail et de son organisation dans laquelle il peut progressivement s'enfermer.

Si le travail permet de lutter contre certaines contraintes et de répondre à certains besoins, il apporte avec lui de nouvelles limites qui peuvent progressivement enfermer l'Homme dans un processus qui le dépasse.

La structure et l'organisation du travail qui pèsent sur l'Homme et l'enferment se traduisent notamment par un certain rapport au temps. Ainsi, chez Virgile, l'Homme doit suivre le temps de la nature qui est cyclique : « Le travail des laboureurs revient toujours en un cercle, et l'année en se déroulant le ramène avec elle sur ses traces »[7]. L'Homme doit se régler sur le rythme des saisons et le travail du paysan est un perpétuel recommencement. L'effort est constant, le travail n'en finit pas. La vie tout entière du laboureur est un perpétuel effort. Ce n'est pas seulement dans la vie du travailleur mais dans le rythme même de son activité que l'Homme est pris dans un processus incessant. De l'usine à l'entreprise,

[5] p. 68 [6] Lettre à Simone Gibert, p. 69 [7] livre II, 379–413

il semble que le temps imposé au travail est celui d'une perpétuelle dépense d'énergie suivie d'une récupération. Margerie chez Vinaver décrit le rythme de la journée de façon lapidaire et éloquente, « manger travailler dormir »[8]. Le rythme du travail a des conséquences dans la vie privée puisque l'Homme ne pense plus qu'à recouvrer ses forces pour pouvoir les dépenser à nouveau.

En conséquence, l'Homme n'a même plus le temps de réfléchir, il ne pense plus, il ne se pose même pas la question de sa condition et de son identité. Si l'être humain est pris dans un flux continuel de tâches à effectuer, la conséquence logique de cette intensité devient alors la perte de toute prise de conscience. L'aliénation de l'ouvrier n'est pas accidentelle mais essentielle dans la grande industrie capitaliste. Il est requis de l'ouvrier, comme l'explique Simone Weil, « cette absence de pensée indispensable aux esclaves de la machine moderne »[9]. Le travailleur n'a plus le temps de penser à lui, de réfléchir à sa propre condition. Et, même en entreprise, même lorsqu'il ne semble pas s'apparenter au dur labeur des champs, le travail est aussi aliénant, de sorte que l'homme ne pense plus ailleurs que dans le travail. Ainsi, quand Passemar évoque l'augmentation du taux de mortalité « au moment du départ à la retraite »[10], il entend par là qu'on ne trouve de sens et de conscience que dans son activité professionnelle. Le travailleur n'est plus pleinement lui-même, il n'est plus que son métier, sa profession. Dans le monde du travail, on n'est plus ce que l'on pense être, mais la profession ou la tâche que l'on exerce.

Cette aliénation par le travail l'empêche alors d'avoir seulement l'idée de se libérer des contraintes et de la souffrance de son métier. Tout se passe comme si le poids était si lourd que l'individu ne puisse faire autre chose que se résigner et accepter son sort comme le témoigne Simone Weil en expliquant que son sentiment face au travail n'était pas la révolte, mais « la docilité de bête de somme résignée »[11]. Pris dans un processus sans fin de faire face à la nécessité, de répondre à des besoins ou à une logique de rendement, l'être humain finit par s'user. Cette organisation du travail ainsi que son recommencement incessant invitent à s'interroger sur le caractère dérisoire du travail humain dans un système qui le dépasse. Ainsi, ce que Virgile dit des bœufs aux champs peut s'appliquer à l'Homme, « Que leur servent leur labeur et leurs bienfaits ? que leur sert d'avoir retourné avec le soc de lourdes terres ? »[12] On perd énergie et on perd espoir puisqu'on se rend compte que l'effort n'est pas toujours payant mais qu'il est toujours à fournir.

[8] deuxième mouvement [9] Lettre à Nicolas Lazarévitch, p. 63 [10] cinquième mouvement [11] p. 59 [12] fin du livre III

Si l'Homme peut être aliéné dans son travail, il faut d'abord qu'il prenne conscience de cette aliénation et qu'il repense le rapport à son travail dans son organisation et dans le sens qu'il veut lui donner.

IL APPARAÎT désormais que c'est moins dans le travail que l'Homme peut perdre sa liberté que dans une certaine organisation de celui-ci.

Il faut donc repenser une certaine relation des travailleurs à leur tâche et des travailleurs entre eux pour qu'une émancipation soit, sinon donnée, du moins possible. Ainsi, Simone Weil cherche à repenser le rapport entre la machine et l'ouvrier pour une meilleure répartition des tâches, afin que l'Homme ne soit pas limité au travail à la chaîne. En outre, elle considère, dans la relation entre ouvriers, que le travail doit être un moyen de cohésion et de fraternité. Le travail peut être considéré comme un bien, le moyen pour l'Homme de réaliser pleinement sa vie et combiner à la fois « l'ordre et la liberté »[13]. À ce titre, on peut se demander si le travail des abeilles, tel que le décrit Virgile, ne constitue pas un modèle, sans doute utopique, de cette organisation du travail. En effet, leurs travaux reposent sur une mise en commun des efforts et des biens amassés. Si elles n'échappent pas au labeur, parfois au péril de leur vie, il n'en demeure pas moins que leurs travaux sont effectués avec plaisir : « Transportées alors de je ne sais quelle douceur de vivre, [...] elles façonnent alors avec art la cire nouvelle et composent un miel consistant »[14]. Le plaisir du travail ôte le poids du travail et semble donc être la condition d'un travail libérateur.

Une telle réorganisation du travail permet aux hommes de se considérer autrement. En participant à un effort commun, on prend alors la mesure de la communauté à laquelle on appartient. Ainsi, Dehaz décrit la réunion non pas comme une simple réunion d'entreprise mais comme une « réunion de famille » puisque « ceux qui travaillent quarante heures par semaine ensemble forment une authentique communauté »[15]. La prise de conscience de l'Homme dans son travail ne va pas sans un sentiment d'appartenance à la communauté de travail. Le travail a désormais un sens que l'Homme trouve avec les autres. Ainsi, Weil souligne-t-elle l'émergence d'une conscience de classe dans la vie d'usine et en particulier certains jours de grève qu'elle décrit comme des moments de joie. Cependant, elle va plus loin en insistant sur le fait que ce sont les rapports humains qui doivent changer. L'ouvrier et le patron doivent repenser ensemble l'organisation du travail. C'est l'émancipation du genre humain qui est visé et non pas uniquement celle des ouvriers.

En travaillant, l'Homme retourne enfin à une vie simple, une forme de société libérée des conventions et des artifices. On ressort de l'opposition

[13] Lettre à Jacques Laffite, p. 257 [14] début du livre IV [15] premier mouvement

entre nature et culture. L'être humain ne retourne pas à une vie animale et frugale, mais à une vie authentique dont il peut se dire l'auteur. Se libérer en travaillant signifie en fin de compte vivre sa vie pleinement, de façon authentique, loin des artifices et de la superficialité. Ainsi, Virgile souligne l'estime de soi que gagne le laboureur au milieu de l'espace qu'il a cultivé et dont il a pu tirer les fruits, « il s'égalait dans son âme, aux rois »[16]. À l'inverse du marketing qui fait passer d'une économie de nécessité à une économie du superflu, il faut revenir aux besoins humains essentiels. Il n'y a donc que dans le travail qui répond à des vrais besoins et qui a un sens que la libération de l'Homme semble possible.

Réponse

En fin de compte, le travail ne s'oppose pas à la liberté, et il est véritablement possible de se libérer en travaillant. Cependant, cette libération ne découle pas logiquement du travail lui-même mais d'une certaine organisation et d'une certaine visée que l'Homme lui donne.

Ouverture

En travaillant, l'Homme découvre en lui et parmi ses semblables une liberté qu'il n'aurait jamais pu conquérir dans le repos ou la consommation. Car si le travail implique toujours un effort, l'émancipation individuelle ou collective n'est ni gratuite, ni donnée.

IV Éviter le hors-sujet

Un sujet connexe serait « le travail est indispensable au bonheur de l'Homme », citation extraite des *Revenants* d'Alexandre Dumas fils. Les deux sujets se ressemblent car le sens commun associe souvent le bonheur à la liberté. En effet, on voit mal quelqu'un d'émancipé dire qu'il n'est pas heureux, et quelqu'un d'heureux dire qu'il ne se sent pas libre. D'un point de vue plus pratique, il est aussi admis que sans s'identifier au bonheur ou à la liberté, l'argent que l'on peut gagner par son travail en est au moins une condition presque nécessaire. Les fruits du travail semblent être indispensables au bonheur et à la liberté. Enfin, les deux sujets se rejoignent car ils visent à remettre en cause une opposition que l'on fait tous intuitivement entre travail et bonheur d'un côté et entre travail et liberté de l'autre. Autrement dit, on pourrait penser que les deux sujets sont les mêmes dans la mesure où le travail s'opposerait à la liberté comme il s'oppose au bonheur. Cependant, il ne faut pas prendre un sujet pour l'autre pour deux raisons. D'abord l'émancipation ne s'identifie pas au bonheur. En effet, il y a dans l'émancipation l'idée de sortir de sa zone de confort, de prendre conscience d'une réalité parfois douloureuse, bref, il y a l'idée d'un travail sur soi et donc d'un effort. Par ailleurs, la citation de Dumas insiste davantage sur la portée ou le résultat du travail, le bonheur, alors que notre sujet interroge le processus lui-même.

[16] livre IV, 122–154

Notions abordées : travail, liberté, aliénation, nature

Sujet 7

« **Le Maître force l'Esclave à travailler. Et en travaillant, l'Esclave devient maître de la Nature. Or, il n'est devenu l'Esclave du Maître que parce que – au prime abord – il était esclave de la Nature, en se solidarisant avec elle et en se subordonnant à ses lois par l'acceptation de l'instinct de conservation**. En devenant par le travail maître de la Nature, l'Esclave se libère donc de sa propre nature, de son propre instinct qui le liait à la Nature et qui faisait de lui l'Esclave du Maître. En libérant l'Esclave de la Nature, le travail le libère donc aussi de lui-même, de sa nature d'Esclave : il le libère du Maître. Dans le Monde naturel, donné, brut, l'Esclave est esclave du Maître. Dans le Monde technique, transformé par son travail, il règne – ou, du moins, régnera un jour – en Maître absolu. Et cette Maîtrise qui naît du travail, de la transformation progressive du Monde donné et de l'homme donné dans ce Monde, sera tout autre chose que la Maîtrise "immédiate" du Maître. L'avenir et l'Histoire appartiennent donc non pas au Maître guerrier, qui ou bien meurt ou bien se maintient indéfiniment dans l'identité avec soi-même, mais à l'Esclave travailleur. Celui-ci, en transformant le Monde donné par son travail, transcende le donné et ce qui est déterminé en lui-même par ce donné ; il se dépasse donc, en dépassant aussi le Maître qui est lié au donné qu'il laisse – ne travaillant pas – intact. »

(Alexandre Kojève, *Introduction à la lecture de Hegel*, 1939)

En faisant jouer la formule en gras dans les œuvres du programme, vous direz dans quelle mesure une telle confrontation donne sens à ce propos et éclaire ou renouvelle votre lecture de ces textes. Votre dissertation devra obligatoirement confronter les trois œuvres et y renvoyer avec précision. Elle pourra comprendre deux ou trois parties et sera courte (au maximum 1 800 mots). Cet effort de concision faisant partie des attentes du jury, tout dépassement manifeste sera sanctionné.

Corrigé proposé par François-Xavier Soutet

I Analyse du sujet

1 Analyse des termes du sujet

Le raisonnement présenté par Kojève cherche à expliquer deux choses : d'une part, comment l'Esclave est devenu esclave ; d'autre part, comment l'Esclave sort de sa condition. L'idée que développe Kojève est qu'en comprenant comment l'esclave est devenu ce qu'il est, on comprend aussi comment il parvient à sortir de sa condition, c'est-à-dire à s'affranchir. La réponse est ici très claire : c'est par le travail que l'Esclave sort de sa condition.

La contradiction qui apparaît dès lors est que le travail semble la traduction de la condition d'esclave plutôt que le moyen de sa libération. En effet, l'Esclave est esclave d'un maître et travaille donc pour une volonté autre que la sienne, ce qui est le propre de la soumission. Cependant, en étant attentif à la formulation de l'auteur, on remarque que le travail n'est pas la cause de la condition d'esclave, mais son effet. Si « [l]e Maître force l'Esclave à travailler », cela signifie que l'Esclave est déjà esclave. C'est parce qu'il est esclave qu'il travaille, et non l'inverse.

L'enjeu est donc de comprendre comment l'Esclave est devenu esclave. Kojève donne une réponse claire : « il était esclave de la Nature ». La soumission au maître n'est donc pas première mais seconde par rapport à la soumission à la nature. Le philosophe explique la soumission à la nature par deux processus : la solidarisation et la subordination. On comprend assez bien en quoi se subordonner conduit à la soumission, d'autant plus que l'auteur apporte une précision sur cette subordination en parlant de l'« acceptation de l'instinct de conservation ». La soumission à la nature provient donc du pur instinct de survie. On se soumet parce qu'on veut rester en vie. L'Esclave est donc d'abord esclave de la nature en ce qu'il tient à y survivre, d'où le fait qu'il se solidarise avec elle, c'est-à-dire qu'il ne fait qu'un avec elle ; de même, comme un enfant qui ne veut pas quitter le giron maternel, l'Esclave reste enchaîné à mère Nature. Devenu ainsi esclave, il va devoir travailler pour le Maître.

C'est à partir du travail que l'Esclave sort de sa condition : avec le travail s'opère un renversement dialectique, c'est-à-dire qu'on passe d'une position à une position contraire. « [E]n travaillant, l'Esclave devient maître de la Nature. » On peut comprendre cette phrase de deux manières : la nature est certes d'abord l'environnement, animal et végétal, mais la nature est aussi l'essence, ce que l'on est. Il faut donc tenir compte de ces deux sens de « nature », afin de comprendre comment, d'après Hegel et Kojève, le travail de l'Homme lui permet de dompter un environnement extérieur, mais aussi de se dominer lui-même, et dès lors de progresser. On ne devient maître de la nature qu'en se dominant soi-même et en se dépassant. Se dépasser, progresser pour en fin de compte dominer, doit donc passer par une désolidarisation de la nature et une maîtrise de l'instinct de conservation.

2 Confrontation aux œuvres

Le texte de **Virgile** est manifestement celui le plus en phase avec le sujet, puisqu'il insiste sur le fait que l'Homme se libère de la nature en la dominant et en l'exploitant. Le travail apparaît de fait comme l'activité nécessaire pour survivre et, par la suite, bien vivre, dans une nature où les besoins ne sont pas immédiatement satisfaits. Le travail est indissociable du labeur, puisque l'homme doit se confronter aux caprices et à la résistance de la nature ; l'effort doit donc être constant, et l'homme n'atteint jamais pleinement le repos. Mais c'est justement par cet effort constant et cette énergie déployée que l'Homme progresse et parvient à s'affranchir.

À l'inverse, ***La Condition ouvrière*** semble prendre le contre-pied de la position de Kojève, puisque Weil décrit une organisation industrielle du travail qui semble ôter à l'Homme toute possibilité de progression et de libération. En effet, elle présente les travailleurs comme exploités par les patrons et la logique de rendement que commande le machinisme de l'usine. Si chez elle l'Homme est esclave, c'est moins de la nature que du patronat, de l'argent et de la machine. Cependant, cette domination des travailleurs est moins due au travail qu'à une certaine organisation du travail. L'Homme peut donc encore trouver dans ce dernier une libération, mais à condition que l'on repense son organisation.

Enfin, chez **Vinaver**, le rapport établi entre travail, nature et soumission se révèle dans ce qui est vendu – le papier toilette – et dans la manière par laquelle ce produit est commercialisé – grâce à la publicité et au marketing. Même dans un monde contemporain où l'on pourrait croire que l'Homme a dépassé le stade primitif, il n'en reste pas moins ramené à sa nature animale (défécation) et humaine (le désir permanent que va susciter le marketeur). Ce n'est pas le travailleur mais le consommateur qui est dominé par sa nature désirante, à laquelle le ramène toujours le marketeur.

3 Problématisation

Dans quelle mesure le travail, qui est d'abord l'effet de la condition d'esclave, c'est-à-dire de la soumission, permet-il progressivement à celui-ci de dominer ce à quoi il était soumis, et donc de devenir meilleur que lui ? Bref, comment le travail opère-t-il un renversement dialectique de la soumission à la libération ? Le travail suffit-il en lui-même à opérer ce passage ?

II Plan détaillé

I En travaillant, l'Esclave se libère de la nature et de sa nature en les dominant
1. On travaille pour répondre à des besoins et par l'effort
2. L'effort permet dès lors une domination sur soi et son environnement
3. Ce qui permet alors de dominer les autres

Certes, l'Homme, en travaillant, acquiert bien une maîtrise de la nature, tant par une transformation de l'environnement que par une transformation de soi ; cependant, une certaine organisation du travail peut tout de même l'enfermer dans un état d'esclave.

II Une certaine organisation du travail empêche une véritable libération et peut au contraire conduire à un enfermement de l'Homme
1. Le travailleur demeure soumis à une volonté autre que la sienne
2. Ce qui le conduit à une forme d'aliénation
3. Le travail apparaît comme source d'une régression

Si le travail peut produire une telle aliénation, c'est moins en raison de ce qu'il est en soi que de ce qu'il est devenu dans son organisation, sa structure et sa finalité. Il faut donc repenser le rapport au travail, non pas dans l'optique d'une domination, mais d'une émancipation.

III Dès lors, il faut repenser le travail de sorte qu'il n'y ait plus ni maître ni esclave, mais des individus émancipés, égaux et épanouis
1. Réorganisation du travail
2. Reconnaissance de soi et des autres
3. Pour vivre en accord avec la nature et sa nature

III Dissertation rédigée

Accroche

« OUVRIERS, paysans, nous sommes / Le grand parti des travailleurs, / La terre n'appartient qu'aux hommes, / L'oisif ira loger ailleurs. » Ces paroles de *L'Internationale* soulignent que le travail permet de dominer la terre et d'accéder au genre humain.

Citation et analyse

Elles font ainsi écho à la réflexion présentée par Kojève, qui indique qu'« en travaillant, l'Esclave devient maître de la Nature ». Le travail est défini comme ce par quoi l'Esclave passe de la soumission à la domination. Cette idée semble paradoxale, dans la mesure où le travail est précisément réservé à l'esclave, donc à celui qui est soumis, et qu'il est souvent synonyme de souffrance et de devoir, et semble donc renvoyer à la soumission plutôt qu'à la domination. En revanche, celui qui soumet serait celui qui « force l'Esclave à travailler », non celui qui travaille lui-même. Or, Kojève explique que la soumission de l'Esclave est d'abord celle « [à] la Nature ». Par là, Kojève souligne que l'Homme se soumet aux « lois » de la nature, et notamment à « l'instinct de conservation » : l'Homme cherche d'abord à survivre, et de là découle une soumission à ce qui est plus fort que lui et peut le tuer, c'est-à-dire la nature, puis le maître. De cette soumission découle le travail. Le travail n'est donc pas la cause de l'esclavage, mais son effet. Mais Hegel, selon Kojève, va plus loin, en considérant que le travail est ce qui fait sortir l'Esclave de sa condition. En effet, le travail consiste pour l'Homme à transformer son environnement pour l'adapter à ses besoins, et non à se « solidariser » avec lui. En dominant la nature, l'Esclave devient alors maître non seulement de son environnement, mais aussi de sa nature propre. Il devient maître de lui-même, puisqu'il se fait violence et gère par lui-même ses besoins. En se faisant violence, il progresse, devient mieux que ce qu'il était. Il ne cherche plus à survivre, mais à exister. À l'inverse, le maître qui le forçait à travailler est, lui, dépendant de l'Esclave qui œuvre pour lui.

Dans quelle mesure le travail, qui est d'abord l'effet de la condition d'esclave, c'est-à-dire de la soumission, permet-il progressivement à celui-ci de dominer ce à quoi il était soumis, et donc de devenir meilleur que lui ? Bref, comment le travail opère-t-il un renversement dialectique de la soumission à la libération ? Pbmatique

Nous verrons que l'Esclave se libère de la nature en travaillant, puis que c'est moins le travail que l'organisation du travail qui peut aliéner le travailleur. Ainsi, nous montrerons qu'il faut repenser le travail de sorte qu'il n'y ait plus ni maître ni esclave. Plan

≈ 442 mots

C'est en travaillant que l'Homme parvient à maîtriser la nature qui l'environne. En effet, la nature ne donne pas spontanément ses fruits, et l'Homme est ainsi obligé de lutter contre son environnement pour ne pas se laisser dominer par lui. Il est ainsi forcé à travailler, car la nécessité l'impose, comme l'explique par métaphore Virgile : « si par hasard ses bras se relâchent, l'esquif saisi par le courant l'entraîne à la dérive[1] ». Le travail est une obligation originaire pour affronter les contraintes naturelles. En outre, en travaillant, l'Homme gagne en indépendance intellectuelle, comme Weil l'explique en disant que l'usine lui a permis de s'échapper d'un « monde d'abstraction » pour se retrouver parmi des « hommes réels[2] ».

Ainsi, l'Homme progresse. Dans l'agriculture, Virgile relie le travail sur l'environnement et le travail sur soi. Lorsqu'il écrit que « [t]ous les obstacles furent vaincus par un travail acharné »[3], il veut dire que le paysan a dû se dominer lui-même par l'effort pour dominer la nature. Il apparaît alors comme vainqueur de la nature qu'il a su affronter et de sa nature qu'il a réussi à dépasser. Ainsi, Vinaver décrit l'homme comme « mélange de désirs et de craintes qu'il projette dans les objets il va les trouver dans la nature la lune le serpent un rocher[4] ». La nature devient transformable tant par un effort physique que par un effort imaginatif, et soumise à la volonté humaine.

[1] livre I, vers 187–220 [2] p. 68 [3] livre I, vers 123–156 [4] troisième mouvement

Cette domination de la nature permet à l'Homme de dominer les autres. On ne conquiert plus seulement un espace, mais on prend l'ascendant sur autrui. C'est ainsi que Vinaver décrit le marketeur, qui domine le consommateur en créant chez lui un besoin dont il n'avait même pas idée. De même, cette idée d'une domination du travailleur sur le consommateur est soulignée par Weil, qui décrit ces derniers comme des « parasites ». Elle dresse une distinction entre ceux-ci et les « travailleurs et créateurs, qui seuls sont des hommes[5] ». Le travail crée donc une hiérarchie entre l'Homme et la nature, mais aussi au sein du genre humain.

≈ 354 mots

Certes, l'Homme, en travaillant, acquiert bien une maîtrise de la nature, tant par une transformation de l'environnement que par une transformation de soi ; cependant, une certaine organisation du travail peut tout de même l'enfermer dans un état d'esclave.

≈ 39 mots

LORSQUE l'Homme travaille, il ne travaille pas seulement pour ou par lui-même, mais toujours pour et par quelqu'un d'autre. Ainsi, Virgile souligne à plusieurs reprises que le paysan est toujours soumis à la volonté et au caprice de la nature. Il faut en effet suivre le rythme des saisons et les caprices de la terre rendant ainsi le travail répétitif : « Le travail des laboureurs revient toujours en un cercle[6] ». Le travailleur doit toujours obéir à une volonté autre que la sienne, ainsi que le souligne Weil : « On est une chose livrée à la volonté d'autrui.[7] » Selon elle, l'ouvrier est soumis à la fois au rythme de la machine, qui intensifie l'effort, mais aussi au bon vouloir du patron, qui exploite au maximum la force ouvrière pour accroître son profit.

Cette obéissance conduit alors à un enfermement dans le travail dont découle l'aliénation de l'Homme. Le travailleur ne pense plus qu'à son travail, comme si rien d'extérieur à cette activité ne pouvait l'intéresser. Quand Passemar évoque l'augmentation du taux de mortalité « au moment du départ à la retraite[8] », il explique qu'on ne trouve de sens et de conscience que dans sa profession. Le travailleur n'est plus pleinement lui-même, il n'est plus que son métier. Mais l'aliénation va jusqu'à empêcher l'Homme de penser à son propre travail. Ainsi, Weil parle de « cette absence de pensée indispensable aux esclaves de la machine moderne[9] ». Pour être productif, il ne faut plus réfléchir, mais exécuter des tâches mécaniquement.

L'aliénation pervertit donc le travail, dans lequel l'Homme ne trouve plus de sens, mais plutôt un désespoir : « Que leur servent leur labeur et leurs bienfaits[10] ? » Si l'effort est toujours à fournir, il n'est pas toujours

[5] p. 68 [6] livre II, vers 379–413 [7] « La vie et la grève des ouvrières métallos », p. 273 [8] cinquième mouvement [9] Lettre à Nicolas Lazarévitch, p. 63 [10] *Géorgiques*, livre III, vers 515–550

payant, et la nature ou l'entreprise semble toujours prendre le dessus sur le travailleur, qui peut bien finir par désespérer des bienfaits du travail. En travaillant, l'Homme ne progresse plus, mais régresse, est ramené aux besoins primaires qu'il était pourtant censé dépasser. Ainsi, Vinaver souligne cette dynamique sans fin du travailleur qui est toujours réduit ou ramené à des besoins primaires : « manger, travailler, dormir »[11]. ≈ 384 mots

Si le travail peut produire une telle aliénation, c'est moins en raison de ce qu'il est en soi que de ce qu'il est devenu dans son organisation, sa structure et sa finalité. Il faut donc repenser le rapport au travail, non pas dans l'optique d'une domination, mais d'une émancipation. ≈ 49 mots

Il faut passer d'une optique de domination de l'Homme par l'Homme à celle d'une émancipation du genre humain. Ainsi, Weil écrit que « l'organisation du travail doit réaliser la combinaison de l'ordre et de la liberté[12] ». Il ne s'agit pas d'abandonner le travail, mais de le repenser afin que l'Homme domine son environnement qu'il transforme, mais encore qu'il ne soit pas soumis à la volonté d'autrui. Cette organisation doit permettre au travailleur de trouver un sens à ce qu'il fait et d'être satisfait de sa tâche. C'est ainsi que Virgile décrit le travail des abeilles qui, « [t]ransportées alors de je ne sais quelle douceur de vivre, [...] composent un miel consistant.[13] » Il faut convertir le labeur en plaisir qui produit une satisfaction dans le travail et lui donne un sens.

Dans une réorganisation du travail, l'Homme transforme son rapport aux autres travailleurs, qui ne sont plus des maîtres ou des rivaux, mais des égaux. Cet idéal d'égalité est défendu par Weil, qui considère que le travail doit permettre de « fraterniser avec ses semblables sur un pied d'égalité[14] ». Les travailleurs deviennent ainsi comme des frères, ce qui modifie la communauté de travail. On passe d'une organisation professionnelle et froide à une organisation familiale et chaleureuse du travail. Ainsi, dans *Par-dessus bord*, Dehaze décrit la réunion de l'entreprise comme familiale, puisque « ceux qui travaillent quarante heures par semaine ensemble forment une authentique communauté[15] ».

Ce nouveau rapport aux travailleurs, qui ne sont plus des esclaves, mais des hommes libres, leur permet de trouver dans le travail le sens de leur vie. Ainsi, Virgile décrit la satisfaction du laboureur qui « s'égalait, dans son âme, aux rois[16] ». On ne travaille pas pour un salaire ou pour surpasser les autres, mais pour une satisfaction de soi-même. Cette satisfaction de soi permet à l'Homme de trouver une certaine authenticité dans son activité et dans les efforts qu'il fournit. Vinaver donne ironiquement

[11] deuxième mouvement [12] Lettre à Jacques Laffite, p. 257 [13] livre IV, vers 56–58
[14] Lettre à Jacques Laffite, p. 257 [15] premier mouvement [16] livre IV, vers 122–154

la marche à suivre. Il ne s'agit pas de défendre une économie du superflu au profit d'une économie de nécessité, mais de l'inverse ; l'Homme doit revenir, en travaillant, à ce qui est essentiel pour lui. Il s'émancipe alors
≈ 393 mots des faux besoins par lesquels la société consumériste essaie de l'asservir.

Réponse EN FIN de compte, le travail semble bien permettre à l'Esclave de sortir de sa condition et de gagner en maîtrise sur la nature qui l'environne par une forme de dépassement de soi. Devenu meilleur, il domine alors le maître, c'est-à-dire l'oisif. Cependant, cette émancipation de l'Esclave n'est pas donnée par le seul labeur ou effort, elle doit toujours, pour être effective, s'accompagner d'une véritable réorganisation du travail.

Ouverture Il ne faut donc pas substituer une domination à l'autre, mais faire du travail le moyen par lequel l'Homme peut faire de la nature un « chez-soi » et des travailleurs des égaux. Au fond, c'est toute une philosophie qui se
≈ 110 mots déploie. (Total : 1771 mots)

IV Éviter le hors-sujet

Nombreux seront les sujets à comparer le travailleur à l'esclave, ce que Simone Weil fait également. Il faudra alors être vigilant sur la manière dont l'esclavage sert la métaphore de l'auteur et ce que dit en effet cette métaphore. Ainsi, la citation d'Hannah Arendt, « [Pour] les Anciens [...] travailler, c'était l'asservissement à la nécessité, et cet asservissement était inhérent aux conditions de la vie humaine. Les hommes étant soumis aux nécessités de la vie ne pouvaient se libérer qu'en dominant ceux qu'ils soumettaient de force à la nécessité. La dégradation de l'esclave était un coup du sort, un sort pire que la mort, car il provoquait une métamorphose qui changeait l'homme en un être proche des animaux domestiques », est en un sens très proche du propos de Kojève, puisqu'elle souligne l'idée que le travail est d'abord le signe d'une soumission de l'Homme à la nécessité et à la nature. Cependant, elle insiste davantage sur la dimension dégradante du travail que sur le renversement dialectique qu'il permet d'opérer, de la soumission à la domination. La phrase centrale de la citation de Kojève est celle qui explicite ce renversement. Arendt, quant à elle, insiste davantage sur ce en quoi consiste l'esclavage que sur la manière dont l'Homme parvient à s'en sortir.

Notions abordées : sécurité, religion, guerre, risque, justice

Sujet 8
« Ainsi une société où l'on travaille dur en permanence aura davantage de sécurité : et l'on adore aujourd'hui la sécurité comme la divinité suprême. »   Cette citation de Nietzsche (*Aurore*, 1881, § 173) correspond-elle à votre lecture des ouvrages au programme ?

Corrigé proposé par Matthieu Bennet

I Analyse du sujet

1 Analyse des termes du sujet

Cette phrase est composée de deux propositions juxtaposées sans lien logique explicite. Il faudra donc discuter les deux thèses, mais aussi réfléchir à leur relation, laissée dans l'implicite par Nietzsche.

La première établit un lien de causalité entre travail et sécurité. Ce n'est pas n'importe quel travail qui favoriserait la sécurité, mais le travail intense (« dur ») et continuel (« en permanence »). Quels effets auraient ces deux paramètres sur la sécurité, sur l'absence de risques et le sentiment qui s'ensuit ? L'idée pourrait déjà étonner, car travailler dur et en permanence pourrait exposer le travailleur à des risques. Il faudra donc envisager le travail à travers ses effets secondaires, systémiques et inconscients, de même qu'il faudra réfléchir à la sécurité dont il est question : celle des travailleurs, des personnes pour qui ils travaillent, ou celle de la société en général ?

La seconde proposition prétend constater que la sécurité est, à l'époque de son écriture, la « divinité suprême. » Il est probable que Nietzsche entend par là que la sécurité serait la plus importante des valeurs. Fondé ou non, ce constat nous pousse à réfléchir au jugement de valeur porté sur la sécurité et sur la hiérarchie des valeurs qui structure les sociétés. En effet, par transitivité, si un certain travail permet d'atteindre la sécurité divinisée, alors le travail lui-même pourrait recevoir un peu de cette nature divine. Le travail a-t-il cette place à notre époque, et si oui, est-ce pour les mêmes raisons que celle suggérée par Nietzsche ?

Il faudra ensuite s'interroger sur le sens de cette juxtaposition. Que faut-il penser de ce culte de la sécurité fondant un culte du travail ? Le mot « aujourd'hui » implique qu'il n'a pas toujours existé. L'expression, distante, pousse à se demander s'il est quelque chose de bon, de positif. L'auteur, parlant de son époque, ne dit d'ailleurs pas qu'il est d'accord avec elle. Bien sûr, personne ne mettrait a priori la sécurité et le travail au rang des choses détestables. Mais Nietzsche nous invite à envisager au moins la possibilité que nous ayons tort. Ce ne serait pas la première fois que Nietzsche s'opposerait à l'esprit de son époque.

2 Confrontation aux œuvres

Virgile fait l'éloge du monde des campagnes où un travail continuel et harassant est nécessaire pour que toute la société puisse manger et se vêtir. C'est la sécurité élémentaire, celle de la survie, qui est en jeu dans un travail si dur qu'il est parfois présenté comme une guerre[1] contre une nature peu docile. Le travail du cultivateur inculque une morale qui est le fondement d'une vie simple et bonne mais menacée par les guerres et les injustices de ceux qui ont perdu le contact avec ce travail essentiel.

Chez **Vinaver**, la vie d'une entreprise industrielle et commerciale est présentée comme une aventure ambiguë. Une certaine insécurité est la clé du succès : les hommes sont mis en concurrence et évincés s'ils déçoivent. Cette insécurité vaut aussi entre entreprises et un parallèle ironique est fait entre le monde économique et des scènes mythologiques guerrières. La dureté de ce modèle n'empêche pas qu'il soit apprécié par certains. Benoît, devenu le patron, se moque du désir de sécurité de Passemar[2]. La pièce met en lumière un état d'esprit d'une époque où le travail est valorisé pour la raison inverse de celle mise en avant par Nietzsche.

Pour **Weil**, le dur labeur ouvrier est en effet un facteur de sécurité, mais il est destructeur. La paix sociale vient de l'épuisement physique et moral qui ôte à l'ouvrier la force et l'envie de protester. L'insécurité de la vie ouvrière est le prix de la sécurité des patrons et de ceux qui ont un travail intéressant. Mais si on parle non seulement des risques mais aussi du sentiment de sécurité, la situation peut s'inverser : l'obsession sécuritaire de ceux qui ont quelque chose à « perdre »[3] contraste avec l'insouciance de ceux qui vivent dans le risque continuel. Cela dit, Weil est loin de glorifier l'insécurité de la vie ouvrière et ne la confondrait pas avec la douce inquiétude liée aux activités où l'humain est face à des questions qui mettent en jeu son intelligence et sa créativité.

3 Problématisation

Le texte repose sur l'affirmation d'une thèse qu'il faudra discuter : le travail intense produit de la sécurité. Mais sa tension profonde provient de la différence entre constater un esprit du temps qui serait à la glorification de la sécurité et du travail, et juger cet esprit. Il faudra donc

[1] livre I, 156–186 [2] quatrième mouvement [3] p. 295

questionner ces valeurs : est-ce plus important que tout d'être en sécurité, et donc, de travailler ? Si la réponse est négative, quelles valeurs faut-il accorder au travail et à la sécurité ? Que vaudrait un travail qui n'apporte pas de sécurité ? C'est à ce que pourrait avoir de bon un travail différent, et une acceptation de l'insécurité, que Nietzsche nous invite à réfléchir, à rebours des idées dominantes.

II Plan détaillé

I Le travail intense est source de satisfaction et de calme
1. Le travail intense satisfait plus de besoins et de désirs
2. Le travail efficace procure une fierté qui apaise les travailleurs
3. Le travail épuisant diminue l'énergie et l'envie de contester l'ordre établi

Mais si la sécurité se paye d'un abaissement physique et moral, sera-t-elle durable ? Et si elle l'était, serait-elle malgré tout moralement acceptable ?

II La sécurité obtenue par le travail intense est fragile et contestable
1. Cette sécurité est fragile et souvent éphémère
2. Cette sécurité repose sur des passions qui risquent de la détruire
3. Cette sécurité est inégalement répartie, injuste et inhumaine

La sécurité de la société a un coût parfois inacceptable. Mais nous en sommes jusqu'ici restés à l'idée que la sécurité serait un bien indiscutable.

III Une certaine inquiétude est préférable à cette sécurité épuisante et un certain travail peut y contribuer
1. Le culte moderne de l'insécurité est autant créateur que destructeur
2. La société a donc tout à gagner à réduire l'insécurité au travail
3. L'insécurité peut être un bien si elle désigne cet état où l'homme affronte un problème avec son intelligence et sa force

III Dissertation rédigée

LA PROMOTION de la « valeur travail » est un poncif des débats politiques contemporains. N. Sarkozy la mettait en avant en 2012 en l'opposant à « l'assistanat » dont auraient été coupables trop de Français. Mais au fond, pourquoi défendre et promouvoir le travail ? Accroche

Dans *Aurore*, Nietzsche explique la glorification du travail par la sécurité qu'il apporte, et qui serait elle-même la « divinité suprême » de son époque. Plus exactement, il relie le travail intense, dur et continu à la Citation et analyse sécurité. Si la sécurité, c'est l'absence de danger, et le sentiment que cette absence crée chez les hommes, il nous faudra commencer par établir si ce lien de causalité est justifié, ou si le travail intense pourrait, au contraire, produire de l'insécurité. De plus, Nietzsche constate en le condamnant que la sécurité est glorifiée. Il faudra bien sûr se demander si ce constat reste valable, mais au-delà, sa remarque nous pousse à interroger notre hiérarchie des valeurs.

Pbmatique Le travail pourrait-il, au contraire, être bon, parce qu'il laisse à l'insécurité une certaine place ?

Plan Nous commencerons par expliquer les mécanismes qui font que le travail apaise la société, pour ensuite montrer que cette sécurité est fragile et moralement contestable. Nous finirons par défendre l'idée qu'une certaine inquiétude, à ne pas confondre avec l'insécurité, est liée à ce que le travail a de meilleur et de libérateur.

Si Nietzsche semble avoir raison, c'est que le travail est une dépense d'énergie pour produire des biens ou des services. En cela, il crée de la sécurité objective (l'absence de danger) et parfois même un sentiment de sécurité qui épargne à la société bien des conflits.

Nietzsche suggère un lien de causalité, et une proportionnalité entre l'intensité du travail et la sécurité. En effet, le travail est l'effort pour transformer la nature et en tirer des avantages pour la société. Si le paysan mérite les louanges de Virgile, c'est parce qu'il « sustente sa patrie »[4] au prix d'un travail si dur qu'il est une « guerre »[5], où les outils sont des « armes »[6]. Sans lui, la société périt. Au-delà des besoins vitaux, l'homme s'habitue si rapidement à des éléments de confort qu'il ne sait plus ensuite s'en priver. Il n'y a rien de glorieux à produire du papier toilette, et une part du comique de la pièce de Vinaver vient du décalage entre l'imaginaire lié à ce produit et le lyrisme de certains discours. Mais nous ne pouvons nous passer de ce papier, et nous sommes bien contents que des ingénieurs essaient de le rendre le plus doux possible. Le travail intense satisfait d'autant plus de besoins et de désirs, ce qui nous apaise.

À cette sécurité matérielle s'ajoutent des sentiments qui, eux aussi, apaisent les relations sociales. Weil est une critique farouche de l'organisation moderne du travail. Mais elle sait, pour l'avoir vécu, qu'il y aussi du bon lorsque le travail est bien organisé. Le travail qualifié et collectif par exemple, fait que « l'usine pourrait combler l'âme »[7], parce qu'« on se sent indispensable » et fier de ce qu'on a créé. Le sentiment du travail bien fait, nous dit Virgile, procure au cultivateur un « repos assuré »[8] qui

---

[4] II, 512–542 [5] I, 123–156 [6] I, 156–186 [7] p. 329 [8] II, 446–479 : *secura quies*

nourrit sa moralité. C'est chez ces cultivateurs que le poète voit « qu'en quittant les terres la Justice laissa la trace de ses derniers pas. »[9] Avec de telles dispositions d'esprit, les sources de conflits diminuent.

Ces facteurs semblent bons en eux-mêmes et par leurs effets. Mais Weil attire notre attention sur ce que coûte la sécurité aux ouvriers non qualifiés. La philosophe a vécu elle-même cet épuisement physique et moral lié à la répétition incessante des mêmes tâches. Pour supporter cela, il faut s'absorber dans le travail, devenir presque inconscient, au point qu'une fois fini, il est difficile de retrouver de l'énergie. Ainsi ce mode de vie, dit-elle dans sa correspondance avec Victor Bernard, « engendre non une tendance à la révolte mais une tendance presque irrésistible à la plus complète soumission. »[10] L'énergie et l'habitude de se plaindre disparaissent. Il ne faut donc pas prendre l'absence de contestation profonde chez Ravoire et Dehaze pour une absence de souffrance. Le travail abrutissant produit de la sécurité, mais cette dernière est selon Weil « une docilité de bête de somme résignée. »[11]

Mais si la sécurité se paye d'un abaissement physique et moral, sera-t-elle durable ? Et si elle l'était, serait-elle malgré tout moralement acceptable ?

En réalité, cette sécurité est assez fragile, et certainement inacceptable.

Pourquoi Nietzsche insiste-t-il sur le fait qu'il faut travailler en permanence ? Peut-être parce que la sécurité n'est jamais définitivement acquise. Virgile nous montre que la nature ne donne, qu'à condition d'un long travail qui peut être réduit à néant par une simple « maladie de l'air »[12] ou par les guerres. Cette dureté inspire sans doute cette conviction antique selon laquelle « c'est une loi du destin que tout périclite et aille rétrogradant »[13]. On retrouve cette idée dans *Par-dessus bord*, où aucune réussite commerciale n'est la fin des ennuis. Une fois l'entreprise sauvée, et même avant, Jenny et Benoît partent fonder une nouvelle affaire. Le calme offert par le travail est précaire.

Cette fragilité de la sécurité peut s'expliquer aussi par le fait qu'elle n'est pas le fruit d'un effort volontaire, mais un effet secondaire. Reprenons l'exemple précédent. Benoît sait que ce qui l'anime, c'est « la méchanceté »[14]. Lui qui, avec l'argent gagné, aurait pu se mettre à l'abri, va à nouveau tenter l'aventure. Sa situation est pourtant plus enviable que celle des ouvrières que Weil a côtoyées. Loin d'être unies par une solidarité dont elles auraient bien besoin, la pauvreté les divise et instaure de la

[9] II, 446–479 [10] p. 223 [11] p. 59 [12] III, 449–482 [13] I, 187–220 [14] troisième mouvement

« jalousie » et de la « concurrence » entre elles[15]. C'est l'adversité qui fait tourner ce monde du travail moderne, comme Young l'explique à Benoît en lui disant qu'il préfère avoir « le contrôle de deux affaires bien menées se battant l'une contre l'autre et se battant l'une et l'autre contre tous les autres sur le marché »[16].

Il faut donc distinguer la sécurité relative de la société, déjà fragile, et l'insécurité qui pèse sur ceux qui ont le travail le moins enrichissant. La première masque aux yeux de ceux qui en bénéficient la réalité de la seconde. Weil rapporte une discussion édifiante entre deux patrons[17]. Ils sont prêts à arrêter leur usine, à se mettre en grève, car ils n'auraient « plus rien à perdre ». Weil s'amuse de ces patrons inquiets pour la sécurité de leur patrimoine et qui prennent alors « le vocabulaire et l'attitude révolutionnaire. » Les voilà en train de justifier l'usage du chantage et de la force qu'ils reprochent aux ouvriers grévistes. Il faut donc se méfier de la promesse de sécurité par le travail. On a ainsi pu interpréter le livre IV des *Géorgiques*, sur les abeilles, comme un message à l'attention du peuple romain. Les abeilles s'affairent autour de leur roi, prêtes à travailler jusqu'à la mort, sans se plaindre ni se révolter. Il se pourrait que cette image invite les Romains à se mettre au service d'Auguste qui pourtant détruisait alors la République. La sécurité des uns est souvent l'insécurité des autres.

La sécurité de la société a un coût parfois inacceptable. Mais nous en sommes jusqu'ici restés à l'idée que la sécurité serait un bien indiscutable.

N'Y A-T-IL rien de bon dans une certaine insécurité ? C'est clairement la leçon du texte de Nietzsche, qui fait souvent l'éloge de l'esprit d'aventure, de la légèreté qu'il oppose à la sécurité.

Le monde du travail d'aujourd'hui ne fait pas écho à ce que dit Nietzsche. La pièce de Vinaver montre au contraire l'entreprise d'autrefois, celle d'Olivier, emportée par la fougue d'un Benoît dont la méchanceté est pour les banquiers une vertu[18]. Ce même Benoît dénigre Passemar et sa mentalité de « fonctionnaire » qui le fait « souhaiter une certaine sécurité »[19]. L'esprit du temps valorise plutôt la prise de risque, et infuse même les ouvriers de 1936 qui se mettent en grève. Ils ont peu à perdre, beaucoup à gagner et pourtant ils profitent de l'aventure sans trop de calculs : « on est heureux de faire sentir aux chefs qu'ils ne sont pas les plus forts »[20]. Ils abandonnent toute prudence : « L'idée de négocier avec

[15] p. 54 [16] cinquième mouvement [17] p. 291–295 [18] troisième mouvement [19] quatrième mouvement [20] p. 277

les patrons, d'obtenir des compromis, ne vient à personne. »[21] Faut-il y voir l'effet d'un culte de l'insécurité qui l'aurait emporté sur les anciennes valeurs ?

Il nous semble donc qu'avant de vanter l'esprit d'aventure, l'humanité commande de réduire au minimum l'insécurité qui règne dans certaines formes d'organisation du travail. Benoît, qui réorganise l'entreprise, n'a de cesse de vanter l'esprit d'entreprise et la prise de risque[22]. Mais l'homme aime-t-il vraiment le risque pour le risque ? Benoît ne part pas à l'aventure sans s'être assuré d'avoir les fonds[23]. Les rudes paysans de Virgile ne se donnent pas du travail pour le travail : au contraire, ils mettent tous les atouts de leur côté. Ils utilisent les outils, les perfectionnent. Virgile lui-même participe à faciliter le travail en diffusant le savoir agronomique. Et au cas où, on ne néglige pas de prier et de faire des sacrifices[24].

Assurer une sécurité minimale est la condition pour que l'on puisse ensuite laisser sa place à l'incertain et à une forme féconde d'inquiétude. Nietzsche s'offusque de ces hommes qui veulent des garanties parce qu'il met plus haut que tout la créativité face à l'adversité. Mais encore faut-il que cette créativité soit sollicitée. Le changement que Weil appelle de ses vœux n'est pas la fin du travail, mais au contraire, la disparition du travail abrutissant où l'on répète un geste à l'infini pour gagner à peine de quoi se nourrir et se loger. Elle valorise l'organisation qui ferait dialoguer l'ouvrier et l'ingénieur, et l'idéal serait que chacun soit un peu les deux, pour avoir l'occasion de défier collectivement la nature et en dompter les forces. Si le cultivateur chanté par Virgile peut nous faire rêver, ce n'est pas parce qu'il travaille douze heures par jour mais parce qu'il nous semble « heureux qui a pu connaître les causes des choses et qui a mis sous ses pieds toutes les craintes et l'inexorable destin »[25]. L'inquiétude, en latin, c'est le fait de se poser des questions et en effet, seule une certaine inquiétude pousse l'homme à apprendre et à s'améliorer jour après jour.

NIETZSCHE nous pousse à revoir la hiérarchie de nos valeurs. La sécurité ne fait pas tout dans la vie, et on peut penser à l'image de la cage dorée où l'on a tout ce que l'on désire, et où on perd pourtant cette liberté qui donne son goût à tout le reste. En ce sens, on peut suivre Nietzsche pour dénoncer le travail quand il est abrutissant. S'il amène une sécurité, elle reste fragile, et son coût est inacceptable. De plus, ce type de travail tue la créativité qui fait la grandeur humaine. Réponse

[21] p. 277 [22] par exemple, tirade du quatrième mouvement [23] troisième et sixième mouvement [24] livre I [25] II, 479–512

Ouverture

Or, il nous semble que l'esprit du temps est l'inverse de celui que Nietzsche critique, et que notre « divinité suprême » est la prise de risque, le défi. Est-ce une bonne nouvelle ? Il ne faut pas aller jusqu'à faire de l'insécurité, de l'incertain, une idole. Ce dont ont besoin les travailleurs, ce n'est pas de s'épuiser en se faisant concurrence. Ce n'est pas non plus de ne plus travailler, et tel n'était pas le sens de la remarque de Nietzsche. C'est plutôt de réduire au minimum ce que le travail a d'appauvrissant. L'apparente sécurité qui vient de l'épuisement est peut-être plus douce et prévisible que la contestation qui pourrait naître de travailleurs à l'esprit affûté par un travail exigeant. Mais elle a moins de valeur humaine et de beauté. Lorsqu'il finissait *Aurore*, le professeur Nietzsche voyageait en Italie, bénéficiant d'une pension parce qu'il était malade. On ne peut que souhaiter à chacun d'avoir la garantie d'un confort et d'une sécurité minimaux, d'un travail non harassant, pour pouvoir librement donner le meilleur de lui-même.

IV Éviter le hors-sujet

« Le travail n'est pas qu'un gagne-pain, c'est aussi l'une des composantes essentielles de la paix intérieure » nous disent Al Gini et Terry Sullivan dans « Work : The Process and the Person » publié dans le *Journal of Business Ethics* en 1987.

Ce sujet pourrait sembler proche du nôtre, mais il s'en éloigne totalement, et montre en retour ce qui est difficile dans la phrase de Nietzsche. Ce qui pourrait les rapprocher est le lien qui est fait entre le travail et deux états positivement connotés et proches : la « sécurité » chez Nietzsche, la « paix intérieure » chez Gini et Sullivan. Il faudrait donc ici comme avec Nietzsche passer un certain temps à discuter la réalité de ce lien.

Mais ce qui est suggéré chez Nietzsche et ne l'est pas chez Gini et Sullivan, c'est la distance prise avec la valeur positive de la sécurité. Les universitaires prennent pour acquis qu'il est bon d'être en paix, alors que le philosophe qu'est Nietzsche s'est toujours demandé ce qui fait la valeur de nos valeurs, pour mieux les remettre en question.

Pour éviter le hors-sujet, il faudra donc toujours vous demander si le sujet repose sur un jugement de valeur implicite, et s'il est bon de procéder à sa discussion ou non. Certains sujets y invitent directement. Dans les autres cas, il est souvent utile de réserver pour une troisième et dernière partie la remise en cause de ce jugement de valeur. Ici, il serait bon de se demander, en troisième partie, si la paix intérieure est forcément un bien, même si ce n'est clairement pas le sujet de ces chercheurs.

Notions abordées : travailleur, profit, capitalisme, instrumentalisation

Sujet 9
« Le travailleur qu'on l'approuve ou non, Ne peut plus être ignoré dans le monde D'aujourd'hui. Ne serait-ce que comme client. J'ai toujours souligné que le travail honnête Ne déshonore pas, mais construit et génère du profit. Et à ce titre est nécessaire. Individuellement, le travailleur A mon entière sympathie. Mais ensuite Quand il s'attroupe et prétend Mettre son grain de sel là où il ne comprend rien À savoir comment on dégage du profit et ainsi de suite Je dis : arrête, frère, ça ne marche pas comme ça. Tu es un travailleur, donc tu travailles. Si tu me fais une grève et ne travailles plus, alors Tu n'es plus un travailleur, mais Un sujet dangereux et j'interviens. » Vous commenterez et discuterez ce discours du dictateur en herbe, Arturo Ui, aux marchands de légumes (Bertolt Brecht, *La Résistible Ascension d'Arturo Ui*, 1941), en vous appuyant sur des exemples précis empruntés aux œuvres du programme.

Corrigé proposé par Éléonore Brouillaud

I Analyse du sujet

1 Analyse des termes du sujet

Face aux marchands de légumes qu'il entend amadouer, Arturo Ui tient un discours dont l'allure démonstrative prétend légitimer un capitalisme sauvage. Sous couvert d'une valorisation morale traditionnelle du travail manuel (« honnête », qui « ne déshonore pas »), le travailleur industriel est sommé de devenir le pur instrument d'un profit matériel qu'il « construit et génère » aux dépens de son humanité. D'où le regard ambivalent que Ui porte sur lui : considéré « individuellement » comme force économique « nécessaire » par le produit de son travail et sa consommation comme « client », le travailleur suscite une hypocrite « sympathie » paternaliste. Mais il devient « dangereux » dès qu'il se fait « sujet » revendicateur. À la « grève » collective, annoncée par la métaphore guerrière

« quand il s'attroupe », répond une politique de répression : « J'interviens ». Si les travailleurs devenaient partie prenante de la façon dont « on dégage du profit et ainsi de suite » (expression vague qui évite habilement à Ui d'aborder réellement la question), la frontière qui sépare patrons et ouvriers se trouverait en effet redéfinie.

Les déclarations de Ui, brutales et inconsistantes, dévoilent la perversité du système qu'il défend. Dire que le travailleur « ne comprend rien » à la production relève ainsi de la stratégie tayloriste qui consiste à le déposséder de toute emprise réelle sur son travail au nom de l'efficacité. C'est un pur rapport de force que pose avec une violence impérative : « Je dis arrête, frère, ça ne marche pas comme ça ». Enfin la tautologie « tu es un travailleur donc tu travailles » opère la réduction conjointe de l'humanité du travailleur et du sens du travail à une course à la productivité.

2 Confrontation aux œuvres

Loin de l'âge industriel, les travailleurs des ***Géorgiques*** sont des paysans non salariés qui tirent profit de leur travail par une collaboration attentive avec la nature et grâce au bon vouloir des dieux.

Les écrits de **Simone Weil** sur la condition ouvrière décrivent « la subordination » du travailleur, traité comme un « esclave » productif auquel on retire toute maîtrise proprement humaine sur son travail. D'où la révolte dès que l'étau se desserre. Pour y remédier, il faut instaurer une « collaboration effective » entre ouvriers et patrons (lettres à Victor Bernard), mais surtout la possibilité pour le travailleur d'exercer sa faculté d'« attention » dans son travail qui constitue la « condition première d[e tout] travail non servile ».

Dans ***Par-dessus bord***, la concurrence outre-Atlantique conduit à l'américanisation de l'entreprise et renforce sa visée unique : le profit. Le patron embauche, renvoie, impose de nouveaux rôles à ses salariés. Tous les personnages se laissent soumettre dans leur travail à un « esprit de coopération »[1] avec les lois du marché capitaliste qui fait ravage sous sa bannière à la tendre dénomination : le « Softies ».

3 Problématisation

Le texte de Brecht et les échos qu'il trouve dans les œuvres au programme font apparaître une tension entre la visée du profit et son usage d'une part et l'instrumentalisation du travailleur à son service d'autre part. Le profit fixé comme but du travail et la prise en compte de l'humanité du travailleur peuvent-ils s'accorder ?

[1] premier mouvement

II Plan détaillé

I Le profit à tout prix, aux dépens du travailleur
1. Le profit fixé comme but du travail
2. L'instrumentalisation et l'aliénation du travailleur
3. Revendications et répression des travailleurs

Le profit fixé comme but du travail à tout prix fait du travailleur un esclave sous domination. Mais dans un tel système, c'est même l'ensemble des institutions liées au travail qui risque de dégénérer.

II Le profit aliénant d'un travailleur instrumentalisé
1. La servitude créée par la structure même du capitalisme industriel
2. L'aliénation d'une société qui repose sur la course au profit
3. La dynamique de recherche du profit en connivence avec la guerre

Il faut alors envisager une refondation du travail dont le profit soit véritablement profitable à une société de travailleurs.

III Refonder le travail comme source de profit pour les travailleurs eux-mêmes
1. Refonder l'économie du travail : faire du profit le corrélat du besoin
2. Redonner au travailleur une maîtrise sur son travail
3. Les conditions d'un profit inhérent au travail même

III Dissertation rédigée

« TRAVAIL mauvais [...] qui donne / Une âme à la machine et la retire à l'homme » s'insurge Victor Hugo dans son poème *Melancholia*, dénonçant dès 1838 la condition de l'ouvrier d'usine. Accroche

Dans sa pièce de 1941, *La Résistible Ascension d'Arturo Ui*, Brecht fait entendre la voix des patrons d'un capitalisme sauvage à travers son protagoniste qui déclare « le travailleur [...] nécessaire » par son « travail honnête » et aussi comme « client », pour « construi[re] et génére[r] du profit » au sein d'un système économique fondé sur une course à la productivité dont il est sommé d'être le docile instrument. Au nom de l'efficacité, les méthodes tayloristes d'organisation du travail industriel veulent en effet que le travailleur « ne compren[ne] rien » à la façon dont « on dégage du profit et ainsi de suite » qui reste l'apanage des chefs. Si le travailleur dépossédé de toute emprise réelle sur son travail fait entendre ses revendications humaines par la « grève », il devient un « sujet dangereux », réprimé selon un pur rapport de force. Citation et analyse

Pbmatique Présentant comme morale et naturelle l'instrumentalisation du travailleur au nom du profit, le discours de Ui jette une lumière crue sur l'aliénation des travailleurs et la valeur d'un profit ainsi engendré. Le profit fixé comme but du travail et la prise en compte de l'humanité du travailleur peuvent-ils s'accorder ?

Plan Nous verrons d'abord comment, à l'âge industriel, la visée du profit s'impose au travailleur aux dépens de son humanité. Il faudra alors examiner le caractère aliénant d'un tel système pour l'ensemble de ceux qui y ont part. C'est pourquoi il conviendra d'envisager dans un dernier temps les conditions d'un « travail honnête » dont le profit soit véritable pour une société de travailleurs.

FAIRE du profit un but à tout prix, c'est imposer par la force des conditions de travail aux dépens de l'humanité des travailleurs.

Faire du profit est le but du travail : « pour [le laboureur] point de relâche qu'il n'ait vu l'année regorger de fruits ou accroître son bétail » dit Virgile au chant II des *Géorgiques*. Mais un saut est marqué avec le capitalisme industriel qui a pour règle exclusive la productivité reposant sur le processus de « rationalisation », c'est-à-dire de division de la production en étapes chronométrées, associées à des gestes précis comme l'explique Simone Weil dans sa conférence de 1937. Le travail n'est plus indexé que sur le temps : il s'agit d'aller toujours « plus vite, encore plus vite ! »[2] Vinaver met en scène le monde de l'entreprise dont la logique semble se réduire au profit : les méthodes américaines de « marketing » sont adoptées parce qu'elles stimulent les ventes.

Ainsi le travailleur risque-t-il d'être traité comme le simple instrument du profit. C'est le cas par excellence de l'ouvrier non spécialisé que Weil décrit dans « Expérience de la vie d'usine » comme une « machine qui obéit à la voix »[3]. « L'étau de la subordination »[4] l'aliène de part en part, du pointage aux ordres des chefs, en passant par la cadence trop rapide pour que la pensée accompagne le geste, sans qu'une reposante extinction de la conscience ne soit possible, car l'ouvrier est tenu responsable du moindre incident. Épuisé dans son corps et tué dans son âme, le travailleur reste ainsi en proie à une souffrance refoulée dans l'oubli. Les cultivateurs n'exploitent pas de salariés chez Virgile, mais, pour assurer une meilleure production, ils manipulent habilement et non sans cruauté les mœurs des abeilles, qui leur servent bien d'ouvrières : « livre à la mort » le chef d'une ruche pour faire cesser la guerre avec une autre, conseille ainsi le poète, ou encore : « enlève leurs ailes aux rois » pour interdire les jeux oisifs des « essaims [qui] volent sans but »[5].

[2] « La vie et la grève des ouvrières métallos », p. 267 [3] p. 347 [4] p. 330 [5] livre IV, 88–121

Mais ce n'est que la pression d'un « rapport des forces [...] trop clair »[6] qui peut imposer aux travailleurs leur condition aliénante, comme l'écrit Weil à Victor Bernard. C'est pourquoi la grève éclate dès que ce rapport vacille, bien qu'une politique de répression y réponde le plus souvent : Weil commente auprès d'Auguste Detœuf les velléités d'un « sabotage patronal » prêt à contrecarrer les revendications plutôt que d'entrer dans un dialogue sur les réformes possibles. Si l'entreprise de petite taille, telle « Ravoire et Dehaze », offre moins de prise à un mouvement de contestation collective, Vinaver montre la domination, parfois absolue, du patron vis-à-vis de ses employés : Dutôt est ainsi renvoyé pour avoir suggéré que les « bêtises v[enaient] de plus haut » que lui[7].

Le profit fixé comme but du travail à tout prix fait du travailleur un esclave sous domination. Mais dans un tel système, c'est même l'ensemble des institutions liées au travail qui risque de dégénérer.

FIXER le profit comme but du travail, quitte à instrumentaliser le travailleur, n'a rien de nécessaire et s'avère même aliénant pour tous ceux qui y ont part, qu'ils soient travailleurs ou consommateurs.

Le travail est une servitude inhérente à la condition humaine, puisqu'il n'est plus d'âge d'or où « la terre produisait tout d'elle-même » comme le chante Virgile dans la première Géorgique. Mais les formes sociales qu'il prend peuvent créer une seconde servitude, bien pire, comme l'explique Weil dans « Conditions premières d'un travail non servile ». L'économie capitaliste industrielle, notamment, lie les acteurs dans une concurrence où les plus haut placés se trouvent dépossédés de la capacité à instaurer d'autres règles que celles qui maximisent le profit. Chez Vinaver, le nouveau patron présente le bouleversement de l'entreprise comme inéluctable : « ceux qui n'adopteront pas la cadence, eh bien ils resteront sur le quai, ce n'est pas une menace mais une nécessité »[8].

Une société reposant sur un travail instrumentalisé au nom du profit, paraît alors tout entière larguer « par-dessus bord » sens et valeurs. Ainsi Virgile montrait la folie des hommes qui se livrent au cumul d'un profit extérieur et vain, qu'il soit matériel ou de prestige : « d'autres avec des rames tourmentent les flots aveugles, se ruent contre le fer et pénètrent dans les cours et les palais des rois »[9]. Chez Vinaver, il est dit qu'à l'époque de Dehaze père, la « loyauté » comptait. La nouvelle génération semble en revanche gouvernée par le mantra : « manger, travailler, dormir », que dénonce Margerie à la fin du Deuxième mouvement, et qui réduit les êtres au statut de travailleurs et de consommateurs. Margerie, « américaine

[6] p. 214 [7] deuxième mouvement [8] troisième mouvement [9] livre II, 479–512

arriviste », qu'on s'attendrait à voir adhérer à ces changements, va jusqu'à déclarer au nouveau patron, son mari : « toi tu deviens tous les jours un peu plus manager, un peu plus con », lui reprochant, à l'instar de ses pairs, de cheviller son existence au « business ».

Le travail pensé exclusivement comme profit entre même en connivence avec la guerre. Weil soutient que, d'une part, cette dernière « est pour beaucoup dans le triomphe de la rationalisation »[10] par la productivité qu'elle a impliquée et que, d'autre part, la course au profit comme instrument de toute-puissance est aussi à l'origine de la guerre parmi les nations rivales. L'exploitation des travailleurs risque encore la guerre sociale : l'utopie d'une révolution prolétarienne totalitaire auxquels certains ouvriers s'accrochent dans leur désespoir peut rester longtemps un « opium » ou devenir un danger réel pour la société[11]. Chez Vinaver, la guerre larvée de la concurrence des entreprises de papier toilette décalque le combat des Vanes et des Ases narré par Monsieur Onde. Mais sous couvert d'un *soft power* que souligne le nom de la marque « Softies » – à la suite de l'échec du nationaliste « bleu blanc rouge » – se jouent la mort du père, la guerre de succession des fils et la victoire d'un mode de vie belliqueux, techniciste et jouissif, à l'image de cette réflexion de Passemar : « un homme du marketing aurait dit OK je vais vous la casser votre baraque »[12].

Il faut alors envisager une refondation du travail dont le profit soit véritablement profitable à une société de travailleurs.

En considérant d'abord l'homme dans le travailleur et le consommateur, les conditions d'un « travail honnête », au profit bénéfique, peuvent apparaître.

La première pourrait être de redéfinir le profit comme réponse aux vrais besoins. On voit en effet que la société de consommation mise en scène par Vinaver ne profite à personne, instaurant un cercle vicieux entre le travail et la consommation, tournant à vide grâce à la publicité, qui consiste à « créer le problème en affirmant à notre consommateur qu'il est malheureux et en lui expliquant pourquoi », comme le présente « Jaloux », l'incarnation du triste défaut de convoitise[13]. À l'inverse, l'éloge de Virgile tient à la frugalité de la vie des paysans : « une jeunesse dure aux travaux et habituée à peu, le culte des dieux et le respect des pères »[14]. Modelés sur la nature et ses aléas, leur travail et son profit gardent le sens de la mesure, au fondement d'une vie éthique.

[10] p. 320 [11] « Condition première d'un travail non servile » [12] quatrième mouvement
[13] cinquième mouvement [14] livre II, 446–479

Mais il s'agit également de redonner au travailleur une maîtrise humaine sur son travail. C'est pourquoi Weil évoque la nécessité d'inventions techniques, en particulier de « machines automatiques extrêmement souples »[15], au moyen desquelles la production serait assurée tout en amoindrissant l'aspect machinique du travail ouvrier : le rôle du travailleur serait essentiellement de régler la machine. Weil prône également la restructuration en petites unités où chacun compte de manière individuelle : on voit en effet *a contrario* comment l'engloutissement de la petite entreprise Ravoire et Dehaze dans le trust de Young se solde par une perte de considération des individus au profit des fonctions. Ainsi Lubin qui a officié toute sa vie au poste de « représentant », apprécié pour son aspect humain, est relégué sans pitié à celui, technique, de « magasinier » à l'usine.

Si le travailleur peut compter dans son travail, le travail devient même susceptible d'engendrer un profit inhérent à son exercice. Tout travail qui engage l'application de l'esprit en sollicitant les facultés humaines, si simple et même partiellement répétitif soit-il, rend possible le développement de ce que Weil nomme « l'attention », c'est-à-dire une tension intuitive et discursive vers la source de l'être. Telle est non seulement la « condition première d'un travail non servile », mais encore le fondement de toute réalisation de valeur : « unique source de l'art parfaitement beau, des découvertes scientifiques vraiment lumineuses et neuves, de la philosophie qui va vraiment vers la sagesse, de l'amour du prochain qui rend vraiment secourable »[16]. Dans les *Géorgiques*, le labeur des paysans en est une illustration. Leur qualité première est en effet d'être « vigilant[s] » et leur travail commence par une observation herméneutique de la nature (on note la fréquence du verbe « observer » et ses synonymes) : « qu'on ait soin d'étudier au préalable les vents [...] apprenez les procédés de culture »[17].

FAIRE du profit le but du travail à tout prix conduit à déshumaniser le travailleur, utilisé comme l'instrument d'un travail normé de manière purement technique, selon les méthodes les plus matériellement productives. Dans un tel système économique, l'aliénation ne touche pas seulement l'ouvrier mais tous les travailleurs et les consommateurs, soumis à une course au profit forcenée qui impose ses règles à tous, entretenant même un état de guerre et de domination plus ou moins larvés. Réformer le travail dans un sens plus humain et par conséquent plus profitable passerait donc par la refondation du paradigme économique et l'instauration d'une convention globale qui place l'homme avant le profit, par de nouveaux moyens techniques de production et par un renouvelle- Réponse

[15] première lettre à Jacques Lafitte, p. 259 [16] p. 430 [17] livre I, 22–56

ment de la maîtrise du travailleur sur son travail. S'il peut y exercer son « attention », c'est au sein du travail même que se dégage un profit d'ordre spirituel l'ouvrant à un au-delà du rôle qu'il doit tenir dans son travail, et de la jouissance bornée qu'il goûte en tant que consommateur.

Ouverture

L'accord du profit et de l'humain dans le travail peut alors relever du « principe espérance » ou de « l'utopie concrète » pensés par Ernst Bloch, c'est-à-dire une conception juste qu'il s'agit de réaliser collectivement par un travail patient et lucide, profondément enraciné dans le réel et attentif à lui.

IV Éviter le hors-sujet

Étant donné que le sujet est extrait d'une œuvre dramatique, il faut s'interroger sur la nature de celui qui parle, bien indiquée par la contextualisation et le paratexte, et donc sur le sens qu'il faut donner à ses propos. Comme dans tout sujet long, il importe de saisir le sens général (la dénonciation implicite du capitalisme sauvage par l'auteur, à travers un contre-modèle de patron) et de ne pas le réduire à un seul des aspects que fera apparaître l'analyse.

On pourrait rapprocher ce sujet de la célèbre citation de Karl Marx dans les *Manuscrits de 1844* : « [l'ouvrier] est lui quand il ne travaille pas, et quand il travaille, il n'est pas lui. Son travail n'est pas volontaire, mais contraint. Travail forcé, il n'est pas la satisfaction d'un besoin mais seulement un moyen de satisfaire ses besoins en dehors du travail. » En effet, il est également question d'aliénation par le travail, d'une forme de déshumanisation de l'ouvrier par un travail contraint, qui ne lui procure rien d'autre que des moyens pour satisfaire ses besoins par ailleurs. Cependant, le sujet de Marx n'aborde pas la question sous l'angle du profit. Il interroge directement la définition de l'homme, son identité, rendue problématique par son état de travailleur, dans son rapport à l'instrumentalisation et à la liberté.

Notions abordées : genre, tâches ménagères, foyer, universalité

Sujet 10

« Un mois, trois mois que nous sommes mariés, nous retournons à la fac, je donne des cours de latin. Le soir descend plus tôt, on travaille ensemble dans la grande salle. [...] La Cocotte-Minute, cadeau de mariage si utile vous verrez, chantonne sur le gaz. Unis, pareils. Sonnerie stridente du compte-minutes, autre cadeau. Finie la ressemblance. L'un des deux se lève, arrête la flamme sous la cocotte, attend que la toupie folle ralentisse, ouvre la cocotte, passe le potage et revient à ses bouquins en se demandant où il en était resté. Moi. Elle avait démarré, la différence. Par la dînette. »

(Annie Ernaux, *La Femme gelée*, 1981)

Vous direz dans quelle mesure cette citation éclaire votre lecture des œuvres inscrites cette année à votre programme.

Corrigé proposé par Morgan S. Trouillet

I Analyse du sujet

1 Analyse des termes du sujet

Il y a une difficulté à travailler un sujet narratif, car dans ce genre littéraire, on doit prendre en compte le narrateur et la focalisation (qui parle, qui voit). Parce qu'il s'agit d'un texte autobiographique, on peut supposer qu'il y a une superposition des voix, entre Annie Ernaux l'auteur qui raconte *a posteriori* son expérience, et la personne qu'elle a été, désormais personnage de l'œuvre.

Ainsi devine-t-on l'ironie de la narratrice, qui ménage ses effets (« si utile vous verrez ») et a recours aux phrases simples et averbales pour construire la saynète : un jeune couple, récemment marié, uni par les études, qui travaille tard le soir dans une petite cuisine de jeunes mariés. Et puis, « finie la ressemblance », une rupture est mise en scène entre d'un côté le « nous » et de l'autre, le « moi », qui devient à lui tout seul une phrase.

C'est que l'auteur met en scène le moment où elle découvre la répartition genrée des tâches : là où son mari et elle peuvent être unis dans les travaux intellectuels et universitaires, ceux, plus manuels, qui relèvent des tâches ménagères, de l'entretien du foyer, sont à la seule charge de madame. Ainsi, c'est l'ensemble du travail qui se subdivise : ici en tâches, là en charges. Il n'existe donc plus un travail, qui parce qu'il est unique, peut être partagé ou fait ensemble, côte à côte, mais bien une somme de labeurs. Des siècles de représentations et de normes ont par la suite donné l'impression qu'elles étaient naturellement féminines.

2 Confrontation aux œuvres

L'impression que la répartition genrée des tâches a des origines naturelles puise sa source dans le labeur agricole, où les animaux sont dévoués à des rôles différents, nous explique **Virgile** dans les *Les Géorgiques* : la génisse ne peut faire ce qui est demandé par ailleurs au taureau. De cette force physique découlent alors des soins, un entretien particulier, une attention différente, qui ont consacré l'idée que tout le monde ne pouvait pas tout faire, puis que certaines tâches étaient naturellement dévolues à certains sexes.

Cela s'est transformé, au XXe siècle, en donnée sociologique : chez **Vinaver**, il y a des femmes et des hommes dans l'entreprise mais on remarque aisément l'association entre métier et sexe. C'est pourquoi la tenancière de la quincaillerie ou la directrice des ressources humaines sont des femmes, tandis que les postes à responsabilité sont tenus par des hommes. Dès qu'il s'agit de diriger, c'est à un homme qu'on confie la tâche et ce n'est pas un hasard si le professeur des universités est un homme.

On sait que l'expérience en entreprise de **Simone Weil** est une expérience féminine. De plus, elle relève combien le travail en entreprise est « parcellaire » et évoque les différences entre les ouvriers et les ouvrières. Néanmoins, elle recherche plus singulièrement à qualifier le travail. Cela l'invite à dépasser la réalité pratique et les conditions différentes des hommes et des femmes face au travail, d'autant que l'idéal marxiste parle de tous les prolétaires dans un mouvement sinon universel du moins universalisable, embrassant toutes les conditions.

3 Problématisation

Il y a donc une tension entre le rapport universel que les hommes, en tant qu'espèce humaine, entretiennent avec le travail et la répartition des tâches en fonction du genre et du sexe. Le travail est-il un fait universel même si la société s'efforce à compartimenter, selon des critères qui passent pour naturels, les différentes formes de travail ?

II Plan détaillé

I Le travail, humain trop humain
1. Les deux sexes travaillent
2. La fatigue de l'un vaut celle de l'autre
3. Des rôles nécessairement répartis

S'il est dans la nature humaine de travailler, et s'il est vrai aussi que les deux sexes ne produisent pas pareillement, il ne va pas de soi pour autant qu'il faille hiérarchiser les tâches les unes par rapport aux autres.

II Une hiérarchie injuste
1. Métier intellectuel, métier manuel
2. Vie publique, vie privée
3. Des comportements différents jugés différemment

Si cette hiérarchie est une construction sociale, il ne faut pas perdre de vue ce qui pourrait être encore universalisable dans notre rapport au travail. Ainsi, la répartition des tâches doit être au service de l'œuvre commune, et ne plus être une excuse à leur hiérarchisation.

III Faire œuvre commune, c'est faire « société »
1. La nécessaire complémentarité des tâches
2. Le travail est différent, la fin est commune
3. Être fier d'accomplir un travail utile à tous

III Dissertation rédigée

LES ENFANTS jouent en imitant les adultes, et quand on y regarde de plus près, on a tôt fait de remarquer que les métiers qui sont représentés dans les jouets, les images et autres vignettes, se démarquent par les personnes qui les pratiquent : aux petites filles la dînette, aux garçons les petites voitures. Accroche

On comprend alors ce que raconte Annie Ernaux, pour qui cette découverte des différences dans le rapport des deux sexes au travail passe par une expérience dont la narratrice relate avec ironie l'importance : « Un mois, trois mois que nous sommes mariés, nous retournons à la fac, je donne des cours de latin. Le soir descend plus tôt, on travaille ensemble dans la grande salle. [...] La Cocotte-Minute, cadeau de mariage si utile vous verrez, chantonne sur le gaz. Unis, pareils. Sonnerie stridente du compte-minutes, autre cadeau. Finie la ressemblance. L'un des deux se lève, arrête la flamme sous la cocotte, attend que la toupie folle ralentisse, ouvre la cocotte, passe le potage et revient à ses bouquins en se demandant où il en était resté. Moi. Elle avait démarré, la différence. Citation et analyse

Par la dînette. » Comme l'explique Annie Ernaux dans la saynète des tâches ménagères qui viennent interrompre les travaux liés à ses études, ces tâches n'incombent pas à son mari. Ce dernier peut continuer son travail sans avoir à faire des pauses liées à des corvées qu'il revient aux femmes d'accomplir.

Pbmatique Ainsi passe-t-on d'une condition nécessaire à l'homme et à sa survie, le travail, à la fatalité d'un déséquilibre social entre les hommes et les femmes, voués à ne pas faire les mêmes tâches, les mêmes métiers, créant par là même – à moins que ça n'en soit le produit – une inégalité entre les sexes. Peut-on encore parler d'un travail universel alors même que la société s'efforce à compartimenter, selon des critères sociologiques qui passent pour naturels, les différentes formes de travail ?

Plan Le travail est une affaire humaine : les hommes comme les femmes travaillent, même si les tâches sont différentes. Or, cette différence a fini par constituer une hiérarchie dont les répercussions forment l'injustice de traitement entre les deux sexes. La résolution passera justement par le travail, en se rappelant que quand on œuvre en commun, on fait société.

LE TRAVAIL fait partie de la vie des individus sur cette terre ; les hommes comme les femmes travaillent.

Au-delà des particularités de chacun, et sans chercher à connaître l'origine de ces particularités, tout le monde travaille. En effet, Virgile n'oublie pas d'insister sur les deux sexes lorsqu'il évoque les différentes espèces d'élevage ; surtout, lorsqu'il évoque la ruche[1] et qu'il en fait une métonymie de notre existence. Il rappelle combien il incombe à chacun de faire la tâche qu'il a reçue, la reine comme les ouvrières qui sont toutes au service de l'essaim. Simone Weil évoque autant les ouvrières que les ouvriers et sa correspondance atteint des épistoliers des deux sexes ; ainsi, son « appel aux ouvriers de Rosières » s'adresse à tout le monde, sans plus aucune autre distinction que l'amitié élective : « chers amis inconnus »[2].

La fatigue ressentie est la preuve qu'il y a bien travail. C'est ce que rappelle régulièrement Simone Weil dans sa correspondance : elle a du temps pour écrire car elle est en repos ou en congé maladie, parce que son corps n'a pas tenu face aux rudes tâches des ouvrières. En effet, ces tâches, quoique adaptées à un physique plus menu, subissent tout autant la pression du rendement. C'est ce qu'elle explique dans sa lettre à Boris Souvarine : « [...] toujours avec la même consigne, à savoir y aller à toute allure. Pendant neuf heures par jour [...] les ouvrières travaillent ainsi, littéralement sans une minute de répit[3]. » Chez Vinaver, on sent autant l'épuisement physique de Passemar, qui est symboliquement violenté sur scène à sa première apparition, que celui moral de Mesdames Bachevski

[1] livre IV [2] p. 205 [3] p. 74

et Alvarez, celles qui sont sacrifiées par l'entreprise à laquelle elles ont sacrifié une partie de leur vie : « alors ça m'a fait quelque chose une partie de ma vie qui s'en va ».[4]

Chaque sexe a donc des rôles différents mais tout autant nécessaires. C'est une répartition des tâches qui rappelle bien que le travail est autant l'affaire des hommes que celle des femmes. Cela vaut même pour des métiers tout à fait superflus. Ainsi, les experts en marketing de l'entreprise américaine de *Par-dessus bord* sont deux, un homme et une femme, Jack et Jenny, dont la proximité sonore de leur nom rappelle qu'ils ne sont que les deux faces d'une même pièce : ils ont tendance à finir la phrase de l'autre[5]. Chez Virgile, il y a un temps dévolu à chaque sexe, mais cela prouve bien qu'il faut s'occuper de chacun : « Alors cessent les soins à donner aux pères, et commencent ceux à donner aux mères. »[6]

S'il est dans la nature humaine de travailler, et s'il est vrai aussi que les deux sexes ne produisent pas pareillement, il ne va pas de soi pour autant qu'il faille hiérarchiser les tâches des unes par rapport aux autres.

C'EST qu'il y a bien une hiérarchie, et celle-ci est bien d'origine sociale. Ainsi, les tâches que les femmes effectuent n'ont pas le prestige que celui qu'on accorde aux hommes.

On voit une première différence dans le rapport au corps, sans doute lié à l'accouchement et donc à la faiblesse supposée du corps féminin. Il revient donc aux femmes d'être davantage attentives à leur corps, là où les métiers détiennent un savoir (métiers intellectuels par exemple, comme le professeur des universités qui chez Vinaver est forcément un homme) ou un pouvoir (les frères se disputent l'entreprise de leur père et la même femme, par ailleurs, dans *Par-dessus bord*). N'est-il pas vrai que chez Weil la question de la lutte des classes est incarnée par des ouvriers et des patrons ? Alors on devrait y trouver autant d'ouvrières que de patronnes, ce qui n'est pas le cas : les classes supérieures sont toujours au masculin, « un grand industriel, un grand commerçant, un professeur, un écrivain, un ministre ».[7]

Il y a alors un lieu dévoué à chaque sexe. En effet, l'homme appartient socialement à la sphère du public. La « tâche ménagère » comme on l'appelle, porte dans son nom, par un saisissant jeu de mots avec l'adjectif au féminin, la « ménagère », celle qui reste dans le foyer, dans la sphère privée. Le père Lubin ayant marié sa fille explique que « la petite est casée »[8], ce que Madame Alvarez avait formulé autrement, « Faut bien que les demoiselles sortent de leur nid »[9] : « case », « nid » (qu'on quitte

[4] sixième mouvement [5] quatrième mouvement [6] livre III, 122–154 [7] condition première d'un travail non servile, p. 422 [8] cinquième mouvement [9] quatrième mouvement

pour un autre, par le mariage), rappellent ces lieux clos qui sont les lieux que la société dédie aux femmes. Lors de sa digression sur la puissance de l'amour, au chant III des *Géorgiques*, Virgile rappelle que c'est l'homme qui doit ainsi parcourir le monde : « Que n'ose point un jeune homme lorsque le dur amour fait circuler dans ses os son feu puissant ? [...] Mais c'est surtout la fureur des cavales qui est insigne, et c'est Vénus elle-même qui leur donna cette fureur »[10]. Si la femme est à la source de ce trop-plein de vie, c'est l'homme qui est amené à dominer l'espace du monde.

L'injustice porte également sur la manière qu'on a de juger les comportements des uns et des autres. Ainsi Weil, dans sa première lettre à Albertine Thévenon, évoque l'absence de « fraternité » (terme issu du masculin) entre les ouvrières, notamment parce qu'il y a « pas mal de jalousie »[11], reprenant par là un motif traditionnel de la critique misogyne, sans réfléchir davantage ici à la structure industrielle qui a produit de tels comportements. C'est pourtant bien l'organisation de l'usine, la répartition des tâches et la concurrence qui créent cette « jalousie ». Virgile rappelle que pour choisir des chevaux et des bœufs vigoureux, il faut « écarter Vénus et les aiguillons de l'amour aveugle ».[12] Ainsi, c'est la faute à l'amour si le mâle est affaibli, par des pulsions physiologiques chez les animaux certes, mais le parallèle sera tôt fait avec les femmes, comme Margerie qui a détourné Olivier du commandement de l'entreprise dans *Par-dessus bord*.

Si cette hiérarchie est une construction sociale, il ne faut pas perdre de vue ce qui pourrait être encore universalisable dans notre rapport au travail. Ainsi, la répartition des tâches doit être au service de l'œuvre commune, et ne plus être une excuse à leur hiérarchisation.

POUR faire une société, il faut justement travailler ensemble, à une fin commune.

Si on souhaite produire à grande échelle – comme le rappelle bien la fusion des entreprises de *Par-dessus bord* – il est nécessaire d'accepter une répartition des tâches. Cependant la complémentarité des services dans l'entreprise, à l'image de la paix factice entre Ases et Vanes dans la pièce de Vinaver, n'est qu'une union de façade. La fusion industrielle des deux entreprises, par exemple, apparaît surtout comme la mainmise de la multinationale américaine ; tout comme le mariage est avant tout la mise sous tutelle des femmes. Or, le duo Jack et Jenny avait bien rappelé qu'il fallait davantage d'équilibre : « Avec d'autres compagnons de la vie quotidienne/plus polyvalents parce qu'ils servent aussi à laver le linge ou la figure ou la vaisselle, à faire de la vitesse sur les autoroutes ».[13]

---

[10] 254–285 [11] p. 54 [12] livre III, 186–220 [13] quatrième mouvement

C'est la même vision qui se dégage des chants virgiliens qui vantent le bel équilibre de la nature : « La lune elle-même a mis dans son cours les jours favorables à tels ou tels travaux ».[14] La poésie de Virgile prétend chanter la correspondance harmonieuse des hommes et de la nature. Ainsi, les sociétés humaines devraient à leur tour accepter que la complexité des tâches nécessite la spécialisation des êtres et des choses.

C'est donc parce que la fin est commune qu'on peut davantage s'investir dans le travail spécialisé qu'il nous incombe d'accomplir. Virgile l'explique à propos des ruches : « Mais quand les essaims volent sans but, jouent dans le ciel, dédaignent leurs rayons et délaissent leurs ruches froides, tu interdiras à leurs esprits inconstants ce jeu si vain ».[15] Les ruches vivent grâce à un but commun. Toutefois, en l'absence du sentiment qu'on œuvre pour une fin commune, toute différence sera vécue comme une inégalité. Simone Weil évoque à son tour la complexité des tâches dans sa lettre à Boris Souvarine à propos de Jacques Laffite : « Dans n'importe quel domaine, on peut toujours trouver toutes sortes de classifications. L'intérêt de chacune d'elles dépend toujours de la réponse à la question : par rapport à quoi veut-on classer[16] ? » Elle explique qu'un classement n'a de sens, et donc n'est acceptable, que s'il est pertinent : celui entre homme et femme ne semble pas correspondre à une telle définition.

Au contraire, quand la fin est commune et qu'elle est comprise et acceptée, il y a même fierté et joie : c'est l'idée qu'on accomplit un travail utile à tous. Weil dans son « appel aux ouvriers de Rosières », leur demande d'évoquer aussi les moments de joie : « Dites aussi si vous éprouvez parfois la joie du travail, la fierté de l'effort accompli[17] ». Cela témoigne bien de cette réalité qui semble paradoxale : celui qui n'accomplit que des tâches peut trouver cela agréable, à condition d'avoir en lui les connaissances nécessaires pour en concevoir et en accepter l'utilité. Or, en dévoyant cette œuvre commune et en la réduisant au seul profit, il y a de nouveau déséquilibre, et donc inégalité. « L'argent l'argent tu vas finir par me dégoûter de ton argent ! » s'exclame Margerie[18]. En effet, son personnage est dans la pièce de Vinaver hautement symbolique : elle est l'objet pour Olivier d'une quête qui n'est plus celle du gain, mais celle d'une reconnaissance. On ne peut ignorer que cette trame adultérine qui se noue à celle du mariage de Jiji avec Alex, raconte une autre histoire, plus belle, vieille comme le monde, des hommes qui aiment des femmes (Olivier et Margerie) et des femmes qui aiment des hommes (Jiji et Alex), qui dépasse largement celle de la fusion économique de deux entreprises.

[14] livre I, 255–288 [15] livre IV, 88–121 [16] p. 253 [17] p. 207 [18] quatrième mouvement

Réponse

On a trop vite fait de la question du rapport des sexes dans le travail une nouvelle forme de lutte des classes : une « lutte des sexes ». Et cette lutte des sexes est d'autant plus artificielle qu'elle n'a pas de fondement naturel. En effet la différence sexuée n'induit pas de hiérarchie entre les travaux effectués par les uns et les autres. La hiérarchisation est introduite par la société qui impose la supériorité de certaines valeurs. La tâche ménagère n'est pas moins noble qu'une tâche intellectuelle en soi, mais une somme de discours, de normes et de représentations nous ont convaincus du contraire.

Ouverture

En acceptant que toute répartition des tâches est nécessaire pour produire beaucoup, autant que pour produire bien, en réalisant que tout travail est digne en soi et pour soi, on avancera davantage dans l'idée que toutes les formes que peut prendre le travail n'enlèvent rien ni à la fatigue qu'il suscite, ni potentiellement, à la joie qu'il procure.

IV Éviter le hors-sujet

Le sujet propose un traitement sociologique du travail. C'est une perspective importante, mais nos auteurs, proposent d'autres approches, esthétique par exemple dans la poésie de Virgile, ou anthropologique et philosophique chez Weil.

Attention toutefois, d'autres sujets avec une forte entrée sociologique ne se prêteront pas forcément à une analyse similaire. Ainsi du sujet suivant : « La trajectoire sociale ou le sexe éclairent différemment une même situation de travail. Selon qu'on est fils d'ouvrier ou de cadre intellectuel, selon qu'on est une femme ou un homme, on vivra différemment une même situation professionnelle dans la mesure où l'on se perçoit en ascension ou en déclassement social ou que l'on définit son travail de manière centrale (pour un homme) ou secondaire (pour une femme). » (Christian Baudelot et Michel Gollac, *Travailler pour être heureux ? Le bonheur et le travail en France*, 2003) Dans ce sujet, il y a bien une distinction faite selon le sexe, mais pour expliquer davantage qu'un même travail ne sera pas apprécié (par la société comme par le travailleur) de la même façon. Cela est très différent du sujet d'Annie Ernaux, qui mettait en scène, de l'intérieur, les différentes tâches allouées traditionnellement – et souvent vécues « naturellement » – aux hommes et aux femmes.

Notions abordées : repos, temps, espace, collectivité, violence

Sujet 11
« Le travail n'est donc pas l'activité en soi mais l'expression d'un être particulier qui tente de remplir son espace, son temps, sa légitimité. Il ne connaît donc aucune opposition en dehors de lui-même : il ressemble au feu qui dévore et transforme tout ce qui est combustible et que seul son propre principe peut lui disputer par un contre-feu. L'espace du travail est illimité, de même que la journée de travail englobe vingt-quatre heures. Le contraire du travail ce n'est pas le repos ou l'oisiveté, mais dans cette perspective il n'y a aucune situation qui ne soit conçue comme travail ».
Dans quelle mesure ces propos d'Ernst Jünger (*Le travailleur*,1932) éclairent-ils votre lecture des œuvres au programme ?

Corrigé proposé par Christine Baycroft

I Analyse du sujet

1 Analyse des termes du sujet

Dans ce passage, Jünger décrit une époque et un monde ordonnés autour du travail, non pas simplement en tant qu'« activité », mais en tant que mode d'« expression » et d'existence. Dans ce monde, règne le travailleur.

Nous avons quitté les temps reculés où le travail était une « activité » parmi d'autres, dont certaines relevaient du « repos » ou de « l'oisiveté » et lui étaient totalement opposées. Désormais, le travail n'occupe plus d'« espace » spécifique ou réservé, tels le champ, l'usine, le bureau... Il s'est aussi approprié tout le « temps », y compris la nuit, le septième jour... En tout lieu, en tout temps, quoi que nous fassions, nous ne rencontrons que des travailleurs.

Nous avons même quitté les temps où il était « l'activité en soi », l'archétype, le modèle de toute activité. À l'ère du travailleur, le travail est tout autre chose que l'activité la plus noble, par rapport à laquelle toutes les autres devraient se définir et se positionner. Il est davantage qu'une forme rationnelle de notre activité, davantage que ce qui nous fait sortir de la sphère privée pour nous inscrire dans la vie collective et publique, davantage que ce qui forge en nous le sens de l'effort, de la discipline et du dépassement de soi. Il est l'activité unique qui « ne connaît aucune opposition hors de lui-même ».

Au fond, comme l'indique la formule « expression d'un être particulier », ce n'est pas d'activité mais d'identité dont parle Jünger. La domination contemporaine du monde par la figure du travailleur signifie que le travail a tout absorbé. Le rythme du temps, l'organisation de l'espace, les diverses activités sociales, culturelles ou cultuelles que nous pratiquons n'existent plus en tant que telles. Le travail qui n'était à l'origine que lutte pour la survie est devenu tout ce que nous sommes : des travailleurs. Rien ne semble donc pouvoir s'opposer à cette extension du domaine du travail. Jünger évoque néanmoins l'hypothèse d'un « contre-feu » créé par le travail lui-même en « son propre principe ». En ce sens, on peut se demander si ce n'est pas le travailleur qui, consumant tout, finira par se détruire lui-même.

2 Confrontation aux œuvres

Les *Géorgiques* de **Virgile** sont une célébration du travail en général et de celui de la terre en particulier. Cadeau de Jupiter à l'humanité, le travail est bien plus qu'une activité humaine parmi d'autres. Comme l'illustre la parabole du vieux jardinier de Talente, il est l'idéal de toute activité humaine, y compris celle du poète. Mais s'il est un tel modèle idéal, c'est précisément parce que ce dur travail paysan, quoiqu'il triomphe de tout, ne dévore pas tout. Au contraire, il nous réinscrit dans la nature, dans l'espace et dans le temps auxquels il se soumet. L'activité qui dévore tout, c'est la guerre. Le sens profond du travail, c'est de proposer un fragile mais réel contre-pouvoir à la violence dévorante de la guerre qui, elle, risque d'anéantir le monde.

Simone Weil, dans *La Condition ouvrière*, établit la distinction entre « le travail servile » et « le travail non servile ». Le monde capitaliste et taylorien encourage des formes serviles du travail qui, effectivement, en vient à tout dévorer et tout détruire. Un tel travail rationalisé, efficace et en miettes, anéantit l'ouvrier et nie toute pensée, toute finalité, toute beauté. Toutefois, si Weil juge légitime et nécessaire de se révolter, elle ne prône pas une révolution de type marxiste. Elle reproche aux marxistes de ne pas comprendre le travail. Le travail non servile n'est pas un travail qui nie la peine, le besoin, la nécessité et la condition humaine ; c'est un travail qui les sauve. Il ne prétend pas être tout, tout remplacer et tout dévorer, mais il nous aide à trouver notre place face à ce qui n'est pas lui et qui le dépasse.

Dans le monde de **Vinaver**, cette absorption de tout ce qui existe (la famille, la culture, les relations humaines...) par le travail est achevée. La France des années 70 vit dans le monde de Ravoire et Dehaze et elle vivra bientôt dans celui de United Papers Europe. Dans l'un comme dans l'autre, nos rôles de travailleurs nous définissent. Toutefois si des personnages comme Fernand Dehaze ou Lupin se révèlent être les victimes de cette tragi-comédie, c'est qu'ils ne savent pas évoluer avec le monde du travail qui dévore tout, y compris lui-même. En ce sens, dans *Par-dessus bord*, le travail s'autodétruit effectivement. Les vrais vainqueurs n'y sont pas des travailleurs laborieux mais des comédiens ambitieux qui jouent à travailler, qui inventent des besoins factices et des solutions artificielles. Le travail, en ce sens, n'est qu'une figure moderne de la guerre, comme le suggère d'ailleurs l'évocation finale de la guerre mythologique des Ases et des Vanes qui donne le sens de la pièce.

3 Problématisation

Le travail s'enracine dans la lutte contre la nécessité naturelle et pour notre survie. Pourtant, il semblerait qu'il ait fini par absorber toute notre identité : nous sommes devenus avant tout autre chose des travailleurs. Faut-il s'inquiéter de cette démesure du travail ?

II Plan détaillé

I Le travail comme une activité parmi d'autres
1. Le rapport à l'espace
2. Le rapport au temps
3. Le rapport à son contraire : repos ou loisir

Le travail peut apparaître comme une activité parmi d'autres. Mais n'est-il pas plus que cela : le fondement de notre humanité ?

II Le travail comme l'activité en soi
1. La valorisation de l'effort, la discipline
2. La valorisation du collectif
3. La valorisation du rationnel

Une telle démesure du travail ne risque-t-elle pas d'en faire une entreprise totalitaire et un danger pour le monde et pour nous-mêmes ?

III Les dangers d'une expansion totalitaire du travail
1. Travail et égocentrisme
2. Travail et tyrannie
3. Travailleur et autodestruction

III Dissertation rédigée

Accroche

AUJOURD'HUI, lorsqu'on observe un écolier qui étudie, on dit qu'« il travaille », désavouant l'étymologie même du terme « école » : *skolé* qui en grec signifiait le loisir et le repos. Comment comprendre cette extension du domaine du travail, qui en est venu à tout absorber, même son contraire absolu ?

Citation et analyse

En ce sens, les craintes de Jünger, dans *Le travailleur*, semblent justifiées : « Le travail [...] ne connaît donc aucune opposition en dehors de lui-même : il ressemble au feu qui dévore et transforme tout. [...] Le contraire du travail ce n'est pas le repos ou l'oisiveté, mais dans cette perspective il n'y a aucune situation qui ne soit conçue comme travail ». Le travail n'était à l'origine qu'une activité parmi d'autres, rendue nécessaire par la lutte pour la survie. Désormais, il est bien autre chose : il est devenu non seulement « l'activité en soi » l'archétype de toute activité humaine respectable, mais même l'unique activité que nous connaissions. C'est pourquoi, « le repos », le loisir ou « l'oisiveté », dont on considérait autrefois qu'ils étaient le contraire du travail, sont aujourd'hui conçus comme des modalités du travail, c'est-à-dire de la lutte, de l'effort et du gain ultime. Jünger évoque néanmoins l'hypothèse inquiétante d'un « contre-feu » créé par le travail lui-même. Il évoque la possibilité que les travailleurs que nous sommes, dévorant et consumant tout, finiront par tout détruire et se détruire eux-mêmes.

Pbmatique

Le travail s'enracine dans la lutte contre la nécessité naturelle. Pourtant, il semblerait qu'il ait fini par absorber toute notre identité. Nous sommes devenus avant tout autre chose des travailleurs. Faut-il s'inquiéter de cette démesure du travail ?

Plan

Le travail a pu longtemps sembler n'être qu'une activité humaine particulière, liée à des contraintes regrettables, à laquelle nous réservions un certain temps et certains espaces dans notre vie. Mais, l'effort qu'il exige, la rationalité qu'il affirme déployer et son rôle social nous ont conduits à le concevoir aussi comme une valeur. Il faut même admettre qu'il est devenu notre identité, le cœur de ce que nous sommes en tant qu'êtres humains et s'interroger sur les dangers induits par ce totalitarisme du travail ?

LE TRAVAIL ne devrait-il pas simplement être un moyen de gagner notre vie ? Ainsi il n'occuperait pas tout notre espace, tout notre temps et une fois que nous aurions fini de travailler, nous passerions à autre chose.

Ainsi dans les *Géorgiques*, le paysan ne peut bien faire son travail que parce qu'il comprend et accepte le monde naturel dans lequel l'espace (par exemple les régions d'Italie, l'Orient, la Grèce...) est fortement différencié. Lorsqu'il lève les yeux au ciel, il voit que le soleil avec les étoiles « régit l'univers divisé en tranches déterminées »[1]. Même le monde de l'usine que décrit Simone Weil dans « Un appel aux ouvriers de Rosières », distingue nettement l'espace du travail et celui du repos où « on vous demande de ne plus penser à l'usine jusque demain matin. »[2] Toutefois, dans le monde dystopique de *Par-dessus bord*, ce n'est plus vraiment le cas. La discussion du nouveau slogan publicitaire au cinquième mouvement manifeste comment se met en place l'appropriation totale de l'espace domestique, du « CHEZ NOUS », par le monde du travail.

N'en va-t-il pas de même pour le temps ? Dans les *Géorgiques*, le temps du paysan est scandé par les saisons. Il ne les contrôle pas, mais c'est ce temps cyclique de la nature qui rythme son travail et son repos. À l'usine, nous dit Weil, il y a encore une unité de temps « la journée », même si « dans cet espace on tourne en rond »[3]. Mais les publicitaires de Vinaver vont plus loin. Ils aspirent à contrôler non seulement l'espace, mais aussi le temps. Dans la discussion du slogan publicitaire, le terme « MAINTENANT » est explicité en ce sens : « le mot « maintenant » précédé de sa virgule projette sur un temps où il n'en était pas ainsi le temps où l'on était malheureux ». Il n'y a de bonheur possible que dans les temps nouveaux qui commencent par la prise en main de notre vie intime par United Papers Europe.

Ultimement pour Virgile, la vie laborieuse, humble et vertueuse du paysan est infiniment plus digne que l'existence cacophonique de tant de citadins. Ceci s'explique parce qu'il connaît, après son travail, « un repos assuré »[4]. Le travail des *Géorgiques* ne nous dévore pas tout entier. C'est déjà beaucoup moins vrai pour le travail en usine du monde capitaliste de *La Condition ouvrière*. Le repos, le loisir y existent certes, mais ils sont pour l'essentiel déjà rongés par le travail qui agit comme un « abrutissement »[5]. Chez Vinaver, cet idéal d'une séparation du monde du travail et du reste se révèle totalement impossible. Les personnages qui incarnent le monde du loisir ou de la culture tels Passemar et Alex, ne peuvent finalement qu'accepter, voire choisir, de se mettre au service de United Papers Europe.

Le travail peut apparaître comme une activité parmi d'autres. Mais n'est-il pas plus que cela : le fondement de notre humanité ?

LE TRAVAIL est bien plus qu'une activité parmi d'autres, il est « l'activité en soi », le modèle de toutes les autres activités dignes de ce nom.

[1] livre premier, 221–255 [2] p. 206 [3] « Condition première d'un travail non servile », p. 420 [4] livre II, 446–479 [5] Lettre à Simone Gibert, p. 67

Chez Virgile, les travaux des champs, par l'effort qu'ils exigent, engendrent les vertus humaines. Le livre premier en évoque quatre : la tempérance, la constance, le courage et la piété. Tel est d'ailleurs le sens de la phrase la plus célèbre des *Géorgiques* « tous les obstacles furent vaincus par un travail acharné »[6] : la civilisation est le fruit du travail. C'est précisément ce qui, pour Weil, fait du travail moderne un travail servile et barbare, il n'enseigne plus rien : aucune discipline, aucune vertu, aucun héroïsme et n'exige que la soumission et l'humiliation. Il s'agit d'un travail où « on se résigne à se soumettre et à plier, et on se fait mépriser pour manquer de courage »[7]. C'est aussi un tel travail dénaturé qui est décrit dans *Par-dessus bord* dans le discours de Benoît aux cadres supérieurs : « ceux d'entre vous qui n'adopteront pas la cadence, eh bien ils resteront sur le quai »[8].

Le travail devrait aussi nous enseigner le sens du collectif. Au livre IV des *Géorgiques* de Virgile, nous comprenons que le modèle du travailleur, c'est l'abeille. La ruche où chaque abeille joue son rôle est l'idéal-type de la société humaine tout entière. La division du travail, l'organisation sociale, l'harmonie et la solidarité y existent déjà. C'est aussi de l'absence de cette solidarité, du fait qu'il n'y ait aucune « vraie fraternité »[9] dans le travail à la chaîne moderne, dont souffre Weil. Et c'est au nom de cette fraternité qu'elle rédige un appel aux ouvriers des usines Rosières de Bourges en leur suggérant de participer à la rédaction d'un article collectif sur leurs conditions de travail pour la revue *Entre nous*. Le monde de l'entreprise chez Vinaver continue certes d'utiliser la métaphore de « la famille »[10] pour se décrire. Mais la réalité des rapports humains est dévoilée lorsque Olivier, dans le quatrième mouvement, explique à ses cadres que « la hache s'abattra dans tous les secteurs » et qu'il veut « du sang neuf ».

Nous comprenons le travail comme une activité éminemment rationnelle. Chez Virgile, c'est même une rationalité philosophique et spirituelle qu'il possède, puisqu'il nous permet de discerner notre place dans l'Univers. Par les connaissances naturelles qu'il requiert et tout particulièrement dans des travaux complexes comme la greffe décrite au livre deuxième des *Géorgiques*, nous comprenons notre lien à la nature et découvrons le sens de notre vie. Le travail du monde taylorien, décrit par Weil dans sa lettre à Simone Gibert, est aussi un travail qui prétend à la rationalité. Il vise même à accomplir « les progrès de la rationalisation. »[11] Et pourtant cette rationalisation efficace du travail devient contradictoire puisque le travail ainsi rationalisé, en étant « trop machinal », ne peut « offrir matière à la pensée »[12]. Une analogie entre la pseudo-rationalisation criminelle des camps nazis et celle du monde du travail contemporain

[6] livre I, 123–156 [7] Correspondance V. Bernard, p. 222 [8] quatrième mouvement
[9] Lettre à Albertine Thévenon, p. 54 [10] premier mouvement [11] p. 67 [12] p. 67

est explicitement formulée par Alex dans *Par-dessus bord* lorsqu'à la fin de la pièce il rejoint l'entreprise United Papers Europe. Il s'y décrit en ces termes « je tombe en avant » et se compare à son père mort à Auschwitz. Si le travail est rationnel, on doit avouer que cette rationalité est parfois menacée de tomber dans le crime et la folie.

Une telle démesure du travail ne risque-t-elle pas d'en faire une entreprise totalitaire et un danger pour le monde et pour nous-mêmes ?

SUR QUOI repose précisément la menace qu'exerce le travail sur l'humanité ?

Le travail de la terre en nous reliant aux autres êtres vivants, devrait nous libérer de l'égoïsme. Chez Virgile, les éleveurs de bétail découvrent que « l'amour est le même pour tous »[13] et les paysans du Norique ressentent avec horreur la souffrance de leurs bêtes innocentes. Or, l'égoïsme, le repli sur soi, sont précisément ce qui caractérise, selon Vinaver, le monde aliéné par la démesure du travail. La structure décousue, hachée, déstructurée des dialogues dans la pièce le souligne : il n'y a désormais plus de monde commun, juste des univers égoïstes et parallèles où chacun parle tout seul. Weil aussi a souffert personnellement de la solitude et de l'isolement que met en place le travail en usine qui « incite à se replier sur soi »[14].

Les mondes décrits par Weil et par Vinaver sont des mondes où le travail, devenu totalitaire, exerce une impitoyable tyrannie qui finit par tout détruire. Dans *Par-dessus bord*, la menace de la mort, réelle ou sociale, pèse sur tous les personnages : l'ancien chef des ventes dont on sait qu'il s'est suicidé, le père Dehaze, Lupin dont Benoît se sent obligé de préciser qu'« il ne disparaît pas entièrement »[15] et bien sûr Alex. Chez Weil aussi, l'expérience du travail est celle d'un « esclavage »[16], alors que chez Virgile, le travail possède le sens de la mesure. C'est pourquoi l'humble apiculteur Aristé, dont les abeilles ressuscitent, triomphe de la mort.

Pour Weil, le système capitaliste et le système communiste reposent sur des « métaphysiques [qui] sont des mensonges »[17]. Les bourgeois s'imaginent que le travail ouvrier sera libre quand il sera plus efficace et leur rapportera plus d'argent. Les communistes affirment que la liberté passe par la révolution, c'est-à-dire « l'ascension de tous les travailleurs hors de la condition de travailleurs. »[18] Ni les premiers, ni même les seconds ne voient que la dignité du travail est qu'il nous permet de faire l'expérience de notre « faim de finalité »[19]. Il nous enseigne que notre vie ne s'accomplit que parce qu'elle laisse place à plus grand que nous

[13] livre III, 220–254 [14] Lettre à Simone Gibert, p. 68 [15] sixième mouvement [16] Lettre à Albertine Thévenon p. 59 [17] « Condition première d'un travail non servile », p. 423 [18] p. 421 [19] p. 424

(la Beauté, le sens, Dieu). Le travail le plus humble est aussi le plus noble, parce qu'il ne prétend pas tout dévorer. Dans *Par-dessus bord*, Passemar, évoquant le mythe nordique des Ases et des Vanes, suggère que le travail n'est qu'une figure moderne de la guerre qui engloutit depuis toujours l'humanité. Mais les *Géorgiques* sont bien plus proches de ce qu'affirme Weil. Pour Virgile, il faut remplacer la guerre du dieu mars « impie » qui « sévit dans tout l'univers »[20] par un travail modelé sur celui des champs et son sens de la mesure.

Réponse

JÜNGER décrit un monde où le travail est devenu un idéal totalitaire. Il suggère que la démesure du travail qui caractérise la modernité a abouti à y engloutir toute activité, toute réalité humaine. Jünger va jusqu'à suggérer que nous courrons désormais le risque que notre conception du travail en vienne à nous détruire. Les comparaisons du travail avec l'esclavage chez Weil et avec la guerre chez Vinaver vont dans ce sens. Mais Virgile nous présente un tout autre idéal du travail. Il est, pour lui, le contraire de la guerre. L'humble travail des champs en particulier nous réinscrit dans la nature, dans l'espace et dans le temps auxquels il se soumet et nous soumet. Weil aussi tente de décrire, en termes quasi religieux, les conditions d'un travail non servile.

Ouverture

C'est peut-être sur ce point, qu'il nous reste à nous interroger. Quelles sont les conditions, les exigences, les limitations que nous devrions imposer au monde du travail, et à la sphère économique en général, pour qu'ils ne s'imposent pas à nous comme les seules réalités humaines ?

IV Éviter le hors-sujet

Dans *L'Argent* (1913), Charles Péguy louait le temps béni des travailleurs heureux : « Nous croira-t-on [...] nous avons connu des ouvriers qui avaient envie de travailler. On ne pensait qu'à travailler. Nous avons connu des ouvriers qui le matin ne pensaient qu'à travailler. Ils se levaient le matin, et à quelle heure, et ils chantaient à l'idée qu'ils partaient travailler ». Ce temps béni pour Péguy où « on ne pensait qu'à travailler » ne signifiait pas que le travail était la valeur suprême. Au contraire, la citation de Péguy laisse entendre que le labeur était une joie car il permettait de servir ce qui avait de la valeur : le Beau et le Bien.

Péguy comme Jünger voient bien la place essentielle du travail dans la vie, mais l'un considère le travail comme une vocation qui nous met à notre place dans la Création, l'autre comme ce qui s'apparente à un substitut de la Création.

[20] livre I, 491–514

Notions abordées : création, temps, nature, patience

Sujet 12
« Pour créer la moindre fleur, des siècles ont travaillé. »
Cette citation de William Blake (*Le Mariage du Ciel et de l'Enfer*, 1793) correspond-elle à votre lecture des ouvrages au programme ?

Corrigé proposé par Rémy Arcemisbéhère

I Analyse du sujet

1 Analyse des termes du sujet

Contrairement à de nombreux sujets, cette citation ne présente pas l'homme comme agent du travail. En effet, Blake qualifie de « travail » l'action de la nature sur les choses. Il infléchit ainsi le modèle anthropocentrique du travail qui borne ce concept aux activités humaines visant à produire un résultat. En outre, même s'il parle de création (« *créer* la moindre fleur »), il met également à distance le modèle théologique selon lequel la Création (et tout ce qu'elle contient) est l'œuvre de Dieu.

En faisant des siècles le sujet du verbe « travailler », la formule de William Blake change le regard sur le travail : l'homme – ou Dieu – n'est plus l'agent principal de ce procès. Blake s'appuie en effet sur une définition large du mot « travail » selon laquelle celui-ci constitue l'exercice d'une action continue et progressive de quelque chose qui aboutit à une modification observable. De ce point de vue, les éléments naturels réalisent un *travail* constant (par exemple, l'érosion). L'exemple choisi par Blake n'est pas neutre : « la moindre fleur » est en effet le résultat d'un long travail de sélection génétique qui s'est effectué sur plusieurs siècles et qui a pourvu la plante des caractéristiques nécessaires à sa survie et à sa reproduction. La remarque de Blake n'exclut pas entièrement le travail de l'homme. Même lorsque la fleur que nous voyons est le résultat d'un travail bien humain (par exemple, celui du jardinier qui a planté la graine, remué la terre et entretenu la plante), cet effort individuel implique nécessairement l'action conjointe du temps.

Pour Blake, le travail est une médiation qui implique nécessairement le temps. La réflexion du poète induit donc une morale de la patience : en effet, à ses yeux, l'homme doit voir la signature du temps dans les objets de la nature et inscrire son propre geste présent dans une temporalité plus large, incluant le passé et l'avenir. En outre, parce que les produits du travail modifient de façon durable le monde, ils constituent une véritable création, concurrente de la création divine.

2 Confrontation aux œuvres

Parmi les auteurs au programme, **Virgile**, dans *Les Géorgiques*, est le seul qui actualise précisément le sens du mot « travail » utilisé par William Blake. En effet, le poète porte une attention très grande aux mouvements de la nature et à sa temporalité. Le travail du cultivateur (celui dont l'objet est précisément de produire « la moindre fleur ») constitue le sujet des deux premiers livres ; néanmoins, les deux livres suivants s'attachent également à inscrire la vie des animaux (bétail, abeilles) dans ces mêmes grands cycles saisonniers. Cette description s'adosse à une éthique de l'humilité : il est important que l'agriculteur se conforme à cette temporalité et adapte sa pratique à ce temps long imposé par la nature. Son travail ne doit pas entrer en concurrence avec la nature, mais compléter « le travail de la terre » (livre I). En outre, il décrit avec précision le fonctionnement de ces grands cycles, insistant sur la nécessité pour l'agriculteur de prendre en compte les crises naturelles (météorologiques, par exemple) dans son rapport à la terre.

Au contraire, *Par-dessus bord* de **Michel Vinaver** met à distance ce temps de la nature. En effet, dans cette pièce de théâtre, le travail en entreprise apparaît contre nature. Le bouleversement de la temporalité du travail constitue en outre le sujet principal de la pièce. En effet, le rachat programmé de la PME Ravoire et Dehaze par une multinationale américaine change son rapport au temps : le modèle familial, enraciné dans le passé, est atomisé au profit d'un ancrage presque exclusif dans le monde contemporain, ce qui a pour effet d'accélérer la temporalité de l'entreprise. Néanmoins, avec ironie, Vinaver démontre que ces usages de l'entreprise capitaliste rejoignent *in fine* les grands mouvements de la nature : l'absorption presque darwinienne de la PME entre dans un cycle de dévorations successives dont le sous-produit est le travail. Ainsi, même pour produire du papier toilette, des décennies ont travaillé !

L'expérience dont **Simone Weil** rend compte dans *La Condition ouvrière* a fait valoir ce travail du temps. Si la division tayloriste du travail moderne (pour qui « l'unité de temps est la journée ») a donné l'illusion d'accélérer ce processus, l'œuvre du temps continue de se faire, mais elle a changé d'objet : en effet, celui-ci agit désormais directement sur les ouvriers en les usant, voire en les brisant. Elle s'attache alors à articuler ce temps court de la journée avec un temps plus long, d'abord celui de la production, puis celui de l'Histoire récente et, enfin, celui plus large du devenir des sociétés humaines.

3 Problématisation

Ce sujet invite à penser le travail comme une activité qui n'aurait pas l'homme seulement comme principe, mais aussi le temps. Il faut donc se demander comment le travail, qui est une activité ancrée dans l'actualité de notre présent, peut aussi devenir un acte créateur, ouvert sur le présent et l'avenir.

En quoi le travail, alors qu'il se réalise au présent, constitue-t-il un acte créateur qui implique une temporalité plus large ?

II Plan détaillé

I Le travail est un acte créateur qui s'inscrit dans la durée
1. Le travail est le produit d'une expérience et d'un long apprentissage
2. Le temps long est nécessaire pour que le travail soit créateur
3. Mais le sous-produit du travail est l'usure

Le travail s'inscrit donc dans le temps long. Au xxe siècle, cette dimension s'est légèrement effacée : le travail s'est accéléré, et l'immédiateté est devenue l'une de ses valeurs. Ces mutations rappellent que la temporalité du travail s'enracine profondément dans notre présent.

II Le travail désigne une activité qui s'actualise au présent
1. Travailler, c'est produire un effort au présent
2. Le travail est la somme de ces gestes
3. Le travail moderne a renforcé l'hégémonie du présent

Le travail articule donc les temporalités : la journée du travailleur engage le travail dans le temps long ; et ainsi, pour devenir créateurs, nous devons nous laisser saisir par le temps.

III Le travail nous implique dans le temps
1. Parce qu'il produit du nouveau, il est fondamentalement ouvert sur l'avenir
2. Le travailleur donne rétrospectivement du sens à son travail
3. Le travail articule le temps court de la journée au temps long de l'Histoire

III Dissertation rédigée

La modernité a eu tendance à placer l'artiste au cœur de la création en glorifiant les valeurs du génie et de l'originalité, mais l'art a historiquement été associé au temps et au travail : le créateur est en effet celui qui laisse œuvrer le temps. Accroche

Citation et analyse

Pour cette raison, le poète William Blake affirme que « [p]our créer la moindre fleur, des siècles ont travaillé ». À travers l'exemple de la nature, il nous invite ainsi à changer notre regard sur le travail en refusant de le borner aux activités humaines : ce n'est plus l'homme (ni même Dieu) qui a travaillé, mais « les siècles ». En effet, « pour créer la moindre fleur », le jardinier a certes retourné la terre et planté les graines, mais il est tributaire du temps long de la sélection génétique et du cycle des saisons. Blake nous rappelle donc que tout travail est certes le résultat d'un effort fourni *hic* et *nunc*, mais qu'il implique nécessairement l'action conjointe du temps.

Pbmatique

Ce sujet invite à penser le travail comme une activité qui serait non seulement ancrée dans l'actualité de notre présent, mais aussi comme un acte créateur, ouvert sur le présent et l'avenir. En quoi le travail, alors qu'il se réalise au présent, constitue-t-il un acte créateur qui implique une temporalité plus large ?

Plan

Pour répondre à cette question, on s'attachera dans un premier temps à montrer que le travail est une action qui s'inscrit dans la durée ; on rappellera, dans un deuxième temps de l'analyse, que le travail n'en demeure pas moins un effort qui s'actualise au présent. Enfin, nous montrerons que le travail, en articulant ces temporalités, nous implique dans le temps.

William Blake nous encourage à être sensibles à l'œuvre du temps dans toutes les « créations » de la nature. En effet, qu'il soit d'origine humaine ou non, le travail, conçu comme une activité visant à modifier ou à produire quelque chose, s'ancre nécessairement dans la durée.

Le travail est d'abord le produit de l'expérience et d'un apprentissage (qui a pu s'étaler sur de nombreuses années). Dans sa lettre à Simone Gibert, l'enseignante Simone Weil se préoccupe ainsi de la formation de son ancienne élève : elle lui rappelle la nécessité de cette instruction qui constitue à ses yeux une propédeutique au véritable travail : « D'abord [apprenez] à travailler : tant qu'on est incapable de travail suivi, on n'est bon à rien »[1]. Cet aspect didactique n'est pas absent des *Géorgiques* de Virgile : dans le deuxième livre, par exemple, le poète s'adresse directement aux paysans en leur prodiguant de nombreux conseils, souvent

[1] p. 70

à l'impératif : « Apprenez les procédés de cultures propres à chaque espèce »[2]. De même que la terre ne produit pas ses fruits immédiatement, le cultivateur n'a donc pas une connaissance innée de son métier, mais doit s'y former par la fréquentation des « préceptes des anciens »[3] et se perfectionner progressivement dans cette tâche grâce aux innovations techniques, que le poète se propose de transmettre.

En aval de la tâche, le travail, pour être créateur, implique un temps long. Selon Virgile, la première vertu du paysan – éleveur ou cultivateur – est la patience. Par exemple, il rappelle que l'arbre « vient lentement et réserve son ombre pour nos arrière-neveux », exigeant « une dépense de soins »[4]. La pièce de Vinaver donne à voir comment le temps agit pleinement au sein des activités humaines : la création d'une nouvelle gamme de papier toilette se fera dans la douleur. L'échec du produit Bleu Blanc Rouge est ainsi la condition nécessaire à la modernisation de l'entreprise, qui aboutira à l'élaboration de la gamme Mousse et Bruyère. Dans ce processus, le travail aura néanmoins broyé des individus, par exemple Mme Bachevski, qui est « liquidée »[5] lors du plan de restructuration.

Cet aspect duratif du travail est donc ambivalent : en perfectionnant son produit, le travail modifie les travailleurs. Le sous-produit du travail est alors l'usure. Virgile l'observe à propos des végétaux : « c'est une loi du destin que tout périclite et aille rétrogradant ».[6] Cette loi s'applique aux hommes issus de la « race de fer », qui sont astreints à un dur labeur. Si, pour Virgile, cette vie rustique et usante apparaît comme un modèle (comparé à la ville corruptrice), Simone Weil se montre plus nuancée. En effet, l'expérience sociale qu'elle mène en entreprise lui révèle la pénibilité de cette tâche : « travailler à des machines avec des maux de tête, c'est pénible ».[7] Elle comprend ainsi que le temps agit directement comme un poids sur les ouvriers en les usant, voire en les brisant : ainsi, pour le travailleur, franchir les années « jour par jour sera une tâche écrasante »[8]. Quelle que soit la valeur qu'on attribue à ce sous-produit, le temps agit à la fois sur l'objet du travail, mais aussi sur le sujet de celui-ci.

Le travail s'inscrit donc dans le temps long. Au XXe siècle, cette dimension s'est légèrement effacée : le travail s'est accéléré, et l'immédiateté est devenue l'une de ses valeurs. Ces mutations rappellent que la temporalité du travail s'enracine profondément dans notre présent.

MÊME si la production d'une petite fleur est une affaire de siècles, la main du jardinier a dû travailler quotidiennement pour la cultiver : le travail est donc une action qui se réalise ici et maintenant.

[2] livre II, 22–54 [3] livre I, 156–186 [4] livre II, 54–85 [5] cinquième mouvement [6] livre I, 187–220 [7] p. 53 [8] p. 56

L'action de travailler implique en effet que quelqu'un produise un effort, une dépense d'énergie, physique ou mentale. Virgile encourage ainsi le paysan à fournir un effort constant pour cultiver sa vigne : pour lui, la tâche de fendre le sol « n'est jamais épuisé[e] »[9], ce qu'il qualifie de « dur labeur » et de « pénible soin ». En adoptant le point de vue du travailleur, Simone Weil observe également que le travail au quotidien est le résultat d'un effort, souvent pénible. Dans son « Appel aux ouvriers de Rosières », elle insiste sur ce rapport entre la souffrance provoquée par le travail et le temps : « Dites, d'une manière générale, si vous trouvez le temps long à l'usine ou si vous le trouvez court. »[10] Elle observe par ailleurs que les ouvriers sont assommés par la journée de travail. Pour ces deux auteurs, l'expérience de cette temporalité est le résultat d'une déchéance : Simone Weil propose une lecture métaphysique et religieuse du mythe virgilien de l'âge d'or évoqué dans le livre I. Elle affirme que « nous avons été jetés hors de l'éternité ; et nous devons réellement traverser le temps, avec peine, minute après minute »[11]

Le travail apparaît dès lors comme la somme de ces efforts. Virgile insiste sur cet aspect : lors des moissons, le taureau doit non seulement « commencer de gémir sous le poids de la charrue », mais cette peine doit être répétée, car « [l]a récolte ne comblera les vœux de l'avide laboureur que si elle a senti deux fois le soleil et deux fois les frimas »[12]. Ce même aspect est illustré dans *Par-dessus bord* grâce à la répétition de la scène de vente qui implique Lubin, le représentant, et sa cliente Mme Lépine, au début des premier, deuxième et quatrième mouvements. Par ce procédé, Vinaver donne à voir le quotidien de cette « grande figure de la vente »[13] qui, jusqu'à sa retraite, n'a fait que reproduire les mêmes gestes et les mêmes techniques.

Comparé aux travaux agricoles, le travail moderne semble davantage s'ancrer dans l'immédiateté de notre présent. Le texte de Vinaver illustre ce changement de paradigme dès la première réplique de la pièce : en effet, Lubin s'exclame : « Quelque chose aujourd'hui à vous présenter de sensationnel », illustrant ainsi le fait que le travail moderne se doit d'être disruptif, c'est-à-dire de constituer chaque jour « un événement sans précédent ». Cet impératif est renforcé après la prise de pouvoir de Benoît. Ce dernier ne dissimule pas son projet de faire entrer l'entreprise dans une nouvelle temporalité : dans son discours, il affirme que les salariés qui « n'adopteront pas la cadence, eh bien ils resteront sur le quai »[14]. Simone Weil démontre que cette accélération a eu lieu sous l'effet de la division tayloriste du travail : en effet, dans « Expérience de la vie d'usine », elle explique que « le premier détail qui, dans la journée, rend la servi-

[9] livre II, 379–413 [10] p. 207 [11] « Expérience de la vie d'usine », p. 348 [12] livre I, 22–56
[13] sixième mouvement [14] quatrième mouvement

tude sensible, c'est la pendule de pointage »[15]. Cette tyrannie du présent provoque « l'angoisse de ne pas aller assez vite »[16]. Et, paradoxalement, ce « mélange de la monotonie et du hasard » a pour conséquence qu'une fois rentré chez lui l'ouvrier « a trouvé le temps long »[17]. Ainsi, Simone Weil affirme que cette dilatation paradoxale du temps du travail nuit à sa qualité et au bonheur du travailleur.

Le travail articule donc les temporalités : la journée du travailleur engage le travail dans le temps long ; et ainsi, pour devenir créateurs, nous devons nous laisser saisir par le temps.

LORSQUE le jardinier cultive une fleur, il associe son geste quotidien et patient à l'œuvre des siècles : de la même manière, le travail nous implique donc dans le temps.

Parce que le travail produit du nouveau, il est fondamentalement ouvert sur l'avenir. Cela est vrai du travail littéraire : en effet, la « version hyper-brève » de *Par-dessus bord*, rédigée en 2002, est le produit du long affinage de versions plus longues : la pièce constitue donc un travail toujours en cours. Cette ouverture sur l'avenir est également vraie du travail en usine : dans ses écrits, Simone Weil est soucieuse de mettre en perspective le travail des ouvriers avec leur devenir historique : comme le souligne l'anaphore « À l'égard de l'avenir » à la fin d'« Expérience de la vie d'usine »[18]. En effet, l'organisation du travail ne doit pas obturer l'avenir : chaque ouvrier, prétend Weil, doit être capable d'imaginer son futur, prochain ou plus lointain.

Ainsi, le travailleur donne rétrospectivement du sens à son travail. Pour Simone Weil, cette dimension s'exprime négativement pour l'ouvrier : en effet, elle observe qu'à cause de la division tayloriste, de la fragmentation des processus, les ouvriers « ne fabriquent pas véritablement des objets »[19]. Pourtant, elle estime qu'un des plus puissants stimulants du travail est « le sentiment qu'il y a quelque chose à faire et qu'un effort doit être accompli »[20] : ainsi, l'ouvrier perd le sens de son travail. *A contrario*, au terme de son œuvre, dans ses derniers vers, le poète Virgile se retourne et observe son travail : dans sa péroraison, il fait le bilan de sa poésie : « Voilà ce que je chantais sur les soins à donner aux guérets et aux troupeaux, ainsi que sur les arbres ». Son travail littéraire, « obscur loisir », n'a pas été vain. Lors de ce moment de retour, le travailleur examine ce qu'il a produit et prend ainsi conscience qu'il est impliqué dans le temps.

Cette mise en perspective des différentes temporalités du travail se manifeste à une échelle plus large : le travail articule le temps court de la journée et le temps long de l'Histoire. Cet effet de superposition se

[15] p. 330 [16] p. 334 [17] p. 338 [18] p. 349 [19] « Expérience de la vie d'usine », p. 346
[20] p. 344

manifeste dans *Par-dessus bord*. En effet, le texte additionne au sein de chaque tableau le présent de l'entreprise, la temporalité du mythe (l'affrontement des Ases et des Vanes) et celle de l'Histoire (du XVIIIe et XXe siècle). Ces résurgences du passé dans le présent créent des effets d'écho et démontrent que le travail moderne s'inscrit dans de grands mouvements historiques et universels : l'absorption de la PME participe en effet à ces cycles de création et de destruction. Virgile utilise le même procédé : ainsi, l'apiculteur aura recours au moyen employé par Aristée en laissant se putréfier le cadavre d'un veau d'où sortira un nouvel essaim. Pour Virgile, le symbole de ce rapport est le chêne : en effet, « il demeure immobile, et sa durée en se déroulant triomphe de bien des postérités et de bien des générations d'hommes ».[21]

Réponse

LE TRAVAIL apparaît donc comme une activité qui oblige l'homme à composer avec l'action du temps. Cet acte peut devenir créateur, car il s'inscrit à la fois dans la durée et dans l'actualité du présent. En tension entre le passé, le présent et l'avenir, le travail permet au travailleur d'appréhender son propre rapport au temps.

Ouverture

La formule de William Blake engage donc l'homme à l'humilité, dans la mesure où la temporalité humaine n'est pas la mesure de la création : le travailleur doit gagner en patience et s'autoriser, même si cela peut paraître anachronique, à laisser filer le temps.

IV Éviter le hors-sujet

Ce sujet diffère des citations qui évoquent la durée du travail et la façon dont le temps du travail s'articule à celui de la vie. On se gardera de superposer la maxime de Blake au propos suivant d'André Gorz (*Les Métamorphoses du travail*, 1988) : « Le temps de la vie n'a plus à être géré en fonction du temps de travail ; c'est le travail qui doit trouver sa place, subordonnée, dans un projet de vie. » L'ambition du sociologue n'est pas d'articuler un temps long (celui de la vie) et un temps court (celui du travail), mais de les hiérarchiser. Son analyse implique une conception politique du travail et s'inscrit en faux contre les excès du travail moderne où l'on vit pour travailler.

De ce point de vue, le temps apparaît comme le critère qui doit permettre au travailleur de réorganiser son existence : en mesurant l'importance relative du temps du travail dans sa vie, ce dernier peut ainsi distinguer le travail qui permet à l'homme de s'émanciper et celui qui l'aliène. Ainsi, ce sujet impliquerait moins de s'interroger sur la façon dont le travail articule les temporalités que d'éprouver cette hiérarchisation entre temps de travail et temps des loisirs.

[21] livre II, 279–312

Notions abordées : avenir, oisiveté, motivation du travail, éducation

Sujet 13
Dans *Bouvard et Pécuchet* de Gustave Flaubert (1881), les personnages éponymes se chargent de l'éducation de deux jeunes orphelins, à propos desquels il est écrit : « Mais pour les enfants l'avenir n'existe pas. On avait beau les saturer de cette maxime : "Que le travail est honorable et que les riches parfois sont malheureux", ils avaient connu des travailleurs nullement honorés et se rappelaient le château où la vie semblait bonne. »
Vous examinerez la pertinence de ce propos en le confrontant aux trois œuvres au programme.

Corrigé proposé par Jacques Bianco

I Analyse du sujet

1 Analyse des termes du sujet

Les orphelins discutent-ils réellement une maxime, ou plutôt des lieux communs maladroits destinés à les faire travailler coûte que coûte ? Le travail n'est qu'« honorable » : le terme, vague, est loin d'être mélioratif et de vanter convenablement les vertus du travail. À cela s'ajoute la doxa populaire (assénée par un « on » impersonnel, derrière lequel on reconnaît néanmoins Bouvard et Pécuchet) selon laquelle l'argent ne fait pas le bonheur – et encore, cela n'est que « parfois » le cas. L'humour de la citation tient au fait que les enfants prennent au sérieux les poncifs enseignés et n'ont pas grand mal à les contredire, en procédant par contre-exemples ; la naïveté du propos d'origine est discutée par un propos non moins naïf, et pourtant moins ridicule aux yeux du lecteur, car il vient d'enfants, et qu'il est incontestable que l'aisance oisive est plus agréable qu'un labeur parfois dégradant. De cela, il ressort une évidence : il est vain de considérer le sens du travail par induction d'observations diverses, puisqu'il existe à la fois des travailleurs honorés et d'autres dégradés, des châtelains heureux et d'autres malheureux.

Aussi faudrait-il, pour encourager les enfants à travailler, recourir à d'autres arguments, ceux de Bouvard et Pécuchet étant disqualifiés d'entrée. Or – et c'est la seule phrase de la citation que le lecteur avisé est invité à prendre au sérieux – « pour les enfants l'avenir n'existe pas » : ils ont une considération immédiate du travail, selon laquelle la peine requise, imminente, a seule de la valeur. Cela révèle, en creux, une conception du travail analogue à celle de la fourmi de la fable : il s'agit de sacrifier le repos d'aujourd'hui à une jouissance future, ce dont sont incapables les êtres déraisonnables (les enfants comme la cigale). Ainsi, dans l'ensemble du propos, le ménagement d'un avenir meilleur apparaît comme la seule justification sensée du travail, sinon aisément relégué au nombre des peines dispensables.

2 Confrontation aux œuvres

On reconnaît dans cette justification du travail la beauté du labeur chanté par Virgile dans les ***Géorgiques*** : le cultivateur obligé de lire correctement les pronostics de la nature, l'éleveur apte à distinguer la bête robuste de la bête malade, l'abeille « prévoyant la venue de l'hiver »[1] travaillent tous en prévision de l'avenir. L'oisiveté n'est pas une option considérée : il s'agit de travailler pour préparer le lendemain – quoique Virgile sublime le labeur pour en tirer la poésie et la satisfaction immédiates.

Dans ***Par-dessus bord***, le travail de l'entreprise repose certes sur des stratégies risquées dont la finalité est de jouir de lendemains fleurissants – raison pour laquelle le PDG Fernand Dehaze accepte tout d'abord de travailler à perte tout en poursuivant ses investissements. Mais si la promesse du bénéfice à venir tout comme l'ambition du carriériste font envisager l'avenir comme la récompense de la peine immédiate, la pièce de Michel Vinaver montre également que le travailleur peut trouver sa tâche vaine, voire néfaste, sans compter l'hypothèse que les espoirs soient déçus ou que la stratégie commerciale se révèle mauvaise. Auquel cas le travail n'aurait-il plus aucun sens, et faudrait-il lui préférer le repos ?

Enfin, d'après la lecture de ***La Condition ouvrière***, les travailleurs peinent en faveur d'un avenir à très court terme, le repas du lendemain : il s'agit de travailler pour survivre. Mais cette échéance diffère de « l'avenir » évoqué par Flaubert, puisque la satisfaction future des ouvriers, une fois le repas assuré, est nulle ; au contraire, Simone Weil montre à quel point le travailleur est enfermé dans une temporalité biaisée, scandée par l'éternel retour de la pièce à fabriquer ; il ne se ménage pas un avenir meilleur, mais un lendemain identique, sans perspective. Le tout, bien entendu, dans des conditions déplorables qui sapent à la fois son corps et son moral, inaptes à se régénérer pour jouir d'un futur sans promesse.

3 Problématisation

Après analyse de la citation de Flaubert, il apparaît que le travail est une peine maladroitement justifiée par les éducateurs, et que les enfants ont a priori raison de lui préférer l'oisiveté des châtelains. Mais ces enfants sont incapables de considérer les fruits futurs de ce travail, seule justification de la peine encourue. Dans quelle mesure le ménagement de l'avenir est-il la manière la plus sensée de conférer un sens au travail ?

[1] livre IV, vers 154–184

II Plan détaillé

I Le travail est préférable à l'oisiveté en ce qu'il garantit un avenir serein
1. À court terme, il permet de survivre
2. À moyen terme, la récolte des fruits du travail suscite une satisfaction supérieure à la jouissance immédiate du repos
3. Et à long terme ? Comment le travail est-il intrinsèquement à même de ménager un avenir meilleur ?

« L'avenir » évoqué est vague : jusqu'à quel point est-il raisonnable de travailler pour un futur aux contours non définis ? D'autant plus qu'il s'agit de la seule justification sensée du travail immédiat. En réalité, ce n'est pas seulement pour l'enfant mais pour le travailleur que l'avenir n'existe pas.

II Pour le travailleur, l'avenir n'existe pas
1. Parce que l'avenir est sans garantie
2. Parce qu'il est tout accaparé à sa tâche
3. Parce qu'il ne conçoit pas toujours la finalité de sa tâche

Comment encourager le travail par la promesse d'un avenir heureux si le travailleur, comme les élèves de Bouvard et Pécuchet, n'est pas en mesure de le concevoir ? Dès lors, dans cette temporalité à long terme dans laquelle s'inscrit la conception du travail que nous discutons, il s'agit de préparer l'avenir tout en favorisant un présent déjà immédiatement satisfaisant.

III Le travailleur doit s'inscrire dans une temporalité longue qui se prépare dans le présent
1. L'avenir est sans garantie, mais un présent satisfaisant le prépare mieux
2. Avoir du recul sur sa tâche permet à la fois de mieux l'apprécier et de mieux la comprendre
3. Le travail idéal s'inscrit donc dans une temporalité longue où chaque étape est source de bienfaits

III Dissertation rédigée

Si *La Cigale et la Fourmi* est enseignée à tous les écoliers de France, c'est pour apprendre à ces enfants, déraisonnables par nature et incapables de sacrifier une jouissance présente au nom d'un futur sans forme, la valeur du travail, seul à même de ménager un avenir serein. Accroche

Or, les élèves de Bouvard et Pécuchet, dans le roman de Gustave Flaubert qui porte leurs noms (1881), ne dérogent pas à la règle : « Mais pour les enfants l'avenir n'existe pas. On avait beau les saturer de cette maxime : "Que le travail est honorable et que les riches parfois sont Citation et analyse malheureux", ils avaient connu des travailleurs nullement honorés et se rappelaient le château où la vie semblait bonne. » Les maladroits éducateurs ne recourent pas à La Fontaine, mais à de vagues lieux communs pour persuader leurs élèves de se mettre au travail : la « maxime », ainsi désignée par ironie, est vide de sens et ne saurait convaincre quiconque des vertus du travail. Les enfants n'ont aucun mal à contredire les poncifs, en recourant à des contre-exemples : procédé naïf qui ne révèle que l'évidente vanité de mesurer la nécessité du travail au nombre des travailleurs honorés ou des oisifs satisfaits. Seule la première phrase est sérieusement considérée par le lecteur : « pour les enfants l'avenir n'existe pas », c'est-à-dire que, pour un être incapable d'anticiper les joies futures au détriment des plaisirs présents, le travail ne saurait avoir de sens ; et donc que sa seule raison d'être réside dans la jouissance future de ses fruits, à l'image de la fourmi.

Pbmatique Dans quelle mesure le ménagement de l'avenir est-il la manière la plus sensée de conférer un sens au travail ?

Plan Certes, le travail permet de ménager un avenir serein. Mais ce futur est incertain, mal défini : pour les travailleurs comme pour les enfants, l'avenir n'existe pas. C'est dès lors en inscrivant sa tâche dans une temporalité longue qui ne sacrifie pas le présent au nom de l'avenir que l'individu peut donner un sens à son travail.

Si le travail prime l'oisiveté, c'est que, contrairement à elle, il ménage un avenir serein.

Tout d'abord, c'est à court terme que ses effets sont appréciables : le travail permet de « gagner sa vie », c'est-à-dire de survivre. En cela, le travail n'est pas un choix, une option envisageable – hormis pour les châtelains que l'oisiveté ne menace pas. Mais les élèves de Bouvard et Pécuchet, ni nobles ni rentiers, vont devoir travailler, quoi qu'il leur en coûte. Ce n'est pas de gaieté de cœur que les ouvriers se rendent à l'usine, mais bien « à cause d'un besoin, [...] "parce qu'on a besoin de gagner sa vie" »[2], insiste Simone Weil, qui décrit la précarité des travailleurs et leur souci permanent de compter chaque sou. De la même façon, Virgile chante le temps du travail, celui qui suit l'âge d'or où l'homme pouvait se sustenter à loisir ; désormais, les cultivateurs doivent maîtriser leur art pour voir « la très juste terre leur verser de son sol une nourriture facile »[3]. Mais, passé la nécessité de se nourrir, le travail ménage également d'autres bienfaits futurs.

En effet, la satisfaction future n'est pas uniquement physique : le travail bien fait suscite une jouissance spirituelle, résultat intrinsèquement supérieur à celui de l'oisiveté inféconde. De là naît la poésie virgilienne :

[2] p. 419 [3] livre II, vers 446–479

le travail, préparé bien en amont, dès l'apprentissage des signes de la nature, est beau et jouissif tout à la fois : « apprenez les procédés de cultures propres à chaque espèce [...]. Il y a plaisir à planter Bacchus »[4]. Le travailleur satisfait est nourri intellectuellement : s'il dépérit lorsqu'il ne voit plus de sens à son travail (ainsi Passemar, qui, au quatrième mouvement, déplore auprès de Benoît que lui et d'autres employés ne comprennent pas la nouvelle organisation de l'entreprise), il se trouve au contraire revigoré si son travail est plaisant : Cohen est « plus heureux maintenant [que] le travail est plus intéressant »[5]. Le bénéfice du travailleur est donc d'une double nature. Mais suffit-il à incarner l'avenir au nom duquel il se condamne à travailler ?

En effet, les vertus associées au travail ne sont guère des bénéfices à long terme. Le travail est-il intrinsèquement à même de ménager un avenir meilleur, autre que par la survie et l'assentiment ? De ce point de vue, les œuvres du programme n'incitent pas à l'optimisme : Vinaver montre l'absence de perspective à long terme ; en atteste la fin de sa pièce, où le discours de M. Onde sur les Ases et les Vanes, qui « en avaient assez de cette alternance épuisante d'échecs et de succès sans suite », fait directement allusion à la situation de l'employé, prisonnier du même désabusement. La conclusion de Passemar est éloquente : « De sorte que la fin rejoint le commencement » ; à quoi tout cela a-t-il donc mené ? La perspective n'est guère plus réjouissante chez Simone Weil : la nouvelle « rationalisation » du travail dans les usines n'attend de l'avenir qu'un nombre toujours supérieur de pièces produites en un temps donné, non la promesse pour le travailleur de quelque jouissance de son labeur[6]. Il s'agit donc de définir cet « avenir » dans lequel, a priori, le travailleur n'est pas le bienvenu.

« L'avenir » évoqué est vague : jusqu'à quel point est-il raisonnable de travailler pour un futur aux contours non définis ? D'autant plus qu'il s'agit de la seule justification sensée du travail immédiat. En réalité, ce n'est pas seulement pour l'enfant, mais pour le travailleur que l'avenir n'existe pas.

Il est raisonnable de se ranger à l'avis des élèves de Bouvard et Pécuchet et de ne pas travailler en prévision d'un avenir que le travailleur ne peut concevoir – et ce, pour plusieurs raisons.

Tout d'abord, c'est parce que l'avenir est sans garantie : le travailleur peut s'épuiser à sa tâche et ne jamais goûter les fruits de son labeur, à cause de facteurs indépendants de sa volonté. Dès le début des *Géorgiques*, Virgile prévient : « Et cependant, en dépit de tout ce mal que les

[4] livre II, vers 22–54 [5] début du cinquième mouvement [6] p. 307

hommes et les bœufs se sont donné pour retourner la terre, ils ont encore à craindre l'oie vorace, les grues du Strymon, l'endive aux fibres amères et les méfaits de l'ombre. »[7] Le risque est inhérent : la seule caractéristique intrinsèque du travail en est la peine, et non la récompense. Tel est le sort de l'entreprise, ainsi qu'on le voit dans *Par-dessus bord* : le risque est l'essence même de l'investissement, et Fernand Dehaze l'accepte sans sourciller alors que ses « ventes baissent avec régularité de quatre pour cent par mois »[8]. L'entreprise remportera certes son pari, mais sans son PDG, terrassé par un infarctus et rapidement remplacé par Benoît, le fils ambitieux : l'avenir est incertain pour le travail comme pour le travailleur. Or, si ce dernier est menacé dans son intégrité, c'est qu'il est tout absorbé à sa tâche.

En effet, comment le travailleur, qui ne goûte pas un instant de répit, pourrait-il œuvrer en faveur d'un avenir qu'il n'a pas le loisir d'envisager ? Simone Weil ne cesse de déplorer l'enchaînement moral des ouvriers, soumis à la cadence infernale de la production (sans qu'un moment d'égarement soit permis, car le geste demande vivacité et précision), conjuguée à la volonté imprévisible du chef : « l'avenir de celui qui travaille dans une usine est vide à cause de l'impossibilité de prévoir »[9]. Weil oppose certes cette cadence à celle du paysan, soumis au rythme naturel et prévisible des astres : mais le travailleur virgilien est lui aussi tout absorbé à sa tâche, sans répit : « Si d'aventure une pluie froide retient le cultivateur chez lui, il peut faire à loisir bien des ouvrages qu'il lui faudrait plus tard hâter par un ciel serein »[10]. Le cultivateur, l'éleveur, l'abeille sont également emportés dans un cycle sans fin, où chaque geste répété est incompatible avec l'avènement d'un temps où le travail serait achevé. Ainsi, si l'avenir n'existe pas, c'est surtout pour le travailleur qui ne conçoit pas la finalité de sa tâche.

Que le travailleur s'épuise à une tâche dont il ne conçoit pas la finalité, c'est, pour Weil, l'un de ses principaux maux. Les ouvriers travaillent les pièces comme des machines, sans se les approprier : « L'ouvrier ne sait pas ce qu'il produit, et par suite il n'a pas le sentiment d'avoir produit, mais de s'être épuisé à vide. »[11] De la manière la plus grave et radicale, « l'avenir n'existe pas » : l'individu a oeuvré pour rien, et ne tire d'autre sens que celui de survivre pour recommencer. Vinaver montre que certains employés, à force de répéter les mêmes tâches, perdent de vue les raisons de leur action. Lubin tâche régulièrement de convaincre Madame Lépine de se fournir auprès de lui en recourant aux mêmes arguments, et, au quatrième mouvement, se dédouane de l'échec de sa stratégie : « la faute n'est pas mienne si les ventes baissent » ; seul Passemar, auquel le privilège d'auteur donne une certaine lucidité, se questionne quant au sens de

[7] livre I, vers 91–122 [8] premier mouvement [9] p. 348 [10] livre I, vers 255–288
[11] p. 340

son travail : « l'absorption de la moyenne entreprise où je suis moi-même un cadre moyen [...] est-ce un bien ? Est-ce un mal ? »[12] Ce doute est celui du travailleur qui ignore en vertu de quel avenir il épuise son présent.

Comment encourager le travail par la promesse d'un avenir heureux si le travailleur, comme les élèves de Bouvard et Pécuchet, n'est pas en mesure de le concevoir ? Dès lors, dans cette temporalité à long terme dans laquelle s'inscrit la conception du travail que nous discutons, il s'agit de préparer l'avenir tout en favorisant un présent déjà immédiatement satisfaisant.

LE TRAVAILLEUR, incapable de tout sacrifier à un avenir informe, doit inscrire son effort dans une temporalité longue, qui se prépare dès le présent.

Certes, l'avenir est sans garantie : mais se montrer attentif au moment présent le prépare mieux. Si le cultivateur n'est pas maître de la nature, il peut mettre les chances de son côté en écoutant ses pronostics. Ce mal est également politique : c'est pour avoir négligé les présages que Rome s'embourbe dans la guerre civile, corruption de l'avenir dont la trace sera justement visible dans les champs : « un temps viendra-t-il que, dans ces contrées, le laboureur, en remuant la terre avec l'airain courbé, trouvera des javelots rongés d'une rouille lépreuse »[13]. Dans *Par-dessus bord*, Benoît a bien compris que le futur dépend d'aujourd'hui : dans le mouvement intitulé « Le triomphe », il demande à ses collègues de se projeter dans dix ou vingt ans : « Parce que le long terme c'est demain. » Soigner le présent, c'est donc prendre garde aux fruits futurs de son travail ; mais il s'agit surtout, pour le travailleur, d'avoir le moral satisfait dès l'instant de sa tâche, pour pouvoir faire exister l'avenir.

Ainsi, pour ne pas sombrer, le travailleur doit sentir, au moment du labeur, la portée future de sa tâche. Weil, qui affirme que « le pire attentat » est porté « contre l'attention des travailleurs »[14], propose un aménagement des conditions de travail tel que l'ouvrier, fier de son appartenance à l'usine (qu'il pourrait faire visiter à sa famille), puisse y penser – et conférer une finalité à son ouvrage ainsi qu'à son existence. C'est cet écueil qui provoque la démission de Lubin, à la fin du cinquième mouvement de *Par-dessus bord* : accusant d'abord le carriérisme de ses collègues, il finit par concéder à deux reprises à Mme Lépine : « On ne prend pas toujours le temps de réfléchir », suggérant au spectateur que davantage de recul sur sa tâche lui aurait permis de s'ancrer dans la stratégie à long terme de l'entreprise. La satisfaction du présent et de l'avenir vont de pair.

---

12 premier mouvement 13 fin du livre I, vers 491–514 14 p. 433

Le travail idéal s'inscrit donc dans une temporalité longue où chaque étape est source de bienfaits. Penser au bien-être à long terme des ouvriers, c'est d'abord, pour Weil, réduire au maximum leurs souffrances présentes, d'une manière concrète (fin de l'arbitraire des renvois, communication avec le patron), pour, à terme, envisager une véritable poésie de l'usine, où l'ouvrier s'épanouisse en Dieu[15]. C'est un idéal de même nature que chante Virgile, dont le laboureur, loin du faste de la ville et des agitations de la guerre, cueille le bonheur au sein d'une terre indocile que son travail a rendue fertile : « avec ces richesses, il s'égalait, en son âme, aux rois »[16]. Il s'agit certes de travailler en prévision d'un avenir : mais les satisfactions futures se goûtent déjà dans l'instant du labeur.

Réponse

Le travail, dans son essence même, suppose la récolte de bienfaits futurs et, en cela, le travailleur doit être un individu raisonnable qui puisse concevoir le sacrifice de l'oisiveté au nom d'un bénéfice qui n'existe pas encore.

Ouverture

Mais les conditions de travail rendent l'avenir à la fois informe et incertain : aussi faut-il fabriquer son sens et trouver à sa tâche des satisfactions présentes, première étape d'une temporalité à long terme où le travailleur puisse durablement s'épanouir.

IV Éviter le hors-sujet

De nombreux sujets pourront mettre en tension les vertus du travail et celles du repos, ou encore discuter la part d'ennui à l'œuvre, pour trancher s'il est préférable de travailler ou non ; ainsi Baudelaire écrit-il, dans *Mon cœur mis à nu* : « Il faut travailler, sinon par goût, au moins par désespoir, puisque, tout bien vérifié, travailler est moins ennuyeux que s'amuser. »

C'est cette opposition, relativement banale, entre le travail et l'oisiveté que Flaubert esquisse dans notre sujet, mais en disqualifiant humoristiquement l'un et l'autre propos tenus. Or, il suggère en creux la manière véritable de justifier le travail (la préparation d'un avenir meilleur, ce que des enfants ne peuvent concevoir), et c'est cela qui nous permet de problématiser la citation. Baudelaire lui aussi complique cette opposition trop simple avec un trait d'humour, mais d'une façon différente : il n'y a pas chez lui la suggestion d'un travail justifié par l'anticipation d'un avenir heureux.

[15] p. 424 [16] livre IV, vers 122–154

Notions abordées : métier, durée, valeur, outils, humilité

Sujet 14
« Rien n'est plus laid qu'un outil brisé et jeté sur un tas ; rien n'est plus laid qu'une machine rouillée, une roue brisée au bord de la route. Les choses du travail n'ont de sens que dans le mouvement qui les emporte ou les entoure, ou bien dans leur court repos, quand tout marque que l'homme va revenir. » (Alain, *Les Idées et les Âges*, 1927)
Dans quelle mesure votre lecture des œuvres du programme vous permet-elle de souscrire à ce jugement ?

Corrigé proposé par François Tenaud

I Analyse du sujet

1 Analyse des termes du sujet

La première phrase comprend deux propositions indépendantes qui commencent toutes les deux par la même formule : « rien n'est plus laid ». Ces deux propositions apparaissent un peu comme des sentences. Trois images sont utilisées : l'outil et la roue brisés, puis la machine rouillée. L'outil est « jeté » sur un « tas », la machine est « rouillée » et la roue laissée au « bord de la route ».

Les trois images renvoient au même schéma : un instrument de travail à l'abandon, hors d'usage. L'efficacité de l'image provient d'un glissement, car le contenu des images (l'outil, la machine et la roue) est regardé d'un point de vue esthétique : « rien n'est plus laid ». Mais pourquoi évaluer « les choses du travail » selon leur beauté plutôt que leur utilité ? En effet, la beauté exprime toujours une forme d'harmonie entre l'idée et la matière ; harmonie que les outils, manifestement, n'expriment plus.

La seconde phrase perce un peu le mystère de cette substitution : une chose du travail n'a de « sens » qu'en « mouvement ». Et l'idée du mouvement est très présente : « emporte », « entoure », « revenir ». La construction de la phrase insiste sur la cause extérieure de ce mouvement qui « emporte » les « choses du travail ». Elles sont appelées à être prises en main, utilisées, littéralement mobilisées, c'est-à-dire rendues mobiles. La roue brisée au bord du chemin manifeste cette déréliction, cette déchéance des outils. Les outils n'étant pas la cause de leur mobilité, Alain dirige notre regard vers l'homme qui les met en mouvement. On devine alors que la laideur de l'outil brisé et jeté ne renvoie pas à son état propre, mais, en creux, à l'absence de l'homme.

C'est que le monde technique est un monde dont l'homme devrait être le principe. La laideur de l'outil s'inscrit dans l'écart entre ce qu'il peut devenir, si un homme de métier s'en saisit, et le vestige inutile décrit par les images. C'est pourquoi un outil « brisé » n'est pas un outil « au repos ». Brisé, il est livré à la nature, à la rouille. Au repos, il annonce que « l'homme va revenir ». L'homme au repos refait ses forces et, de retour au travail, redonne vie aux outils ; mais l'homme mort ne revient plus. Et si « la machine rouillée au bord de la route » préfigurait la mort, le grand silence des outils, l'effacement des métiers, et le repos sans retour de l'homme ?

2 Confrontation aux œuvres

Dans les *Géorgiques*, le travail des champs paraît comme une célébration de la vie. Les vétérans habitués à la vie austère des campagnes militaires pourront découvrir les grandeurs moins pompeuses du labeur paysan. Le labeur agricole est une forme de communion, d'inscription au sein d'un cycle qui transcende les existences particulières. Pour **Virgile**, il s'agit donc moins de créer un monde qui échappe à l'usure du temps que de consacrer l'harmonie entre la nature et l'art, entre l'outil et le vivant, comme si la technique venait prolonger la spontanéité naturelle.

Vinaver se fait l'écho, dans *Par-dessus bord*, d'un univers où le métier manuel a disparu : le champ du marketing, du capitalisme financier, des parts de marché exclut la durée propre à l'exercice d'un métier artisanal. Certes, de nouveaux outils et techniques sont inventés, mais dans le but d'accélérer le mouvement, et non de l'accompagner. Et, ce qui n'est pas le moindre des paradoxes, le travail se trouve menacé non par l'effacement de l'homme, mais au contraire par son épuisement dans un mouvement permanent.

La Condition ouvrière restitue une somme d'expériences dans lesquelles une intellectuelle brillante s'efforce de travailler avec ses mains et son corps. **Weil** décrit les douleurs et même les souffrances que cela provoque. Mais l'expérience du travail à l'usine dépeinte n'est plus celle des artisans ou des ouvriers qualifiés. Les manœuvres ne sont que des mains utiles et non des mains expertes. C'est donc bien une rupture qui est manifestée, puisque les outils ne sont plus animés par des hommes, mais par des systèmes, et ne sont plus intégrés à des gestes, mais à des chaînes de montage.

3 Problématisation

Notre interprétation de la citation permet d'énoncer une thèse : le travail libère l'homme de l'angoisse de la mort. On peut lui en opposer une autre : le travail peut renvoyer l'homme à la vanité de ses ambitions, qui le divertissent et le détournent de l'essentiel. La tension qui se dégage entre la vie que l'homme donne aux outils et la vie que l'homme perd au travail paraît alors manifeste. Faut-il exercer un métier pour espérer une vie bonne ?

II Plan détaillé

I Le travail, c'est la santé, dit l'adage. En façonnant la matière, l'individu aspire à laisser une trace qui lui subsiste

1. La vie est elle-même un travail
2. Le travail de l'homme répond à l'usure du temps
3. L'homme travaille pour que quelque chose demeure

Vivre est naturel, mais travailler à vivre est une ambition. Le métier traduit la volonté de transformer la nature et de former notre nature. Pour autant, vivre n'est pas un métier, même si le métier peut donner sens à la vie.

II Le métier nous rend insubstituables, car ce que nous faisons par notre art nous distingue des autres. Il permet de constituer une expérience profondément incarnée de la vie

1. Apprendre un métier, c'est davantage qu'apprendre à travailler
2. Mais le métier d'être homme n'existe pas...
3. ... même si nous pouvons mieux comprendre la vie par notre métier

S'il n'existe pas un métier d'être homme, il existe des métiers qui permettent à l'homme de s'accomplir.

III Le métier s'apprend toute la vie ; il peut donc se transformer avec la vie qui change, et même conduire chacun, à sa mesure, à travailler à quelque chose de plus important que sa propre vie

1. Le métier ne s'oublie pas
2. Il permet à l'individu d'accompagner la vieillesse
3. Et à l'homme de travailler à ce qui le dépasse

III Dissertation rédigée

Accroche

« SI, J'AIMAIS [...] les termes considérables, je dirais que tout métier, même très humble, ébauche en nous une éthique et une esthétique » affirme Paul Valéry (*Métier d'homme*) en préfaçant le livre d'un ingénieur.

Citation et analyse

C'est à la même intuition que nous renvoie Alain pour qui « Rien n'est plus laid qu'un outil brisé et jeté sur un tas ; rien n'est plus laid qu'une machine rouillée, une roue brisée au bord de la route. Les choses du travail n'ont de sens que dans le mouvement qui les emporte ou les entoure, ou bien dans leur court repos, quand tout marque que l'homme va revenir. » Les outils sont décrits, dans la première partie du libellé, comme des vestiges d'une activité passée, dans laquelle ils appartenaient à un monde qu'ils façonnaient aussi. La roue brisée, abandonnée au fossé, creuse le sentiment de déréliction exprimée par l'image. Alain nous invite à imaginer ce que l'image ne montre pas : l'artisan, l'ouvrier, qui a laissé ainsi, brisées, les « choses [de son] travail ». C'est au fond ce qui est « laid » dans cette description : non les outils en eux-mêmes, mais ce que leur état dit de l'ouvrier les ayant laissés « au bord de la route ». L'outil « au repos » annonce le retour de l'homme ; l'outil « brisé », sa chute. Finalement, si l'homme abandonne ses outils, que lui reste-t-il ?

Pbmatique

L'ouvrier donne vie aux choses du travail ; mais, dans son travail et dans son geste, le métier vient donner forme à la vie. Faut-il exercer un métier pour espérer une vie bonne ?

Plan

En essayant de comprendre d'abord pourquoi le métier peut conjurer en partie l'angoisse de mourir, nous questionnerons ensuite la fonction pratique du métier, puis, dans un troisième temps, sa dimension éthique.

LE TRAVAIL, c'est la santé, dit l'adage. En façonnant la matière, l'individu aspire à laisser une trace qui lui subsiste. Le travail peut nous user, nous faire vieillir. Mais, de toute façon, le vieillissement est le propre du vivant. Par contre, le travail humain peut empêcher que le temps engloutisse toute vie.

Les seuls parmi le genre humain à être dispensés de travailler sont les enfants et les malades. Et « même aux jours de fête, écrit Virgile dans le premier livre des *Géorgiques*[1], il est des travaux auxquels les lois divines [...] permettent de se livrer ». Ainsi, nul ne peut prétendre échapper à la nécessité de travailler. Mais le travail n'est pas seulement le moyen de survivre, il est incorporé à la vie elle-même : le corps de la femme qui enfante est en travail, l'esprit qui rêve la nuit, durant son repos, est encore en travail. Et Passemar, l'auteur proclamé de *Par-dessus bord*,

[1] vers 255–288

que fait-il sinon incorporer le travail à sa vie, en écrivant la pièce de laquelle il est auteur et dans laquelle il est salarié ? Il « fallait vivre », dit-il au premier mouvement pour expliquer qu'il était entré chez Ravoire et Dehaze. Il fallait vivre, certes, mais le travail n'empêche pas de mourir. Il empêche par contre que tout s'efface.

Le temps qui passe est vide. Ce même Passemar qui écoute par la bouche d'un universitaire sans auditoire le récit de la guerre mythologique opposant les Ases et les Vanes voit-il dans sa propre vie professionnelle l'écho du poème eddique : « cette alternance épuisante d'échecs et de succès sans suite de part et d'autre »[2] ? Modestement, pourtant, le travail, sans arrêter le temps, permet aux choses d'être regardées et conservées. Virgile dans les *Géorgiques* voit l'homme comme celui qui, par l'effet de son métier patiemment acquis, peut donner du « lustre à de minces objets »[3] en faisant de la technique le moyen de révéler certains aspects de la nature. Le travail bien fait, celui qui offre aux choses le lustre de pouvoir faire partie d'un monde, ne permet pas d'éviter l'usure du temps, mais il sauve l'ouvrier de l'anonymat et l'œuvre de l'oubli.

Ainsi s'engage une lutte entre le temps et la conscience : « nous avons été jetés hors de l'éternité ; et nous devons réellement traverser le temps avec peine »[4], constate Simone Weil dans l'« Expérience de la vie d'usine ». Mais la chute de l'homme ne l'empêche ni de faire ni de se réjouir au travail, et c'est pourquoi on ne doit pas en libérer la vie humaine. Weil explique, dans sa correspondance avec Jacques Lafitte, la gravité d'une telle approche. La vie livrée aux loisirs serait une aliénation pire que celle de la condition ouvrière : « il ne faut pas tendre à réduire indéfiniment la part du travail dans la vie humaine »[5]. L'activité humaine qui saisit, dans le temps, la possibilité de l'apprentissage et du progrès de son geste, qui saisit aussi la grâce d'un savoir-faire qui permet de spiritualiser la matière, saisit l'importance de ce que les *Géorgiques* appellent, chez les abeilles, « les instincts merveilleux »[6].

Vivre est naturel, mais travailler à vivre est une ambition. Le métier traduit la volonté de transformer la nature et de former notre nature. Pour autant, vivre n'est pas un métier, même si le métier peut donner sens à la vie.

LE MÉTIER qui inscrit le geste dans l'épaisseur de notre existence n'a pas la même signification que l'emploi qui nous occupe pendant notre vie professionnelle. Il renvoie à une discipline intérieure qui transforme le travail en processus créateur.

---

[2] premier mouvement [3] livre III, vers 286–317 [4] p. 348 [5] p. 257 [6] livre IV, vers 122–154

On mettait autrefois une vie à apprendre un métier. Or, les sociologues expliquent qu'entrer aujourd'hui sur le marché du travail, c'est se préparer à exercer de nombreux métiers. Cette tension qui court autour de la définition d'un métier est manifeste dans *Par-dessus bord*. En effet, même si les emplois au sein de Ravoir et Dehaze n'ont plus rien d'artisanal, il n'empêche que les acteurs de ce nouveau monde les décrivent comme s'il s'agissait de métiers manuels : « un produit ça ne se bricole pas », lance ainsi Benoît lors du deuxième mouvement, aussitôt complété par le chef des ventes, « ça se crée ». Si les métiers s'effacent dans leur pratique, le modèle du métier manuel reste structurant pour penser le travail, car la question du travail dépasse la seule obligation d'occuper son temps ; et cela est absolument clair pour Simone Weil, pour qui le travail « doit tendre [...] à constituer une éducation[7]. » Certes, le travail n'est pas toute l'éducation, mais, pour la philosophe, il devrait toujours demeurer une école afin de ne jamais devenir un processus d'« avilissement[8] ».

On dit parfois à propos de certaines expériences, et notamment d'expériences professionnelles, qu'elles sont de véritables écoles de la vie. Virgile, dès l'ouverture des *Géorgiques*, insiste vers le début du livre I[9] sur l'observation et l'étude de la nature qui doit accompagner le travail du paysan. Toutefois, il y a loin entre savoir vivre heureux et savoir vivre de la nature. L'art de vivre ne consiste pas à déployer les ressources d'un métier pour échapper au malheur ou à l'échec. Et savoir comment tirer de son art de quoi vivre ne donne lieu à aucune sagesse immédiate quant au sens de la vie. Dans *Par-dessus bord*, Jack Donohue, le consultant rompu à l'ingénierie commerciale, prétend livrer aux collaborateurs de Rivoire et Dehaze cette conviction que la vie n'est pas un savoir, mais une somme d'expériences qu'il faut vivre, car « il ne suffit pas d'avoir tout bien analysé il faut qu'ils [les collaborateurs] vivent la situation avec une grande intensité »[10]. Ainsi, aucun métier ne peut être appris qui dispenserait alors de vivre des expériences.

Mais si, comme Simone Weil le constate en s'adressant à Nicolas Lazarévitch, « rien dans ma vie passée ne m'a préparée à ce genre d'efforts », on peut toutefois tirer parti du passage à la pratique. Elle le précise elle-même dans cette lettre en constatant que sa vie d'ouvrière lui a permis de comprendre « bien des choses qu'auparavant elle ne faisait qu'entrevoir[11] ». Ainsi, le travail ouvre bien à un regard sur le monde et sur la vie. Le regard du laboureur ne se confond pas avec celui de l'éleveur ou de l'apiculteur. Finalement, les *Géorgiques* sont une ode aux métiers, car travailler la nature avec art, c'est aussi manifester comment on peut apprendre de la vie. « Ô trop fortunés, s'ils connaissaient leurs biens,

---

[7] Correspondance avec V. Bernard, p. 237 [8] Correspondance avec B. Souvarine, p. 75
[9] vers 22–56 [10] quatrième mouvement [11] p. 63

les cultivateurs ? »[12] Virgile voit le métier comme ce qui peut justifier le rapport de l'homme à la nature. La nature vient offrir en retour ce que le métier sait disposer en elle. Et s'il n'existe pas de métier pour devenir homme, on peut toutefois mieux appréhender la fragilité, mais aussi le génie humain dans l'exercice d'un métier.

S'il n'existe pas un métier d'être homme, il existe des métiers qui permettent à l'homme de s'accomplir.

LE TRAVAIL n'est pas toujours une vocation. Pourtant, le métier est bien dans le travail ce qui actualise en nous des dispositions à produire, mais aussi à embellir le monde.

Virgile décrit parfois le métier de paysan comme une lutte avec la nature, et ses outils comme des « armes »[13]. Or, les outils, dans le métier, servent à disposer de la matière par l'esprit pour inscrire durablement dans les choses les marques de la finalité. Weil dessine les traits de ce qu'il faut au travail pour devenir un métier en affirmant dans l'« Expérience de la vie d'usine », que « notre pensée est faite pour dominer le temps »[14]. Au contraire, le capitalisme anéantit la quête de sens en déniant par exemple à l'exercice d'un métier, à l'usage d'outils qu'on apprend à dominer, d'enrichir l'expérience. C'est ainsi que dans *Par-dessus bord* Benoît, le fils ambitieux qui ambitionne de devenir PDG, voit dans l'expérience de son père un passif qui plombe l'entreprise : « l'or dans ses mains s'est transformé en sable et le sable lui file entre les doigts »[15]. Les hommes apparaissent alors rapidement aussi désuets que leurs modèles économiques.

La promesse inscrite dans la maîtrise d'un métier, c'est de pouvoir l'exercer différemment selon les âges de la vie. La discipline externe que le métier exige conduit à une discipline interne menant à approfondir sa pratique, à l'ajuster à ses forces. C'est à cette liberté acquise dans la discipline que Weil, dans sa correspondance avec V. Bernard, associe « les joies pures et profondes », et cela malgré « des fatigues accablantes »[16]. Ainsi, les joies de l'homme de métier paraissent bien plus incarnées que les joies de circonstance sans lien avec le mérite, joies de « cocu », comme le crient sans délicatesse les employés à Lubin qui vient de remporter un transistor à la loterie du gala de Rivoire et Dehaze[17] et qui, comble du cynisme, sera de nouveau récompensé par un cadeau à l'occasion de son licenciement[18].

Le métier inscrit le travailleur dans une durée qui l'enracine et le projette à la fois. Virgile, par exemple, illustre la beauté du labeur des abeilles

[12] livre II, vers 446–479 [13] livre I, vers 156–186 [14] p. 348 [15] deuxième mouvement
[16] p. 283 [17] premier mouvement [18] sixième mouvement

par le fait que « bien que leur vie soit renfermée en des bornes étroites [...] leur race, elle, demeure immortelle »[19]. L'humilité du travail bien fait renferme une transcendance. Et ces joies issues d'« une discipline qui fait appel dans une large mesure à la bonne volonté, à l'énergie et à l'intelligence de celui qui obéit »[20] constituent pour Simone Weil la certitude d'une vie qui œuvre au bien. Il ne s'agit donc pas de travailler pour vivre ni d'apprendre à vivre, car « exister n'est pas une fin pour l'homme »[21]. Mais le métier vient « orner » la vie de biens qu'elle ne possède pas en elle-même.

Réponse

PRATIQUER un métier offre une perspective sur le monde, mais il n'est pas en lui-même un art de vivre, encore moins une science de la vie. Ce qu'on apprend de la vie en travaillant, c'est notamment la façon dont le progrès implique aussi une transformation de soi. On ne domine la nature qu'en se dominant soi-même, en quelque sorte. À cet égard, notre existence, façonnée par la maîtrise d'un métier, peut devenir le reflet de la dignité de l'homme.

Ouverture

Les métaphores proposées par Alain, d'un monde technique d'où l'homme s'absente, font écho au monde actuel du travail où l'homme s'active mais ne laisse aucune trace. Si le surmenage était un virus, nous serions devant une pandémie de *burn out*, avec le paradoxe d'un activisme qui s'épuise dans son propre mouvement.

IV Éviter le hors-sujet

Ivan Illitch, dans *La Convivialité* (1973), affirme que « [l]a prise de l'homme sur l'outil s'est transformée en prise de l'outil sur l'homme. Ici il faut savoir reconnaître l'échec ». Alain et Illitch renvoient tous les deux à l'idée d'un échec de l'efficience technique qui viendrait enlaidir le monde et menacer l'homme. Les deux semblent reconnaître en creux que le geste technique par lequel un artisan manie un outil adapté constitue une combinaison quasi miraculeuse et sans équivalent ailleurs dans l'évolution.

Mais Illitch suggère que l'âge d'or de la technique est derrière nous et que le modèle artisanal de « la prise de l'homme sur l'outil » est révolu. Alain insiste au contraire sur l'idée que c'est l'homme sans l'outil qui semble menacé. Alain ne nie pas directement la possibilité d'un renversement comme Illitch, mais maintient au contraire l'idée que, dans le métier, la technique acquiert une valeur esthétique et morale, et que ce modèle doit pouvoir demeurer constitutif de notre idée du travail.

[19] livre IV, vers 184–217 [20] Correspondance A. Detœuf, p. 284 [21] « Condition première d'un travail non servile », p. 419

Notions abordées : travail, contemplation, temps, alternance

Sujet 15
Vous discuterez à la lumière des œuvres au programme ce vers de Victor Hugo dans *Toute la lyre* (1888, posthume) : « La cloche dit : prière ! et l'enclume : travail ! »

Corrigé proposé par Géraldine Deries

I Analyse du sujet

1 Analyse des termes du sujet

Le vers est construit sur deux phénomènes qui se complètent. Il y a d'abord une opposition entre le temps de la contemplation et celui du travail, le premier lié à la cloche et le second à l'enclume. Mais il y a aussi substitution d'une cloche pour un marteau, car le fait de faire appeler au travail par une enclume active une allusion à l'expression « se trouver entre le marteau et l'enclume ».

L'homme, ou le travailleur, ou le croyant, se trouverait donc pris dans une situation douloureuse et inextricable, entre deux injonctions simultanées s'exerçant sur lui et apparemment incompatibles, celle de se consacrer à la contemplation du monde, ou tout au moins au recueillement face aux mystères de ce monde, et celle de se consacrer à son travail, que celui-ci soit de l'ordre de la nécessité ou procure des satisfactions plus complexes.

La formulation injonctive des deux appels, la mise en parallèle de la cloche et du marteau comme de l'enclume, sous-entend que cette vision de la vie de l'homme – qu'elle conduise à une alternance des deux temps ou à leur juxtaposition – laisse peu de place au libre choix individuel. Le temps de la prière n'est ici pas moins contraignant que celui du travail ; ou alors l'un comme l'autre seraient au contraire des moyens de réalisation de soi.

Ainsi posée, cette alternative paraît assez pauvre, et surtout opposée à l'idée de changement, d'évolution, traçant une espèce de vision immémoriale de la vie humaine entre le clocher et le labour. Pourtant, l'alternance entre la prière et le travail ne peut-elle enclencher une dynamique qui conduise à son propre dépassement ?

2 Confrontation aux œuvres

La confrontation du vers de Hugo avec les *Géorgiques* permet de se faire une idée de ce que Hugo suggère, en imaginant **Virgile** non seulement en poète mandaté pour valoriser l'art des campagnes, mais aussi en propriétaire terrien actif, vigneron, apiculteur, admirant et expliquant l'art qu'il pratique. Il y aurait alors non pas double contrainte – à la gratitude devant la générosité de la nature, au dur travail permettant d'en bénéficier – mais un double mouvement d'activité productrice et de réflexivité sur cette activité. Une telle harmonie entre gestes et production, tant poétique qu'agricole, projetée sur cette œuvre au fil des ans, relève-t-elle de l'utopie seulement ?

C'est en tout cas d'une joie et d'une sérénité de ce type que **Simone Weil** semble rêver pour la classe ouvrière, qui aurait « besoin de poésie comme de pain »[1], précisément du fait de n'avoir pour horizon et pour ambition que la subsistance et le travail, sans diversion possible dans le plaisir de la consommation, sans échappatoire réellement envisageable hors de la condition humaine. Là encore, certains aspects des réflexions de Weil aident à imaginer ce que Hugo suggère dans une dimension de sérénité et de joie qui échapperait à l'idéalisation naïve d'une vie en réalité toute de labeur contraignant et de dimanches à l'église. Et les descriptions de la réalité de la condition ouvrière sont là pour empêcher de prendre pour des lanternes contemplatives des vessies consolatrices. On peut simplement se demander si ces textes ne sont pas déjà anachroniques lorsque Simone Weil les écrit, ou même complices malgré eux des dominations et abus qu'ils dénoncent.

En effet, la pièce de **Vinaver** et le cynisme avec lequel y est démystifiée toute solution transcendante au problème de la contrainte – que représente en dernière analyse le travail – rendent le propos de Simone Weil désuet. Il faut pourtant remarquer que, dans l'univers de Vinaver, la misère n'existe plus, ou est soigneusement évitée. On peut donc se demander si cet univers ne représente pas celui d'un monde où l'on ne travaillerait effectivement plus que pour « les sous », comme le dit Simone Weil[2], tout en sachant que cela ne suffit pas, sans réussir à proposer une alternative viable. Le vers de Hugo résonnerait alors en creux dans l'univers du travail moderne, réalisé parfois le temps d'une fête, d'une pièce, mais sans perspective de durée.

3 Problématisation

Le sujet met clairement en tension la contemplation et le recueillement, l'unité avec l'univers, avec la loi d'airain, ou d'enclume, de la survie par le travail qui transforme la nature en fonction de nos besoins. Cette tension est classique. Le vers de Hugo ne suggère-t-il pas cependant une autre façon de la vivre que dans l'opposition et l'alternance ?

[1] p. 424 [2] p. 206

II Plan détaillé

I L'être au monde et la survie ne peuvent que se succéder dans le temps
1. Le temps de l'action est dominé par le besoin
2. Le besoin rend difficiles la contemplation et la sérénité
3. La contemplation ne serait que repos, nécessaire lui-même

D'où vient alors que le repos qui coupe du travail fait ressentir comme d'autant plus contraignant le retour à ce même travail ? Si sous cette forme la contemplation reposait vraiment, on devrait retrouver le règne du besoin avec un courage renouvelé ; or, on y retourne sous la menace de l'enclume.

II C'est qu'il y a dans la contemplation un espace pour le retour sur l'activité et l'action...
1. Si une activité est vraiment essentielle, il est difficile de s'en détacher complètement
2. Ce n'est pas le retour à l'activité qui est nocif
3. C'est l'impossibilité de faire quoi que ce soit de cette réflexion qui est destructrice et démoralisante

Ainsi, le temps de la contemplation, pour être réellement une alternative au travail nécessaire, a paradoxalement besoin de faire une place à ce travail comme mode d'être au monde pour les humains. Plus encore, le travail a besoin d'intégrer la réflexivité de l'être humain.

III ... en effet, il y a dans l'action la possibilité d'une attention de l'ordre d'une contemplation
1. Dès que la tâche est orientée par un but, il faut alterner l'action et son bilan
2. Ce bilan revient à une contemplation, à un être au monde
3. C'est le fait d'amputer l'action de son évaluation contemplative qui la transforme en contrainte douloureuse : l'être humain a besoin de s'engager complètement

III Dissertation rédigée

« ON TRAVAILLERA six jours, mais le septième jour est le sabbat, le jour du repos, consacré à l'Éternel », nous dit l'Ancien Testament, qui menace aussi de mort « celui qui fera quelque ouvrage le jour du sabbat ». Accroche

Une telle division stricte et contraignante entre temps du travail et temps du repos, souvent consacré à la vie spirituelle ou à tout le moins au loisir, est courante dans nombre de sociétés, et Victor Hugo semble s'en faire l'écho avec son vers : « La cloche dit : prière ! et l'enclume : travail ! » Le vers oppose d'abord le temps de la contemplation et celui Citation et analyse du travail, le premier lié à la cloche et le second à l'enclume. Mais il y a aussi substitution d'une cloche pour un marteau, car le fait de faire appeler au travail par une enclume active une allusion à l'expression « se trouver entre le marteau et l'enclume ». L'homme, ou le travailleur, ou le croyant, se trouverait donc pris dans une situation douloureuse et inextricable, entre deux injonctions simultanées s'exerçant sur lui et apparemment incompatibles, celle de se consacrer à la contemplation du monde, et celle de se consacrer à son travail, que celui-ci soit de l'ordre de la nécessité ou qu'il procure des satisfactions plus complexes. Traditionnellement, cette double contrainte se résout par la succession des temps.

Pbmatique Le vers de Hugo ne suggère-t-il pas cependant une autre façon de la vivre que dans l'opposition et l'alternance ?

Plan Nous verrons que si effectivement, à première vue, contemplation et travail semblent incompatibles simultanément, cependant il y a dans la contemplation un espace pour le retour sur l'activité et l'action, et dans l'action la possibilité d'une attention de l'ordre d'une contemplation.

L'ÊTRE au monde et la survie ne peuvent que se succéder dans le temps. Le temps de l'action est dominé par le besoin, comme les descriptions du paysan de Virgile ou de l'ouvrier de Weil le montrent bien. Le cultivateur de Virgile est sans arrêt pressé par une tâche à faire, et la liste est longue de ce à quoi il peut se consacrer « [s]i d'aventure une pluie froide [le] retient chez lui »[3] ; de toute façon, « le travail des laboureurs revient toujours en un cercle »[4], et les quatre livres de description ne laissent guère de doute quant à la pression du travail à faire pour nourrir la société. Weil souligne aussi sans cesse « la pression inexorable et quotidienne de la nécessité »[5] sur la vie des ouvriers, comme elle le formule dans sa correspondance avec Victor Bernard, ingénieur de l'usine des Rosières.

C'est Weil qui souligne aussi avec insistance, et malgré les remarques en sens contraire de certains de ses correspondants sur la condition ouvrière, à quel point cette pression de la nécessité rend difficile, même dangereux, « la pensée »[6]. Pour elle, dans « Condition première d'un travail non servile », l'aspect le plus condamnable du « travail taylorisé » est de « vide[r] l'âme de tout ce qui n'est pas le souci de la vitesse » et de constituer « un attentat contre l'attention des travailleurs »[7]. Vinaver va plus loin encore, puisque le décuplement d'activité amené dans l'entreprise par la stratégie de Benoît pour la redresser passe par des processus de créativité collective qui s'avèrent, en fait, des séances de psychanalyse

[3] livre I, vers 255–288 [4] livre II, vers 379–413 [5] p. 214 [6] p. 213 [7] p. 433

sauvage, conduisant par exemple Battistini à claquer la porte[8]. Passemar, la figure de l'auteur distancé, explique quant à lui les compromis artistiques auxquels il est prêt pour obtenir un succès commercial pour sa pièce[9].

Dans ces contextes, on ne peut pas vraiment parler de contemplation ou de recueillement, mais seulement de repos, et encore – il ne serait qu'un moment nécessaire pour recharger les batteries avant de retourner au travail. Weil souligne notamment dans ses lettres à Albertine Thévenon combien « sombrer, en dehors des heures de travail, dans une demi-somnolence est une grande tentation »[10]. Chez Virgile, la soumission de la vie entière du laboureur à ses tâches est telle que le sommeil même ne semble exister que par allusion négative, lorsqu'il est déconseillé « de goûter le doux sommeil en plein air » du fait de la présence de serpents nouvellement mués[11], et même les troupeaux ne cessent de paître ou de se reproduire. L'alternance des pauses et de l'activité est la plus visible dans *Par-dessus bord*, où existe une vraie dimension de la fête, incluse soit dans la vie de l'entreprise, soit dans celle de la pièce en devenir. Là, l'alternance arrêt/travail est vraiment englobante.

D'où vient alors que le repos qui coupe du travail fait ressentir comme d'autant plus contraignant le retour à ce même travail ? Si sous cette forme la contemplation reposait vraiment, on devrait retrouver le règne du besoin avec un courage renouvelé ; or, on y retourne sous la menace de l'enclume.

C'EST qu'il y a dans la contemplation un espace pour le retour sur l'action.

En effet, il est difficile par exemple pour la jeune Simone Weil, au début de ses expériences en usine, de ne pas revenir sur ces dernières, bien sûr parce que, comme elle le dit à Nicolas Lazarévitch, elle est là « avant tout pour observer et comprendre[12] », mais aussi par « manie de penser »[13]. L'appel aux ouvriers de Rosières qu'elle cherche à faire publier dans le journal de l'usine pour demander aux ouvriers de parler de leur vie au travail indique qu'elle est convaincue qu'un tel retour sur expérience est aussi possible de la part des ouvriers permanents. De la même façon, dans *Par-dessus bord*, les activités économiques de la journée ne sombrent pas dans l'oubli, et c'est peut-être cela qui explique la forme en quelque sorte inclusive de la pièce. En effet, il n'y a pas de découpage des différentes intrigues et sous-intrigues en scènes successives : le plateau s'anime selon ce que l'auteur veut que nous regardions, mais tout est là en même temps.

---

[8] quatrième mouvement [9] quatrième mouvement et fin [10] p. 53 [11] livre III, vers 415–449 [12] p. 63 [13] p. 67

La continuité entre les activités agricoles et leur description dans Virgile a peut-être ce même sens : en réalité, la minutie de l'éloge du poète est une façon de mettre en œuvre le savoir et la contemplation des gestes qui président aux labours paysans, ce que confirme l'emploi de la deuxième personne et les impératifs qui parsèment le texte. Virgile est un laboureur s'adressant aux laboureurs, aux cultivateurs : ainsi, parmi de très nombreux exemples, « [s]i tu fais de la laine l'objet de tes soins... »[14] L'absence de pause dans les tâches ne signale pas seulement la pression du besoin, mais aussi le caractère complet de la vie de travail du cultivateur, de la même façon que Passemar réussit à réemployer l'intégralité de ses expériences de travail à la fois dans la pièce qu'il écrit et dans la façon dont il comprend le fonctionnement de Ravoire et Dehaze, et notamment le triomphe de Benoît, de Jenny, de Jacques et des autres modernisateurs de l'entreprise.

Ce n'est donc pas le retour à l'activité qui est nocif, ni un repos contemplatif qui resterait attaché à la tâche, mais l'impossibilité de faire quoi que ce soit de cette réflexion qui est destructrice et démoralisante. Là encore, ce sont les conditions ouvrières observées par Weil qui en témoignent avec le plus de clarté. L'humiliation, l'absence d'écoute, les ordres donnés, l'humiliation – encore pire – de s'entendre dire qu'on peut parler et que si on ne le fait pas c'est par insuffisance morale, c'est tout cela qui fait que les filles dont Weil parle à Boris Souvarine expliquent qu'on « arrive à ne plus souffrir, bien qu'on continue à se sentir abrutie »[15] à partir du moment où il y a la paie. Les ouvriers se résignent comme Weil s'est elle-même résignée, même si l'insistance de son désir de mettre en œuvre un système de communication pour les ouvriers indique, en plus de son insistance sur ce qu'elle considère comme le plus avilissant, que c'est dans le succès de ce projet-là qu'elle place le besoin que sa réflexion serve. Virgile et le Passemar de Vinaver partagent peut-être alors cette vision un peu expansive d'une contemplation du travail qui, portant sur le travail, le modifie, l'améliore, l'embellit, ou, dans le cas de Passemar, le détourne quelque peu de ses buts ostensibles.

Ainsi, le temps de la contemplation, pour être réellement une alternative au travail nécessaire, a paradoxalement besoin de faire une place à ce travail comme mode d'être au monde pour les humains. Plus encore, le travail a besoin d'intégrer la réflexivité de l'être humain.

ET EN effet, il y a dans l'action la possibilité d'une attention de l'ordre d'une contemplation, montrant que le rapport entre contemplation et action peut vraiment être de l'ordre d'une complémentarité.

---

[14] livre III, vers 384–415 [15] p. 75

Lorsque Simone Weil entretient une longue correspondance avec Victor Bernard, elle revient sur ses arguments ou modifie ces derniers en fonction de réponses qu'on est parfois obligé de déduire, et en fonction de l'évolution de son propre projet – publier un appel aux témoignages des ouvriers et mettre en place une boîte de correspondance pour faire remonter leurs avis. Si on considère ses lettres du point de vue de leur efficacité à faire évoluer son projet, on voit qu'elle alterne action et bilan dans une boucle inductive qui est typique de la mise en œuvre d'un travail. De telles boucles sont présentes chez Virgile et chez Vinaver aussi. Chez Virgile, il s'agit plutôt d'arborescences guidant son interlocuteur à travers des prises de décision dans le temps, souvent en fonction d'hypothèses ou de choix, ainsi de celui concernant la laine. Chez Vinaver, des boucles complètes existent – on peut penser au travail pour rendre attractifs la vente de papier toilette comme son achat, ou à l'évolution d'Alex et Jiji – comme en existent d'autres dont l'arbitraire est fulgurant et en général lié à une marotte patronale, ainsi de la transformation du comptable Cohen en informaticien maison ou du passage éclair de Passemar dans le marketing.

Cette variété souligne que les critères d'évaluation de l'avancement d'un projet reviennent à un être au monde, à des formes de contemplation du monde qui ne sont pas identiques. Virgile insiste sur le rôle de la lecture de présages et de signes dans la vie du cultivateur, notamment pour des raisons météorologiques, mais aussi comme moyen d'organiser les tâches dans le temps linéaire. Cette lecture est aussi une façon d'être dans le monde et de le contempler de la part du paysan, dont on voit qu'il n'est donc pas réduit à son travail, à la seule productivité. Son travail est relié à une totalité plus vaste à laquelle il appartient et dans laquelle il trouve une place. Si l'on pense à Margerie Dehaze dans la pièce de Vinaver, elle peut paraître a priori un personnage satirique, permettant de se moquer des blondes avides de signes extérieurs de culture, mais incapables de créer ou de réfléchir par elles-mêmes. Pourtant, son évaluation de l'évolution de l'entreprise et de son mari, qui la conduit à l'échanger contre son frère et à l'embarquer avec la collection de tabatières de son beau-père aux États-Unis, insiste sur la permanence de ses choix et sur une suite dans les idées qui peut forcer sinon l'admiration du moins le respect.

En réalité, c'est le fait d'amputer l'action de son évaluation contemplative qui la transforme en contrainte douloureuse : l'être humain a besoin de s'engager complètement. On peut bien sûr se demander si Margerie, comme Jenny ou Jack, n'est pas en fait une marionnette conduite par ses propres réflexes acquis, sans la moindre capacité à un changement réflexif, à un travail réel, donc. Après tout, M. Onde lui-même, dont on aurait pu penser que le travail universitaire sur les Ases et les Vanes le conduirait à une conceptualisation de la nature des conflits, est pris dans la répétition, comme Passemar, qui s'amuse beaucoup de ce que sa « fin rejoint le commencement »[16]. Mais cela équivaut à une vision du monde que la pièce s'efforce de mettre à l'épreuve. Ce sont vraiment les ouvriers décrits par Weil dont les conditions de travail, pour son scandale et le nôtre, les coupent de toute forme de pensée et de possibilité d'attention à leur activité, sinon dans une espèce de vigilance mécanique due à la rapidité et au potentiel danger au moindre raté. Ainsi, leurs journées sont vidées de l'activité humaine qui consiste à relier la pensée à l'activité, et ils sont réduits à une pure force de travail, à être des « machine[s] »[17]. C'est bien cela que grèves, révoltes ou le travail de Weil se proposent de redresser pour remettre dans le travail cette contemplation qui lui est au fond indispensable et concomitante.

Réponse

LE VERS de Hugo peut donc bien se comprendre comme cherchant à dépasser l'opposition classique entre travail et contemplation, action et pensée, pour permettre de penser leur alliance profonde.

Ouverture

Mais la confrontation aux œuvres de cette alliance montre qu'il n'est pas évident que le monde lui fasse une place.

IV Éviter le hors-sujet

Ce sujet est susceptible, par sa banalité apparente, de conduire à des problématisations absolument passe-partout sur les rythmes de vie qu'il est nécessaire d'observer, ou sur la dureté de la condition humaine, qui fait passer la survie par une transformation de la nature dont nous vivrions la dépense en énergie comme une souffrance physique. On peut aussi assez facilement construire un devoir sur l'opposition entre exécution et conceptualisation, temps du faire et temps du penser.

Ce serait vraiment dommage de ne pas voir que le sujet pose la question du lien entre esprit et corps, de ce que c'est qu'être un corps qui pense. Il y a deux façons d'éviter de rater cela : d'abord, l'attention prêtée au détail de ce qui est dit ici, et notamment à cette cloche qui se substitue à un marteau dans le vers de Hugo et dénoue dans une certaine mesure la contrainte de l'alternance entre le repos et le travail. Ensuite, vos textes, dont tous, d'une façon ou d'une autre, résistent à ces lectures pauvres et simplistes.

[16] sixième mouvement [17] p. 347

Notions abordées : travail, repos, humanité, limites, limitation

Sujet 16
« Il n'est sans doute rien qui distingue aussi profondément le mode de vie de l'intellectuel de celui du bourgeois que ceci : le premier ne reconnaît pas l'alternative entre le travail et l'amusement. [...] *Work while you work, play while you play* est une des règles fondamentales de l'autodiscipline répressive. » Dans quelle mesure votre lecture des œuvres du programme vous permet-elle de souscrire à ce jugement d'Adorno dans *Minima moralia : réflexions sur la vie mutilée* (1951) ?

Corrigé proposé par Lydie Niger

I Analyse du sujet

1 Analyse des termes du sujet

Adorno propose une opposition radicale entre deux modes de vie, celui de l'intellectuel et celui du bourgeois. Cette opposition se fait sur le mode de l'hyperbole grâce à de nombreux procédés. On retrouve des négations fortes avec le pronom « rien » et la locution adverbiale « ne... pas ». Les mots de la même famille, « profondément » et « fondamentales », relayés par le terme « règles », sous-entendent que la société s'est construite sur la distinction entre ces deux types de vie, intellectuelle et bourgeoise. Ce qui est diamétralement opposé, c'est le temps consacré au travail par rapport à celui consacré aux loisirs. Si l'un est défini par sa pénibilité et la gêne qu'il occasionne, le temps des loisirs – l'*otium* latin – est qualifié d'« amusement », de jeu quasi enfantin. C'est ce que signale la citation en anglais, qui sépare bien les deux activités : les parallélismes visent en fait à souligner l'opposition et l'absence de relais entre ces deux temps. C'est sur cette dichotomie que se fonde alors la répartition du temps imparti au travail et celui dévolu aux loisirs, sans confusion possible. La comptine laisse aussi entendre qu'ils sont consécutifs, et que l'accès aux loisirs n'est envisageable qu'après avoir épuisé sa part de travail, voire fait dépendre ces mêmes loisirs de la qualité de ce travail. C'est en ce sens qu'il faut comprendre la tournure « autodiscipline répressive » : la présence de jeu ou de plaisir dans le travail, donc son insuffisance en tant que travail, en tant que souffrance, mènerait même à la suppression pure et simple de tout amusement. La frontière entre plaisir et travail doit être sinon absolue, en tout cas claire.

Mais qu'en est-il alors du mode de vie de l'intellectuel, pour qui, aussi laborieux qu'il soit, ce travail consiste à pousser au bout à la fois sa condition humaine et ses propres capacités intellectuelles ? Qui n'a pas vu passer l'heure du déjeuner tant il était absorbé dans sa tâche – tout aussi exaltante et source de plaisir que pénible ? En quoi la vision du travail doit-elle nécessairement être incompatible avec toute notion de plaisir ou de liberté ? Est-ce un leurre qui masquerait un asservissement sous-jacent, voire volontaire ? Au contraire, la vision bourgeoise du travail pose-t-elle un frein nécessaire à l'épanouissement de l'homme par le travail, dans un objectif de maîtrise sociale et de préservation de l'espèce humaine ?

2 Confrontation aux œuvres

Les ***Géorgiques*** de Virgile chantent certes le travail agricole, bien éloigné des sphères intellectuelles et bourgeoises, mais elles témoignent surtout d'une organisation du travail qui sait reconnaître le poids de la tâche à accomplir ainsi que les moyens de l'alléger et de la contrebalancer par des connaissances ou des rites festifs. Certes l'humain n'est pas une abeille industrieuse et sans aucun loisir, mais à l'insecte même le poète concède un temps de repos, nécessaire au renouvellement de ses « forces »[1].

Les extraits au programme de ***La Condition ouvrière*** soulignent tous combien il est difficile de préserver une quelconque activité après un travail assommant, voire l'incompatibilité du travail avec toute expression d'humanité. C'est pourquoi Simone Weil appelle de ses vœux le retour à la « joie »[2], dans et par le travail, qui donnerait au travail sa valeur et à l'ouvrier une dignité par son activité.

Par-dessus bord de Vinaver illustre bien la succession des temps de travail et d'amusement par le loisir auxquels s'adonnent Fernand Dehaze et sa belle-fille Margerie. Si leur intérêt pour les tabatières semble un passe-temps bourgeois mâtiné d'escroquerie, il en est autrement du travail de Jack et Jenny. En effet, amusement et travail se trouvent là conciliés d'une manière passablement moquée par l'auteur, montrant, mais sur le mode satirique, que le travail et l'inspiration ne sont pas toujours synonymes de douleur et de sérieux. Un exercice régressif comme celui d'un remue-méninges ludique autour du rapport de chacun à ses excréments peut aussi permettre de trouver le nom du produit qui garantira son succès.

---

[1] livre IV [2] p. 207, 275, 335, 343, 434

3 Problématisation

Adorno refuse l'idée que le travail soit souffrance réclamant, sinon répit, au moins repos en suggérant que cette vision est liée à une structure sociale spécifique. Il lui oppose l'idée d'un travail intellectuel qui puisse se poursuivre continûment, qui soit à soi-même son propre repos. Que l'esprit continue de travailler à une tâche intellectuelle sans qu'on puisse l'en empêcher est-il réellement la marque d'un choix et d'un effacement de la frontière entre travail et loisir ? En quoi un travail qui n'interférerait pas avec l'humanité quotidienne du travailleur relève de l'utopie ?

II Plan détaillé

I De l'absence de limitation du travail : entre liberté et asservissement

1. Le travail intellectuel comme source de satisfactions qui le légitiment
2. Des pseudoloisirs conservés dans le tout-travail
3. Une déshumanisation progressive faute de frontière entre les deux domaines

L'absence d'alternative entre le travail et le repos, loin d'être une libération, peut au contraire mener à un asservissement total, voire une déshumanisation. C'est pourquoi l'opposition entre le travail et le loisir est nécessaire.

II Les mesures et limites du travail nécessaires à la conservation de la vie humaine

1. Un travail rationalisé pour un meilleur rendement de produits
2. Des outils de production en rapport avec l'aptitude
3. Du maintien d'une vie équilibrée entre le loisir et le travail

L'alternance entre le travail et l'amusement est donc un moyen de garantir une production maximale puisque la pénibilité de ce travail, ou tout du moins l'effort qu'il demande, se voit contrebalancée et allégée par le repos qui le suit ou qui s'y mêle.

III Tout travail se fait aux dépens de quelque chose

1. De l'utopie d'un travail sans peine ni fatigue
2. Des pistes pour un travail au moins respectueux de l'homme
3. La « joie » dans la souffrance est-elle possible ?

III Dissertation rédigée

Accroche

« Fais tes devoirs d'abord, après tu pourras jouer ». C'est dès le plus jeune âge que ces paroles sont répétées, institutionnalisant une pensée qui dès lors s'ancre profondément dans la pensée collective : le temps de travail n'est pas le temps des loisirs.

Citation et analyse

C'est ce sur quoi Adorno attire notre attention, en affirmant : « Il n'est sans doute rien qui distingue aussi profondément le mode de vie de l'intellectuel de celui du bourgeois que ceci : le premier ne reconnaît pas l'alternative entre le travail et l'amusement. [...] *Work while you work, play while you play* est une des règles fondamentales de l'autodiscipline répressive ». La citation va à l'encontre de l'idée reçue selon laquelle le travail n'est pas compatible avec le loisir. Adorno suggère que le travail intellectuel peut ne pas connaître de limites dans le temps ni être considéré comme une peine pour celui qui le mène.

Pbmatique

On peut alors se demander en quoi un travail qui n'interférerait pas avec l'humanité quotidienne du travailleur relève de l'utopie.

Plan

Certes l'absence de limitation dans son travail semble le summum de l'affirmation de soi ou au contraire un asservissement déguisé ; cependant les mesures et les limites sont nécessaires à la conservation d'une vie humaine. C'est alors la vision du travail en lui-même qui est à repenser, en passant par sa revalorisation.

L'absence de limitation dans son travail représente une liberté totale pour l'intellectuel dans la mesure où ce travail est pour lui une source de satisfactions qui le légitiment. Certains loisirs, par ailleurs, ne sont que des stratégies de travail déguisées et laissent penser à une alternance qui n'existe pas. Enfin, l'absence de frontière entre ces deux temporalités mène plus sûrement à une forme de déshumanisation progressive.

Le travail de l'intellectuel procurerait de telles satisfactions que ceux qui s'y adonnent ne qualifient pas forcément cette activité du nom de « travail ». Il en est ainsi de Passemar, chef du service administration des ventes, dont la carrière est confrontée à plusieurs accidents de parcours. Mais c'est oublier son autre travail, celui de la rédaction de la pièce *Par-dessus bord* en cours de représentation : « Je suis l'auteur de cette pièce »[3]. Son assiduité étonne même M. Onde, professeur au Collège de France dont il suit les leçons avec « deux ou trois dames âgées qui viennent ici quérir un peu de chaleur ». Ce dernier se récrie quand Passemar emploie le terme de « passionnant »[4]. Si Passemar ne ménage pas sa peine, c'est

[3] premier mouvement [4] fin du premier mouvement

que ce qu'il travaille, en dehors de son travail, n'est pas considéré comme tel au nom de la passion qu'il éprouve pour ce domaine. Il en va de même pour Simone Weil, qui ne qualifie jamais de travail la correspondance qu'elle nourrit avec Victor Bernard[5]. Treize lettres sont échangées entre la philosophe et le directeur technique des usines Rosières pour préparer son immersion dans une usine. Cette correspondance témoigne de l'attachement de la philosophe à un projet qui n'aboutira pas. Elle livre son expérience et les difficultés du travail en usine, sans convenir ou dire que sa correspondance est aussi un travail en soi.

Outre le travail des intellectuels, certaines formes d'amusement sont avant tout du travail déguisé, conduisant là aussi à une vision du travail sans délimitation. Ainsi, les jeux-concours proposés par la concurrence puis par Lubin[6] dans *Par-dessus bord* sont avant tout une stratégie marketing comme une autre ; ils donnent l'impression de distraire le client quand il s'agit en réalité de placer du produit. Virgile ne procède pas autrement dans *Géorgiques*, lors des digressions mythologiques et poétiques qui émaillent son texte. Après la litanie des travaux et soins à apporter aux arbres, il évoque[7] toutes les régions italiques propices aux cultures, rappelant au passage les personnages locaux illustres ; la digression n'est pas tant une diversion qu'une illustration du propos principal. Ainsi, certains amusements ne sont que des leurres qui détournent peu, ou pas, du travail.

Le tout-travail peut enfin amener à une déshumanisation progressive faute de frontières entre le domaine du travail et celui de l'amusement. Le témoignage de Simone Weil est accablant à ce sujet. Les « humiliations » vécues toute la journée ne s'estompent pas une fois le seuil de l'usine franchi, et le repos dominical fait piètre figure quand le dégoût de soi et son indignité vous mordent au cœur[8]. Une partie de l'humanité se perd aussi quand la condition de son bonheur est intimement liée à son travail. On peut le voir dans *Géorgiques*, vers la fin du livre II, quand Virgile vante les mérites des « fortunés agriculteurs » parce qu'ils se tiennent à l'écart du chaos et du luxe contemporains pour se consacrer aux œuvres d'une terre reconnaissante des soins dont on l'entoure[9]. C'est réduire l'homme à son travail, hors duquel tout bonheur serait impossible.

L'absence d'alternative entre le travail et le repos, loin d'être une libération, peut au contraire amener à un asservissement total, voire une déshumanisation. C'est pourquoi l'opposition entre le travail et le loisir est nécessaire.

---

5 p. 213 6 quatrième mouvement 7 livre II, vers 117–182 8 p. 271 9 vers 446–479

Des limites et des mesures sont nécessaires à la conservation de la vie humaine. Un travail rationalisé permet de tirer le meilleur parti de la main d'œuvre et de la production. L'adaptation de cette main d'œuvre, en fonction de ses forces et de ses fatigues, permet tout autant d'atteindre les mêmes buts. L'équilibre entre travail et amusement permet enfin le repos nécessaire aux progrès de l'humanité.

La nécessité de produire autorise les aménagements qui garantissent tout à la fois cette production et le ménagement des hommes qui la produisent. Virgile laisse entendre que tout travail doit être quantifié et pensé si l'on veut obtenir le meilleur de sa production. Il traite ainsi des cultures appropriées aux sols et des soins à prodiguer aux arbres pour qu'ils se développent à la hauteur des besoins, des espérances et du travail de l'arboriculteur[10]. Les aménagements devraient donc permettre une production idéale, tant pour ses produits que pour ses producteurs. Simone Weil ironise en signalant que « ce serait trop beau si les procédés de travail les plus productifs étaient en même temps les plus agréables »[11]. Toute une partie de sa recherche pourfend la rationalisation qui met l'accent sur le produit et non plus sur la force – humaine – qu'il faut ménager.

L'adaptation du travailleur à la nature du travail demandé est aussi une manière de lui assurer une certaine mesure. Le personnage de Cohen dans *Par-dessus bord* en est emblématique. Il obtient en effet une promotion[12] bien au-delà de ses compétences initiales, puisqu'il a passé la majeure partie de sa vie (vingt-deux ans) comme chef de la comptabilité, pour finir, après « trente-six ans dans la maison », « directeur de l'informatique le hardware le software l'assembleur de base le cobol le fortran n'ont plus de secret pour Cohen ». Cette promotion montrerait, malgré les tendances satiriques de sa présentation dans la pièce, que l'amélioration des compétences, leur encouragement et leur reconnaissance permet à tous les intervenants du travail d'y trouver leur compte. Il en va de même pour les animaux qu'élèvent les paysans de Virgile, qui réservent à chaque animal une activité dédiée en fonction de son âge, reconnaissant par exemple au cheval au début du livre III un temps pour la saillie et un temps pour le repos à l'étable quand l'âge vient. L'adaptation du travail donne donc la juste mesure de ce que chacun doit et peut supporter.

Le secret d'un travail et d'une vie bien menés se trouverait donc dans l'équilibre des deux. C'est ce que rappelle Simone Weil en soulignant la nécessité d'une conscience au travail, d'une pensée qui laisserait au travailleur la force de vivre une fois ce travail accompli. Elle rappelle les répercutions de l'épuisement au travail dans la vie privée et l'impact néfaste qu'il a sur la société ouvrière[13]. C'est le propos qui est tenu à Ma-

[10] livre II [11] p. 308 [12] sixième mouvement [13] p. 351

dame Bachevski dans *Par-dessus bord* lors de sa mise à la retraite : il s'agit de lui offrir « le loisir et le repos qu['elle a] bien gagnés », même si, de son propre aveu, elle se sentait en plein « boum »[14]. Si sa mise à la retraite correspond à un rajeunissement et à un changement de la politique de l'entreprise, elle rappelle aussi que le travail n'est pas tout dans la vie.

L'alternance est donc un moyen de garantir une production maximale puisque la pénibilité de ce travail, ou tout du moins l'effort qu'il demande, se voit contrebalancée et allégée par le repos qui le suit ou qui s'y mêle.

Si l'on part de la définition du travail comme activité pénible ou réclamant un effort, on peut avancer que tout travail se fait aux dépens de quelque chose, son confort ou sa tranquillité. Mais cette définition pourrait évoluer si, de manière utopique ou non, une valeur autre que financière ou productiviste lui était associée.

Un travail sans peine ni fatigue est utopique. Virgile le rappelle en convoquant le mythe de l'âge d'or, ce temps d'avant Jupiter où « la terre produisait tout d'elle-même, librement, sans contrainte »[15]. Il rappelle que ce temps est révolu. Le travail qui vient à bout de tout est donc un don de Jupiter. On est plus proche de la réalité d'un travail sans peine lors de la séance de remue-méninges orchestrée par Jack et Jenny dans *Par-dessus bord*. Il s'agit d'une libre association d'idées pour trouver le nom du nouveau produit[16]. L'instant peut sembler aisé et poétique alors qu'il s'agit de papier toilettes. Le côté ridicule de la méthode avait été évoqué lors de sa mise en place, avec un évident caractère régressif qui en annulait la valeur[17]. Le travail doit donc induire une certaine pénibilité.

Il existe néanmoins des pistes pour un travail qui, au minimum, respecterait l'homme. On peut le remarquer avec le personnage de Lubin, représentant de papier toilette, dans sa relation avec sa meilleure cliente, Mme Lépine. Leurs relations sont certes commerciales, mais il leur arrive aussi de prendre des nouvelles de leurs filles respectives avec une certaine sincérité[18]. Le travail, aussi pénible soit-il, tend donc à s'humaniser. Cette compensation est également évoquée par Simone Weil. La peine est acceptée si sa compréhension et sa nécessité sont intégrées[19]. Il faut pour cela que la confiance soit établie entre le donneur d'ordres et l'exécutant et qu'il y ait le sentiment d'une collaboration effective entre les deux. La peine, à défaut d'être diminuée, est du moins allégée par ce sentiment.

Le travail peut même être considéré comme une chance, une joie. Virgile rappelle que c'est pour couvrir les besoins de l'homme que le travail est né, et pour le sortir de l'indolence : « alors vinrent les différents arts.

---

[14] cinquième mouvement [15] livre I, vers 123–156 [16] quatrième mouvement [17] quatrième mouvement [18] quatrième mouvement [19] p. 240

Tous les obstacles furent vaincus par un travail et par le besoin pressant en de dures circonstances »[20]. La satisfaction d'œuvrer pour préserver sa vie peut contrebalancer la peine ressentie, et même faire apprécier les avancées (intellectuelles, technologiques) qu'elle amène. La joie dans le travail fait l'objet des vœux de Simone Weil à travers ses écrits. Suite aux grèves de 1936, elle constate que les congés payés fournissent une alternance au travail, mais que surtout la grève a permis de rendre les ouvriers acteurs de leur travail, et que cette conscience qui revient à l'esprit des travailleurs est la condition de leur élan, de leur stimulation[21]. Un échange entre les cadres et les ouvriers permettrait de donner du sens à la production, et ainsi de parler à l'intelligence plutôt que de faire du travail une répétition abêtissante de gestes. Le travail est nécessaire, tout dépend du sens qu'on lui donne, dans quelque temporalité que ce soit.

Réponse LE TRAVAIL et l'amusement ne sont donc pas incompatibles. Si les deux sont nécessaires, c'est la manière d'envisager le travail qui pourra en faire, non pas un amusement, mais une épreuve comprise et acceptée. Le temps d'amusement ne sera alors plus vu comme incompatible avec celui du travail, mais comme un repos nécessaire après le travail, toujours âpre, auquel on consent librement dans la perspective d'œuvrer pour la société, sans qu'il soit nécessaire d'opposer un travail choisi, passionnant et chronophage, à un travail souffrance.

Ouverture L'humanisation du travail est d'ailleurs l'une des perspectives approfondies par d'autres, comme Hannah Arendt, pour redéfinir ce qui fait l'homme.

IV Éviter le hors-sujet

Toutes les citations qui opposent une autre activité au travail tendent à minimiser ou discréditer sa valeur, comme dans le vers d'Hugo « La cloche dit : Prière ! Et l'enclume : Travail ! » (Hugo, *Toute la lyre*, 1888, posthume). Mais la spécificité de la citation d'Adorno est l'introduction d'une équivalence entre toutes les activités humaines, reposantes ou non, à partir du moment où elles permettent à l'homme de se dépasser ou d'assurer sa propre survie. Le travail de l'intellectuel dans la citation étudiée est à la fois une manière de faire avancer la société, mais aussi un moyen pour l'intellectuel de repousser ses propres limites physiques et mentales, au-delà de ce qui a déjà été réalisé. Il s'agit là, bien entendu, d'un idéal à atteindre, auquel aspire aussi Simone Weil à la fin de son ouvrage.

[20] livre I, vers 123–156 [21] p. 344

Notions abordées : initiative, action, division du travail, organisation

Sujet 17
« La limite idéale vers laquelle tend la nouvelle organisation du travail est celle où le travail se bornerait à cette seule forme de l'action : l'initiative. » Vous discuterez cette citation de Jean Fourastié, tirée du *Grand Espoir du* XXe *siècle* (1939), à la lumière des œuvres au programme.

Corrigé proposé par François Tenaud

I Analyse du sujet

1 Analyse des termes du sujet

Le libellé propose dans sa première partie une comparaison entre le travail et une courbe asymptotique, ou plus précisément entre « l'organisation du travail » et une asymptote, car le travail serait une variable prenant différentes valeurs selon la proximité de la courbe avec sa limite. La fin du libellé indique quelle serait la valeur ultime du travail si la courbe atteignait sa limite idéale : « l'initiative ».

On peut identifier plusieurs structures conceptuelles autour desquelles Jean Fourastié construit la signification du propos. D'abord, la structure entre la courbe et sa limite, c'est-à-dire entre le travail et l'organisation du travail. Ensuite, entre l'action et l'initiative, qui sont au fond deux valeurs possibles du travail sur cette courbe. Enfin, l'opposition la moins explicite, mais certainement la plus déterminante, entre le travail réel et le travail idéal.

La première opposition, entre la courbe dynamique et sa limite, le travail et son organisation, traduit l'idée d'un travail en évolution : réservé à l'esclave puis aux serfs, essentiellement agricole puis industriel, et maintenant tourné vers les services dans les économies dites avancées, le travail semble se remodeler sans cesse. Or, la formule laisse à l'évidence penser que, derrière ces fluctuations, une logique est à l'œuvre qui conduit le travail vers sa forme idéale et terminale.

La deuxième opposition se construit entre l'action et l'initiative, qui sont accolées dans l'énoncé, renforçant ainsi l'impression de paradoxe. L'initiative est un point, une idéalité sans consistance, un pur instantané. Comment le travail peut-il être contenu dans une décision ainsi suspendue, sans causes ni effets ? Cela revient à nier le travail comme processus, comme action volontaire d'un sujet sur la nature.

La dernière opposition entre le travail et l'idéal traduit une dialectique peut-être plus subtile. En effet, le travail est toujours action sur une matière. Certes, la matière du travail est devenue plus volatile, moins sensible. Par exemple, aujourd'hui, de nouveaux emplois concernent le numérique. Qui pourrait dire en quoi le « *cloud*[1] » est une matière ? Pour autant, des milliers d'informaticiens l'entretiennent, comme on entretenait un lopin de terre. La matière du travail, c'est ce que l'activité humaine, la technique, la volonté transforment, ce à quoi elles s'appliquent et qui se modifie par leur effet. Or, si le travail se réduit à un idéal, que devient la matière du travail ? On voit bien que le travail peut s'appliquer à des concepts, mais il n'est pas lui-même un concept. L'idéal peut être la matière d'un travail, mais le travail ne peut pas être un idéal. C'est pourquoi la pure « initiative » comme forme de l'action est une impasse : cela reviendrait à nier que le travail suppose une activité durable sur un objet.

2 Confrontation aux œuvres

On comprend bien que les *Géorgiques* expriment ce qui ressemble dans « l'organisation du travail » à une forme rudimentaire, primitive presque, selon la courbe esquissée par Fourastié. Tout est décrit pour exalter la patience du paysan et la durée incompressible des cycles naturels. **Virgile** est l'apôtre du travail comme action, et non comme pure initiative.

Par-dessus bord, au contraire, s'approche bien plus de ce que pourrait être cette « limite idéale » du travail. **Vinaver** décrit sans complaisance comment le produit s'efface derrière l'idée. Une même chose peut être vendue pour une autre. Dans l'art conceptuel, l'idée se fait œuvre. Et, dans l'entreprise moderne, les communicants occupent une place centrale, car ce qui importe est moins de faire bien que de faire en premier, de prendre l'initiative.

L'effort de compréhension du monde du travail est plus analytique dans *La Condition ouvrière*. **Simone Weil** ne reprend pas à son compte l'idée d'une fin du travail dans l'effacement de l'action. Au contraire, elle semble dire que le travail résiste à cette assimilation. Les hommes ne sont pas eux-mêmes des concepts, et le travail transforme profondément la vie. C'est pourquoi soulager les travailleurs ne signifie pas confier toutes les tâches pénibles aux machines pour ne conserver que les fonctions de conception. Au contraire, elle suggère que le geste du travail manuel est porteur d'une vérité que le travail théorique ne peut jamais parvenir à manifester.

3 Problématisation

Le travail est d'emblée considéré comme un engagement du corps au service d'un projet, d'une idée. On n'imagine guère que le simple fait

[1] stockage en ligne de données

de concevoir un projet constitue en soi un travail. Mais au nom de quoi finalement ? Les progrès technologiques pourraient permettre le transfert de la pénibilité physique vers les machines. Il resterait au travailleur alors la pure initiative.

Peut-on imaginer travailler sans rien faire ?

II Plan détaillé

I L'organisation du travail conduit à distinguer les tâches de production et celles de conception

1. Le travail doit être utile
2. La division des tâches peut favoriser l'efficacité de la production
3. Et l'homme pourrait être soulagé de n'être qu'un exécutant

Mais automatiser les tâches d'exécution n'a pas conduit à soulager entièrement l'humain de l'effort de production.

II L'organisation du travail n'est parvenue ni à diminuer la pression du travail ni à libérer l'homme des tâches les plus serviles

1. La sophistication de l'appareil de production ne diminue pas l'effort humain dans le travail...
2. ... mais conduit à rendre inutiles les compétences techniques
3. Le travailleur ne peut être qu'un maillon de l'organisation du travail

Cependant, le travail est un processus de transformation dans lequel demeure une part d'action volontaire et pas seulement d'exécution.

III Le travail reste une action qui ne se réduit pas à une simple initiative

1. Si, dans le travail, l'homme n'est pas sujet de la transformation de la nature en objet...
2. ... alors, c'est l'homme lui-même qui se transforme en objet du travail
3. Le travail demeure l'expression de notre condition humaine : l'incarnation

III Dissertation rédigée

« LA TERRE nous en apprend plus long sur nous que tous les livres. Parce qu'elle nous résiste. » Et Saint-Exupéry complète son propos, dans *Terre des hommes*, en expliquant que « par le travail, l'homme se mêle à tous les vieux problèmes ». Accroche

Or, la modernité semble vouloir nous libérer des « vieux problèmes » et non nous y ramener. C'est ce que Fourastié suggère : « La limite idéale vers laquelle tend la nouvelle organisation du travail est celle où le travail Citation et analyse se bornerait à cette seule forme de l'action : l'initiative. » Jean Fourastié suggère même que les formes anciennes du travail, qui voyaient l'intelligence humaine s'efforcer de dominer la matière par le geste, sont appelées à disparaître. En effet, l'activité, le travail, ne renverra plus à l'engagement du corps, mais à la pure « initiative ». Par principe, l'initiative est une disposition à entreprendre, et le travail une disposition à faire. On pourrait donc imaginer idéalement des travailleurs qui s'activent non pour produire, mais pour concevoir, non pour transformer, mais pour imaginer, renversant ainsi l'ordre des perfections. En effet, ce qui existe a normalement plus de perfection que ce qu'on imagine : la copie réelle, même imparfaite, a plus de valeur que la copie idéale qu'on imagine sans la réaliser.

Pbmatique

Mais la « nouvelle organisation du travail » transformerait le commencement en un but qui n'aurait pas besoin d'être prolongé. Et l'idée serait déjà un accomplissement. Peut-on imaginer travailler sans rien faire ?

Plan

Si la division du travail est inévitablement induite par la complexification des échanges sociaux, qu'en est-il de la division des tâches ? Dans un premier temps, nous examinerons en quoi cette division paraît profitable à l'homme. Mais il faudra ensuite se pencher sur le fait qu'elle incline progressivement à dévaloriser les tâches d'exécution. Finalement, la dépréciation de l'action au profit de la conception entraîne une sorte de mépris plus inquiétant encore de la condition humaine.

La complexification des échanges sociaux conduit naturellement à la division du travail. Et, au sein de chaque entreprise, les tâches elles-mêmes sont divisées afin de rendre la production plus efficace.

Le travail est l'action de l'homme sur la nature ; ainsi, l'homme s'octroie les moyens de subsister. Cesser de travailler, c'est vouer l'humanité à la disparition. Le travail n'a de cesse, il « revient toujours en un cercle », affirme Virgile au livre II[2]. Et, si cela paraît évident pour le labeur paysan dont Virgile se fait le héraut, cela demeure aussi le cas pour le travail en entreprise. De façon triviale, certes, mais au demeurant exacte, le théâtre de Vinaver dans *Par-dessus bord* relate la nécessité de travailler pour disposer d'un peu d'hygiène dans la satisfaction des besoins naturels : il y a loin entre une feuille d'arbuste naturel et une feuille de papier toilette. Et donc à peu près rien de ce que nous consommons n'échappe à la nécessité d'être produit.

L'entreprise Rivoire et Dehaze est une entreprise capitaliste qui doit être rentable pour survivre face à la concurrence. Elle a naturellement organisé sa production en divisant les tâches. Dès le premier mouvement, face à la baisse des ventes, les services se renvoient les responsabilités.

[2] vers 379–413

Ainsi, la directrice administrative admoneste Passemar, son subordonné, qui renvoie à Dutôt, le chef des ventes, qui s'en lave les mains. Passemar en vient donc à se défausser lui-même sur les exécutants : « Ça n'est pas moi qui fabrique, moi j'achemine. » L'entreprise capitaliste n'a plus rien de l'atelier de l'artisan qui dirigeait la fabrication de son commencement à son terme. La division des tâches en entreprise distingue les cols blancs, qui conçoivent et décident, et les cols bleus, qui fabriquent. Or, si l'organisation hiérarchique de l'entreprise vise d'abord la productivité, il est possible de voir dans cette organisation une complémentarité vertueuse. Si l'ouvrier n'est pas instrumentalisé, explique Simone Weil dans sa correspondance avec V. Bernard, alors « la subordination est une chose belle et honorable »[3].

D'ailleurs, alors même que Weil dans sa conférence sur « La rationalisation » critique les protocoles instaurés par Taylor, elle ne nie pas qu'on puisse agir sur la production en soulageant l'ouvrier de certaines tâches rébarbatives. « Il peut donc y avoir des améliorations techniques qui améliorent la production sans peser le moins du monde sur les travailleurs »[4], affirme-t-elle. On pourrait donc imaginer que la part de la production la plus élémentaire et la plus répétitive soit confiée à des systèmes automatisés, pour le plus grand avantage de l'ouvrier. Virgile, qui voit dans la ruche une petite République, décrit le partage des fonctions entre les abeilles comme un « pacte »[5] tacitement conclu entre toutes et qui les amène à ne jamais rechigner à « rec[evoir] les fardeaux »[6]. Mais la technique peut justement décharger l'homme de ces tâches avilissantes auxquelles des insectes s'appliquent sans rechigner. Et qui s'en plaindrait ?

Mais automatiser les tâches d'exécution n'a pas conduit à soulager entièrement l'humain de l'effort de production.

ON POURRAIT imaginer que les grandes révolutions dans l'histoire du travail, produites par les sauts technologiques, servent la condition des travailleurs et allègent la nécessité pour les hommes de produire autant.

Mais jamais, semble-t-il, produire n'a été aussi nécessaire, et beaucoup parlent de la « valeur travail ». Évoquer un homme qui ne travaille pas, c'est toujours laisser penser qu'il est fainéant. Benoît, par exemple, dans *Par-dessus bord*, en passe de devenir PDG, s'adresse solennellement à ses employés et les menace de licenciement s'ils rechignent à son projet de restructuration, qu'il appelle une « œuvre »[7]. Du point de vue du patron, travailler à produire du papier toilette, c'est contribuer à une œuvre. De façon moins cynique et grandiloquente, Weil constate combien le

---

[3] p. 240 [4] p. 317 [5] livre IV, vers 154–217 [6] vers 154–184 [7] quatrième mouvement

taylorisme, loin de décharger l'ouvrier, l'a au contraire soumis à des conditions de travail plus oppressantes : « Il n'y a donc aucune limite à l'augmentation de la production en intensité »[8], déclare-t-elle dans « La rationalisation ». Ainsi, le travail appelle toujours davantage d'efforts alors même que la complexité des systèmes de production augmente.

L'effet principal de cette complexification n'est donc pas l'allègement de la contrainte, mais l'effacement progressif des compétences. Dans ce même texte sur « La rationalisation », Weil explique que la nouvelle organisation du travail « consiste non pas à travailler mieux, mais à faire travailler plus »[9]. On est loin de l'idée que tout travail, même le plus simple en apparence, s'appuie toujours sur un art. Virgile, pourtant, l'affirme dès le livre I, lorsqu'il suggère que la difficulté physique du labeur conduit progressivement l'homme à se donner les moyens d'apprendre le métier qui peut soulager la peine : « Le Père des dieux lui-même a voulu rendre la culture des champs difficile, et c'est lui le premier qui a fait un art de remuer la terre »[10]. Par l'effet de ces nouvelles organisations modernes du travail, le talent est paradoxalement ce qui devient de moins en moins nécessaire à la grande majorité des travailleurs.

La division des tâches conduit donc à réserver l'ingéniosité, l'inventivité aux concepteurs ; les exécutants qui travaillent directement à fabriquer sont progressivement conduits à réaliser des opérations de plus en plus mécaniques : c'est la distinction fondamentale, reprise par Weil, entre travail et force de travail : « Il leur [aux ouvriers] reste l'énergie qui permet de faire un mouvement, l'équivalent de la force électrique »[11]. Ainsi, les nouvelles organisations du travail contribuent à faire des ouvriers des éléments substituables ; au contraire, les fonctions qui requièrent la créativité, elles, permettent de générer des différences en reconnaissant la part d'initiative propre au travail qu'on aime exercer. Cela engendre un mépris de classe, que Madame Alvarez, le directeur administratif de l'entreprise, exprime dès le premier mouvement de *Par-dessus bord* : « ce n'est pas la peine de s'attendre chez les gens de l'usine à la moindre initiative ». Au moins ce mépris illustre-t-il clairement comment le travail se retire progressivement des fonctions d'exécution pour se concentrer dans les fonctions de décision.

Cependant, le travail est un processus de transformation dans lequel demeure une part d'action volontaire et pas seulement d'exécution.

LE TRAVAIL n'est pas seulement une mise en mouvement, car la dynamique du travail est orientée : l'action du corps est le prolongement d'une initiative réfléchie. Travailler exprime donc notre condition d'êtres incarnés.

---

[8] p. 319 [9] p. 317 [10] vers 91–122 [11] « La rationalisation », p. 323

Virgile dans les *Géorgiques* ne cesse de louer la patience et l'humilité du paysan devant ce qui est plus grand que lui. Le travail est décrit comme une lutte contre la nature. Et l'énergie de l'homme doit être abondante, certes, mais ajustée et dépensée avec clairvoyance. Le mouvement ne vaut que par l'effort qui l'accompagne pour « dompt[er] à grands frais »[12] les éléments naturels, en l'occurrence les arbres pour qu'ils offrent une récolte. C'est pourquoi vouloir opposer radicalement l'initiative du décideur et l'inertie de l'exécutant est une grave erreur de perspective : le calme de l'artisan ou du paysan n'est pas de l'inertie. Il s'agit seulement d'agir à temps et non de courir à contretemps. Weil voit même dans cette dialectique de l'intelligence et de la matière une ouverture à l'altérité, à l'amitié. C'est ce qu'elle explique dans sa correspondance avec Jacques Laffite, prétendant que le travail demeure « un moyen pour chaque homme de dominer la matière et de fraterniser avec ses semblables sur un pied d'égalité »[13].

À l'inverse, il semble bien que la modernité ait conduit à quelques confusions dans l'organisation du travail. Ainsi, dans *Par-dessus bord*, le mouvement, que d'aucuns appellent l'ambition, est érigé en valeur suprême. Par exemple, pour relancer l'ambition de Passemar, Benoît lui propose d'être rétrogradé, car, « dans une entreprise dynamique quand on s'arrête de grimper, on dégringole »[14]. D'ailleurs, l'objectif est moins de travailler la matière pour fabriquer des objets que de travailler les hommes pour les ajuster à cette frénétique nécessité de bouger. C'est ainsi que Benoît assume de vouloir « dépoussiérer » Passemar en exigeant de lui un mouvement vide, mais un mouvement à tout prix. Et cette perte de sens a quelque chose d'insondable : on s'épuise à ne rien faire, on utilise le mouvement gratuit pour détourner de l'activité ordonnée de la pensée : « Le malheur de l'ouvrier à l'usine est encore plus mystérieux [que son malheur hors de l'usine] »[15], se lamente Weil dans « Expérience de la vie d'usine ». Ce malheur repose sur la dissociation du corps et de l'esprit. Il menace bien tout travailleur, et pas seulement l'ouvrier.

L'apparition du *burn out* ou syndrome d'épuisement professionnel, cette fatigue psychique qui consume le travailleur quel que soit son rang dans la hiérarchie, constitue une sorte d'accomplissement de la prophétie de Fourastié : réduit à la pure initiative, le travailleur, en l'occurrence le plus souvent le cadre et non plus l'ouvrier, s'épuise psychiquement. Les analyses de Weil décrivent l'épuisement des corps en mouvement privés d'initiative. Mais le théâtre de Vinaver en décrit magistralement, comme on l'a vu, le renversement : l'esprit s'épuise dans la pure initiative qui n'a aucun prolongement dans l'action. Finalement, nos auteurs nous ramènent à une vérité toute simple : si nous travaillons, c'est que nous

---

[12] livre II, vers 54–85 [13] p. 257 [14] quatrième mouvement [15] p. 328

sommes incarnés, nous sommes corps et esprit. L'abeille décrite par Virgile au livre IV ne subit pas sa vie servile, car elle n'est pas un esprit. Et si les anges existent, ils ne connaissent pas la fatigue, car ils ne sont pas faits de chair. Weil, dans une claire et lumineuse leçon le rappelle à son élève Simone Gibert : « la réalité de la vie [...], c'est l'activité – j'entends l'activité et dans la pensée et dans l'action »[16]. Notre travail ne peut aller contre la nature en opérant ainsi une déchirure au sein de notre condition.

Réponse

On voit bien que la distinction des tâches entraîne presque toujours une hiérarchisation. L'initiative crée la valeur, et l'exécution dans le procès du travail s'efforce de ne pas la perdre. Le travail productif, aussi paradoxal que cela puisse paraître, est devenu, davantage qu'une condition, une véritable contrainte. Pourtant, c'est bien le prolongement de l'idée par l'engagement du corps mais aussi l'enracinement du geste dans l'idée qui assurent au travail sa cohérence et sa valeur. Le travail exprime donc notre condition de créature finie et incarnée.

Ouverture

C'est pourquoi la question du travail n'est pas une simple question d'économie. Croire cela, c'est finalement hâter ce que pressentait Simone Weil, qu'un jour nous ne travaillions plus que pour « des sous »[17]. La fin du travail pourrait donc constituer une perspective non plus édénique, mais davantage apocalyptique.

IV Éviter le hors-sujet

Dans *La République*, Platon fonde la cité sur la division du travail : « on produit toutes choses en plus grand nombre, mieux et plus facilement, lorsque chacun, selon ses aptitudes [...] se livre à un seul travail étant dispensé de tous les autres ». La division du travail s'effectue naturellement autour des talents. Or, dans notre sujet, il faut bien faire ressortir que ce que Fourastié envisage, la fin du travail manuel, se conçoit dans la perspective de la division des tâches, pas du travail. Dans ce cadre, c'est l'action qui est décomposée, et le gain de productivité est corrélé à l'effacement du travailleur comme principe de son action. Dans la division du travail telle que la conçoit Platon, au contraire, la productivité repose sur l'engagement de l'individu, et tout le corps social bénéficie de son talent. La division du travail conduit à une forme de complémentarité, alors que la division des tâches rend une partie des hommes de plus en plus inutiles.

---

[16] p. 69 [17] p. 206

Notions abordées : travail, nécessité, société, connaissance de soi

Sujet 18
« Je n'aime pas le travail, nul ne l'aime ; mais j'aime ce qui est dans le travail l'occasion de se découvrir soi-même, j'entends notre propre réalité, ce que nous sommes à nos yeux et non pas en façade. » Dans quelle mesure votre lecture des œuvres du programme vous permet-elle de souscrire à ce jugement de Joseph Conrad (*Au cœur des ténèbres*, 1899) ?

Corrigé proposé par Christine Baycroft

I Analyse du sujet

1 Analyse des termes du sujet

Dans ce passage, Conrad confronte différentes raisons possibles de valoriser le travail. Il rejette d'abord l'idée qu'il faudrait simplement l'aimer. Il précise même que c'est impossible et que « nul ne l'aime ». L'expérience concrète du travail est celle d'un labeur éprouvant. Il permet de vivre et de survivre ; il n'est ni l'accomplissement de nos désirs, ni une activité spontanément épanouissante. Sur le plan pratique, cette absence de valeur du travail s'explique par le fait qu'il n'appartient pas à la sphère de l'amour : celle où l'on peut se donner sans se perdre.

Pourtant, pour Conrad, le travail n'est pas seulement ce moyen en vue d'autre chose (survivre ou bien vivre) mais aussi une fin en soi. Il est pour chacun « l'occasion de se découvrir soi-même ». De ce point de vue, il est légitime de l'aimer ; car s'adonner au travail, c'est aussi revenir vers « notre propre réalité ». Toutefois, précise Conrad, la réalité dont il s'agit n'est pas celle de notre personnage social. La découverte de soi dans le travail ne réside pas dans le fait qu'il nous confère une identité, un statut dans la société. Au contraire, pour Conrad, l'identité sociale octroyée par le travail n'est qu'une « façade » illusoire. Elle ne nous apprend rien d'essentiel sur « ce que nous sommes à nos yeux ».

Ayant ainsi déconstruit les mythes conventionnels selon lesquels le travail serait source de valeur, Conrad en vient à préciser ce qu'il juge légitime d'aimer dans le travail : le fait qu'il soit une occasion de se connaître. Non pas de connaître notre moi social, mais « notre propre réalité, ce que nous sommes à nos yeux », c'est-à-dire notre moi le plus intime. Dans la réflexion personnelle qu'il provoque et dans la confrontation avec soi-même qu'il exige, le travail est une expérience unique et précieuse. Il constitue un chemin vers la compréhension de soi et une réponse possible à l'injonction socratique : « connais-toi toi-même ».

2 Confrontation aux œuvres

Les *Géorgiques* de **Virgile**, rédigées pour un monde romain épuisé par la guerre, présentent le travail et en particulier les travaux des champs, comme un cadeau de Jupiter à l'humanité pour l'aider à s'améliorer. Or, cette amélioration repose sur une certaine forme de connaissance de soi. Le dur labeur de la terre, cette confrontation avec la nature et le Cosmos, possède un pouvoir d'enseignement. Il permet de retisser les liens qui nous unissent à la nature, et par là de reconquérir le sens des vertus humaines et de la vérité. Ultimement, il nous conduit à mieux nous connaître nous-mêmes.

Dans *La Condition ouvrière*, **Simone Weil** décrit son expérience du travail en usine en termes de déshumanisation du travailleur, de destruction de son autonomie et de sa capacité de penser et de se penser. Weil reconnaît une part de servitude inhérente au travail qui nous confronte à la nécessité naturelle. Mais elle ne la condamne pas. Elle condamne celle imposée par l'économie capitaliste et la pseudo-rationalisation taylorienne qui abrutissent les travailleurs et détruisent le sens spirituel de leur activité. Un travail authentique, même pénible, nous fait éprouver ce que nous sommes vraiment : des êtres en quête de sens (de finalité) et de beauté. Pour Weil, un tel travail serait une expérience (consciente ou non) de notre lien avec Dieu, source du sens et de la beauté.

Dans *Par-dessus bord* de **Michel Vinaver**, le travail ne nous apprend rien. Dans la pièce, une féroce et ridicule compétition entre Ravoire et Dehaze (une entreprise familiale française) et United Paper Europe (la filiale européenne d'une multinationale américaine) corrode tous les personnages. Finalement, les deux entreprises fusionnent financièrement, tout en continuant à opérer de manière indépendante et compétitive. Dans le nouvel organigramme, des employés changent de rôle, d'autres sont mis de côté, mais le monde du travail continue son cycle infernal. Si le travail pouvait nous apprendre quelque chose sur nous-mêmes, ce serait l'incohérence et l'insignifiance de notre activité et de notre vie. Mais la tragédie, c'est précisément qu'il ne nous l'apprend pas. C'est la pièce de Vinaver qui le fait. Et dans celle-ci, seuls les personnages marginaux, les hommes de culture ou de lettres, ont l'intuition de cette cruelle vérité.

3 Problématisation

On attend énormément de notre travail ; et parfois nous en sommes déçus, nous en changeons. Mais le travail n'est pas un simple instrument pour réussir notre vie ; on lui confère aussi une fonction essentielle : nous révéler à nous-mêmes.

Le travail n'est-il qu'un moyen pénible et illusoire de gagner sa vie et son statut social ou peut-il être aussi une fin en soi, une activité par laquelle nous réalisons qui nous sommes vraiment ?

II Plan détaillé

I Le travail est un moyen et non une fin : il ne nous permet donc pas de nous accomplir
1. Le travail est une souffrance physique et morale
2. Le travail est un combat incessant contre la nécessité
3. Le travail n'appartient pas à la sphère de l'amour

Mais sans nier cette dimension laborieuse et pénible du travail, ne faut-il pas aussi admettre qu'il a une valeur qui se situe du côté de la prise de conscience de soi ? Par notre travail, n'acquérons-nous pas un rôle dans la société qui nous permet alors de comprendre qui nous sommes ?

II La valeur sociale que garantit le travail est une illusion
1. Le travail nous donne une place dans la société humaine
2. Par notre travail nous définissons nos valeurs et celles de notre société
3. Cette identité et ces valeurs créées par le travail ne sont que des façades

L'identité sociale que nous découvrons par le travail n'est finalement qu'une façade bien fragile. En quel sens reste-t-il alors possible d'« aimer son travail », de le vivre comme une expérience authentique de la découverte de soi ?

III Le travail est un chemin de la connaissance de soi
1. La dignité du travail comme découverte de soi
2. La noblesse du travail comme création de soi
3. La vérité du travail comme acquiescement à ses limites

III Dissertation rédigée

Accroche

« LA GRANDE démission » – ces millions de personnes qui, suite à l'épidémie de Covid-19 ont volontairement quitté le monde du travail – représente, selon certains économistes et sociologues, un tournant dans notre rapport au travail. Peut-être avons-nous commencé à le voir pour ce qu'il est vraiment : un piège dans lequel nous nous étions laissés enfermer.

Citation et analyse

Le passage d'*Au cœur des ténèbres* de Joseph Conrad qui affirme : « Je n'aime pas le travail, nul ne l'aime ; mais j'aime ce qui est dans le travail l'occasion de se découvrir soi-même, j'entends notre propre réalité, ce que nous sommes à nos yeux et non pas en façade », évoque cette question de la valeur du travail qui est récemment revenue au cœur de l'actualité. Est-il possible d'aimer son travail et de s'y accomplir ? L'expérience concrète du travail est incontestablement celle d'un labeur nécessaire mais pénible, voire douloureux. C'est pourquoi, personne n'« aime » travailler. D'autant plus, peut-être, que notre travail nous réduit à notre « façade » sociale et professionnelle. Et pourtant, dans le travail, une occasion nous est donnée de nous « découvrir » et de nous connaître nous-mêmes, dans notre plus intime réalité. Tel est le paradoxe du travail : nous le vivons à la fois comme un fardeau, comme une mystification sociale mais aussi comme une précieuse voie d'accès à notre identité profonde.

Pbmatique

Nul n'aime travailler, et pourtant nous rêvons tous d'aimer notre travail. Ainsi, le travail est cette activité paradoxale dont on n'attend rien mais dont on exige tout. Le travail n'est-il qu'un moyen pénible et illusoire de gagner sa vie et son statut social ou peut-il être aussi une fin en soi, une activité par laquelle nous réalisons qui nous sommes vraiment ?

Plan

Il est incontestable que l'expérience humaine du travail est d'abord celle d'un labeur nécessaire qui ne répond pas à nos aspirations spontanées. Par ailleurs, la réalité du travail met à mal les beaux discours selon lesquels notre vie professionnelle constituerait le socle de notre identité. Néanmoins, le travail ne peut-il pas parfois devenir un authentique chemin de découverte de soi ?

L'EXPÉRIENCE humaine du travail est fondamentalement celle d'une aliénation.

Le travail est vécu au quotidien comme une souffrance physique et morale. C'est cette souffrance que Weil a connue dans sa chair lorsqu'elle a travaillé en usine ; un lieu qu'elle décrit en termes saisissants : un « endroit morne, où on ne fait qu'obéir, briser sous la contrainte tout ce qu'on a d'humain, se courber, se laisser abaisser en dessous de la machine »[1]. Virgile la souligne aussi lorsqu'il décrit Jupiter rendant la culture des champs difficile « aiguisant par les soucis les cœurs des mortels »[2]. Cette souffrance est décrite par Vinaver avec un humour grinçant dans la scène du renvoi de Madame Bachevski : elle se « sent en plein boom » mais la direction tient à lui « offrir le repos et le loisir qu'[elle a] bien gagné »[3].

Au fondement de tout travail, il y a notre lutte incessante pour la survie et contre la nécessité. C'est ce que Weil nomme l'aspect « servile » du travail, la raison pour laquelle les anciens le réservaient aux esclaves. Pour le décrire, Virgile emploie des métaphores de combat telle « fendre avec le fer »[4] et il évoque les « armes propres aux rudes campagnards »[5] à propos de leurs outils. Dans la France de *Par-dessus bord*, une infinité de nouveaux besoins sont apparus et il est désormais nécessaire de les satisfaire eux aussi. Comme l'exprime Jaloux, l'agent publicitaire, l'obligation de gagner sa vie a été amplifiée par « une approche créative [...] affirmant à notre consommateur qu'il est malheureux et lui expliquant pourquoi »[6].

C'est pourquoi l'expérience du travail est précisément le contraire de celle de l'amour. Par lui-même il n'a aucun sens, il est un pur moyen et non une fin. Comme le souligne Weil, « l'univers où vivent les travailleurs refuse la finalité »[7]. Ils sont des écrous interchangeables dans la grande machine productiviste. Leur activité est faite le plus mécaniquement et le plus rapidement possible. C'est sur ce modèle de l'entreprise que fonctionnent même les relations personnelles de la famille Dehaze. Au début du troisième mouvement, le père Dehaze disparaît, remplacé en tant que PDG, par un complot ourdi par ses fils rivaux Olivier et Benoît. À la fin, Marjorie la femme de Benoît change de rôle et devient celle d'Olivier. Mais la vie continue dans son absurdité. Même le texte de Virgile est hanté par la violence absolue d'épidémies naturelles comme la grande peste du Norique[8] qui a détruit toute la faune sauvage et tout ce que le labeur humain y avait construit. Les images apocalyptiques de la fin du livre troisième font douter de la Providence et évoquent une nature et un travail dépourvus de toute finalité.

Mais sans nier cette dimension laborieuse et pénible du travail, ne faut-il pas aussi admettre qu'il a une valeur qui se situe du côté de la prise de conscience de soi ? Par notre travail, nous acquérons aussi un rôle dans la société qui nous permet de comprendre qui nous sommes.

[1] Correspondance A. Thévenon, p. 57 [2] livre premier, 123–156 [3] cinquième mouvement [4] livre I, 22–56 [5] livre I, 152–186 [6] cinquième mouvement [7] « Condition première d'un travail non servile », p. 422 [8] livre III, 449–482

NOTRE travail, et tout ce qu'il nous permet d'acquérir et de construire, constituent l'assise de notre identité.

Ainsi, au début de *Par-dessus bord*, lors d'un intermède musical, Passemar chef du service administratif des ventes et auteur proclamé de la pièce, participe, masqué, à une danse convulsive qui représente le monde du travail. Lorsqu'il enlève son masque, on voit qu'il ressemble comme un frère à ce masque : son identité de travailleur, c'était déjà son vrai visage. Chez Virgile, c'est l'image du labeur des abeilles qui exprime cette idée. Leur fonction dans la ruche révèle ce qu'elles sont vraiment. Chacune est à sa place, les plus jeunes butinent et les plus vieilles sont chargées de « façonner les logis »[9]. Même Weil, dans la lettre à Simone Gibert, souligne que le travail est constitutif de ce qu'on est : « tant qu'on est incapable de travail suivi, on n'est bon à rien »[10].

Au-delà même de ce moi social que le travail construit, ne faut-il pas ajouter que, dans le travail, nous découvrons aussi nos valeurs. Chez Virgile, l'éloge de l'Italie au livre deuxième des *Géorgiques* manifeste qu'en travaillant, le paysan découvre la beauté de son pays. C'est moins la guerre que le travail qui produit l'amour de la patrie. C'est d'ailleurs l'une des choses que Weil reproche au travail moderne, sa seule valeur résidant dans l'argent qu'il rapporte : « on ne vous demande que des pièces, on ne vous donne que des sous »[11]. Or, l'argent n'a d'autre but que de libérer notre vie, pour un temps, du joug du travail. Travailler pour l'argent revient donc à réduire le travail à sa dimension servile. Chez Vinaver, aucun des personnages ne semble non plus envisager que le travail ait la moindre valeur, sinon financière. Lors de la fête annuelle de Ravoire et Dehaze, une des nombreuses phrases déconnectées du contexte de la pièce, est prononcée : « c'est ravissant, ça coûte cher ?[12] » Elle reflète précisément que dans le monde de l'entreprise, le travail en lui-même n'a pas de valeur. La seule valeur, même lors d'une fête, et même si l'on parle de beauté, c'est l'argent.

En ce sens, la valeur sociale du travail n'est qu'un mensonge. Comme le dit Weil, ce qu'elle a découvert par le travail à la chaîne, c'est que « toutes les raisons extérieures [...] sur lesquelles s'appuyait [...] le sentiment de [s]a dignité [...] ont été en deux ou trois semaines radicalement brisées »[13]. Dès la première page du texte de Vinaver, Madame Lépine dévoile le mensonge sur lequel repose le monde du travail en répondant, goguenarde, au représentant qui lui propose avec enthousiasme son nouveau produit : « tout est toujours sensationnel ». Chez Virgile lui-même, le monde solide et ordonné construit par le travail est perpétuellement

[9] livre IV, 154–184 [10] p. 70 [11] « Un appel aux ouvriers de Rosières », p. 206 [12] premier mouvement [13] Correspondance A. Thévenon, p. 59

menacé de désintégration. Très vite « les faulx recourbées servent à forger une épée rigide » et « mars impie sévit dans tout l'univers »[14].

L'identité sociale que nous découvrons par le travail n'est finalement qu'une façade bien fragile. En quel sens reste-t-il alors possible d'« aimer son travail », de le vivre comme une expérience authentique de la découverte de soi ?

AU-DELÀ de ce moi social mais futile qu'il crée, le travail nous engage aussi dans une recherche plus intime de ce que nous sommes.

Le sens ultime du travail de la terre chez Virgile, c'est de nous permettre de discerner notre place dans le Cosmos. Par des travaux, comme la greffe au livre deuxième et l'élevage au livre troisième, nous collaborons et communions avec la nature et y trouvons notre vérité. Pour Weil aussi, un travail authentique peut nous guider vers les grandes vérités spirituelles que nous cherchons. Ainsi, le paysan, en semant des grains de blé « que la mort seule rend féconds »[15], saisira l'idée de la résurrection. Tandis que la réflexion sur les souffrances du Christ le vendredi saint pourra donner un sens à certains travaux physiques... Vinaver ne croit pas à un tel pouvoir du travail. Ce n'est pas dans leur travail mais ailleurs que ses personnages vont chercher des réponses aux grandes questions qu'ils se posent sur eux-mêmes. Ils les cherchent, dans leur histoire familiale, les antiquités (les tabatières), l'art (la peinture, le jazz) la littérature et l'étude des mythologies anciennes.

À la lumière des vérités qu'il nous enseigne, le travail nous permet en outre de nous améliorer, voire de nous régénérer.

Ainsi, chez Virgile les travaux des champs engendrent les vertus. Le livre premier en évoque tout particulièrement quatre : la tempérance, la constance dans l'effort, le courage et enfin la piété. Chez Weil, un travail « non servile »[16] remet en cause la séparation des travaux intellectuels et manuels. Il libère les ouvriers de la honte et les intellectuels du dédain. Par contre, chez Vinaver, tout travail est servile. Alex, le musicien de jazz, lorsqu'il rejoint Ravoire et Dehaze à la fin de la pièce, se dépeint en ces termes « je tombe en avant » ; il se compare à son père mort à Auschwitz en« tombant en arrière dans une fosse à merde poussé par un SS ».

Il est même possible de soutenir que le travail, du fait même de ses tensions, nous permet de réaliser ce qu'est une vie pleinement humaine : une vie humble et magnifique. Virgile, au livre quatrième[17] des *Géorgiques*, évoque à ce propos la vie simple du vieux jardinier corycien, exilé à Talente, qui cultive, parmi les fleurs de son jardin, non seulement l'utilité mais aussi la beauté. Il en fait un modèle pour tous : le lecteur bien sûr,

---

[14] livre I, 491–514 [15] « Condition première d'un travail non servile », p. 425 [16] p. 418
[17] 122–154

mais aussi le poète. Weil décrit un tel travail comme une prière, une ouverture quotidienne et banale à ce qui nous dépasse et qui nous nourrit. La dernière phrase de *Par-dessus bord* « la fin rejoint le commencement » donne aussi une morale quasi mystique à la pièce. Mais elle est exprimée par Passemar évoquant le mythe nordique des Ases et des Vanes pour révéler la vérité du monde du travail. Ce monde reste par contre, jusqu'au bout, totalement incapable de se comprendre ou de se corriger.

Réponse

LE PARADOXE du travail consiste ainsi en ce que personne ne l'aime mais que tout le monde veut l'aimer. Certes, tout travail est d'abord un moyen de gagner sa vie et de satisfaire ses besoins vitaux. Mais, nous attendons qu'il soit bien plus que cela. Nous voulons l'aimer, y trouver du sens, le vivre comme un but et une fin en soi, c'est-à-dire nous y accomplir et nous y retrouver. Peut-être avons-nous tort toutefois de chercher tout cela dans l'identité sociale que le travail nous procure, car celle-ci est fragile et illusoire. Peut-être faut-il chercher ailleurs ? Il est possible, comme le suggère Conrad, que dans certaines conditions, le travail puisse être une quête spirituelle de soi, une réponse à l'injonction socratique : « connais-toi toi-même ».

Ouverture

La question qui se pose alors, à laquelle Conrad ne répond pas mais qui est au cœur des préoccupations de nos trois auteurs, est la suivante : tout travail est-il à la hauteur de ces exigences ? Il ne s'agit évidemment pas de nier le fait que le travail, qui nous confronte à nos désirs et à nos limites, exige des efforts et de la discipline. Mais on peut se demander, comme beaucoup semblent le faire à nouveau aujourd'hui, si certaines formes de travail ne sont pas tout simplement odieuses car elles ne nous conduisent pas à nous trouver mais à nous perdre.

IV Éviter le hors-sujet

Beaucoup de sujets traitent de la question de la valeur du travail. C'est déjà le sens de la fable de La Fontaine, *Le Laboureur et ses enfants* (*Fables*, 1668) qui conclut « Mais le père fut sage / De leur montrer avant sa mort / Que le travail est un trésor ». Chez nos deux auteurs, le travail est d'abord perçu comme une souffrance et un labeur ; mais ce qu'ils valorisent ensuite dans le travail est très différent. Pour La Fontaine, le travail a une valeur éthique et politique : ce sont les efforts qu'il exige qui fondent et légitiment notre réussite sociale. Alors que chez Conrad, la valeur sociale du travail est illusoire. Sa vraie valeur est spirituelle et maïeutique : il est, pour chacun d'entre nous, un moyen de cheminer vers nos vérités les plus intimes.

Notions abordées : modernité, ascétisme, matérialisme, spécialisation

Sujet 19

« L'idée que le travail moderne est marqué du sceau de l'ascétisme n'est certes pas nouvelle. Se borner à un travail spécialisé, et par suite renoncer à l'universalité faustienne de l'homme, telle est la condition de toute activité fructueuse dans le monde moderne. »

Dans quelle mesure votre lecture des œuvres du programme vous permet-elle de souscrire à ce jugement de Max Weber extrait de *L'Éthique protestante et l'esprit du capitalisme* (1904–1905) ?

Corrigé proposé par Éléonore Brouillaud

I Analyse du sujet

1 Analyse des termes du sujet

Comme l'indique le titre de son ouvrage, Weber fait de « l'esprit du capitalisme » une émanation de « l'éthique protestante », présentant comme un fait acquis que le travail moderne est une forme d'« ascétisme », c'est-à-dire un exercice impliquant l'effort et la privation en vue d'un bien, qui peut être terrestre, mais qui a une visée spirituelle. La spécialisation, effet de cet ascétisme, est connotée par la négativité et la privation : il s'agit de « se borner », de « renoncer à l'universalité faustienne de l'homme » qu'on peut comprendre comme la volonté d'embrasser l'univers par un savoir total, à la fois intellectuel et sensible.

La conséquence de la spécialisation est double : si elle restreint l'ouverture du travailleur sur le monde, elle accroît le profit matériel du travail. En effet, la mise en parallèle du « travail » et de l'« activité fructueuse », fait de la productivité l'élément central de la définition moderne du travail et le nouveau critère de valorisation de l'activité en général. Weber adopte donc un regard critique sur la spécialisation du travail moderne qui, selon lui, met à mort l'aspiration humaine fondamentale à saisir le monde dans sa totalité. Il s'agira d'interroger la validité de cette thèse.

2 Confrontation aux œuvres

Les ***Géorgiques*** représente le travail des paysans de l'Antiquité romaine : si elles ne relèvent que de l'agriculture et de l'élevage, les tâches évoquées sont nombreuses et diverses, et l'activité humaine revient à un mode de vie au contact de l'environnement premier et varié qu'est la nature.

La condition ouvrière décrite par **Simone Weil** est celle qui, au nom de la productivité, résulte d'une division du travail et d'une machinisation de l'ouvrier non spécialisé, dont l'activité est fermée à tout horizon spirituel. Mais la philosophe conçoit des façons individuelles et collectives de réformer le travail moderne à l'encontre de ces tendances.

Par-dessus bord rend compte de la vie d'une entreprise française où chaque travailleur tient un rôle précis qui tend à devenir pour lui une forme de vie. L'organisation de l'entreprise a évidemment pour but le profit financier ; mais Ravoire et Dehaze est soumise à la rude concurrence des Américains dont les pratiques plus performantes, adoptées par le nouveau patron, ne vont pas nécessairement dans le sens d'une parcellisation des tâches. Toutefois, elles accentuent la technicité du fonctionnement général aux dépens du rapport humain.

3 Problématisation

« L'esprit du capitalisme » comme ascétisme moderne, qui a déterminé la forme historique du travail, semble donc oublier le caractère spirituel de son cadre d'origine : le travailleur privé d'un horizon élargi est spécialisé dans une activité dont la valeur principale est d'être matériellement « fructueuse ». Cependant il n'est pas sûr que toute spécialisation soit nécessairement susceptible d'une telle critique, ni qu'aucun recours, individuel ou collectif, ne soit possible. Quel accord peut être trouvé dans le travail moderne entre la dynamique de spécialisation et l'aspiration humaine à l'embrassement total du monde ?

II Plan détaillé

I La rupture du travail moderne comme ascétisme matérialiste
1. La spécificité de la spécialisation du travail moderne
2. La spécialisation au service de la productivité
3. Le travail moderne contre « l'universalité faustienne de l'homme »

Si le travail moderne se développe comme un ascétisme matérialiste à travers « l'esprit du capitalisme » qui le guide, la dynamique de spécialisation n'est pas exempte de tensions contradictoires.

II Les tensions contradictoires de la dynamique de spécialisation
1. Spécialisation et élargissement du travail comme forme de vie
2. Spécialisation et collaboration
3. Spécialisation et compétence

Est-il alors possible de réorienter le caractère ascétique du travail moderne vers une visée qui ne soit pas purement matérielle ?

III Réformer l'ascétisme du travail moderne
1. Retrouver le sens de l'ascétisme comme limitation fructueuse
2. Refonder l'alliance de la spécialisation et de la maîtrise
3. La spécialisation comme exercice de l'attention

III Dissertation rédigée

EN CHANGEANT en 1948 le nom de « la fête des travailleurs » en « fête du travail », c'est l'activité qu'on met au premier plan, au détriment de ceux qui travaillent. Mais quel sens peut avoir la célébration du « travail », fondement du monde moderne souvent vécu comme une servitude ? Accroche

Max Weber fait de « l'esprit du capitalisme » un rejeton de « l'éthique protestante », l'analysant comme un nouveau type d'ascétisme dont la particularité est de réduire l'ouverture intime de l'homme au monde par une spécialisation qui constitue un renoncement à une expérience totale, intellectuelle et sensible, au profit d'une « activité » qui tire sa valeur d'être matériellement « fructueuse ». À la parcellisation et l'appauvrissement des pratiques s'oppose cependant l'accroissement du profit et de la technique humaine sur le monde. Il en résulte une expansion du travail comme forme de vie. En outre, on peut penser que des formes de spécialisation, ou de solutions individuelles et collectives contrant les effets pervers de cette dernière, sont possibles. Citation et analyse

Quel accord peut être trouvé dans le travail moderne entre la dynamique de spécialisation et l'aspiration humaine à l'embrassement total du monde ? Pbmatique

Nous étudierons d'abord la rupture constituée par la spécialisation du travail moderne, puis les tensions contradictoires à l'œuvre dans la dynamique de spécialisation, avant d'envisager une réforme fructueuse de l'ascétisme du travail moderne. Plan

LES FORMES modernes du travail découlant de l'esprit ascétique et matérialiste du système capitaliste modifient la nature de la spécialisation des travailleurs.

Tout travail s'exerce nécessairement dans un domaine restreint. Les paysans décrits par Virgile s'occupent ainsi d'agriculture et d'élevage. Pour cela ils assument diverses tâches : « Au travail donc, ô cultivateurs ! apprenez les procédés de culture propres à chaque espèce », s'écrie le poète au chant II[1]. Au chant suivant, la « voie du dressage »[2] montre

[1] 22–54 [2] 154–186

également une connaissance très spécialisée de la manière dont l'animal développera certaines capacités, par exemple selon la forme des géniteurs et les réactions de sa prime jeunesse. Mais la spécialisation qui s'est imposée avec la division du travail à l'âge industriel est d'une autre nature : elle sépare ceux qui pensent et possèdent la production, les patrons, des ouvriers qui la réalisent, comme l'explique Simone Weil dans sa conférence sur « La rationalisation ».

La spécialisation s'inscrit dans la recherche de gains de productivité. Le poème des *Géorgiques* est aussi un traité qui présente les connaissances et pratiques concernant chaque espèce dans le but d'arriver au meilleur résultat comme l'exprime l'exorde : « Quel art fait les grasses moissons, sous quel astre [...] il convient de retourner la terre et de marier aux ormeaux les vignes ; quels soins il faut donner aux bœufs, quelle sollicitude apporter à l'élevage des troupeaux, quelle expérience à celle des abeilles économes, voilà ce que maintenant je vais chanter.[3] » Mais à l'âge capitaliste, la spécialisation semble moins répondre aux besoins de produire que créer du besoin pour soutenir le profit. Chez Vinaver, on voit ainsi que les nouvelles fonctions spécialisées de l'entreprise correspondent au domaine encore inexploité du comportement du consommateur, pour trouver comment induire ses achats. Le marketing, incarné par Jack et Jenny, qui entrent en scène au Quatrième mouvement, use en effet de considérations anthropologiques en vue de manipuler les passions humaines à cette fin : il s'agit « d'ouvrir la vanne » de l'« immense réservoir érotique [qui] existe au fond de chacun » selon Jenny, car « l'homme a besoin d'objets dans lesquels il projette ses désirs et ses peurs » explique son acolyte.

Le problème du travail moderne est qu'il semble alors le plus souvent aller à l'encontre de « l'universalité faustienne de l'homme », du déploiement complet de son être, corps et esprit confondus. Dans « Expérience de la vie d'usine », Weil montre d'une part que l'ouvrier est assigné à un petit nombre de gestes normés et d'autre part que la cadence imposée est trop rapide pour que la pensée accompagne le geste, sans qu'une reposante extinction de la conscience soit possible, car l'ouvrier est tenu responsable du moindre incident : un tel travail épuise le corps et tue l'âme. Le langage de tous les personnages de Vinaver, dénotatif, trivial, paratactique et non ponctué, témoigne de son côté d'une perte d'humanité des travailleurs dans le cadre de l'entreprise, exclusivement fixée sur la recherche du profit, d'autant que l'ère du marketing impose brutalité et technicité dans les rapports, comme le fait remarquer Passemar : « un homme du marketing aurait dit OK je vais vous la casser votre baraque »[4].

[3] 1–21 [4] quatrième mouvement

Si le travail moderne se développe comme un ascétisme matérialiste à travers « l'esprit du capitalisme » qui le guide, la dynamique de spécialisation n'est pas exempte de tensions contradictoires.

Le mouvement de spécialisation présente cependant des tensions, en particulier dans le cadre du travail moderne.

La spécialisation semble paradoxalement aller de pair avec l'élargissement du travail à l'existence complète du travailleur, presque réduite à cette seule perspective. Le travail des paysans est en réalité un mode de vie centré sur un « dur labeur de part et d'autre »[5] auquel ils doivent œuvrer en toutes circonstances : « Si d'aventure la pluie froide retient le cultivateur chez lui, il peut faire à loisir bien des ouvrages »[6] et si « l'hiver, le cultivateur se repose [...], en donnant tour à tour de gais festins », il doit encore s'adonner à la « taille des torches » tandis que sa compagne « fait courir un peigne crissant sur les toiles »[7]. À l'ère des entreprises, époque où travail et loisir sont censés être plus clairement séparés, la vie de tous les travailleurs, quelle que soit leur fonction précise, paraît finalement absorbée de l'intérieur par l'entreprise, comme le montre Vinaver : « manger, travailler dormir » résume Margerie, la femme du nouveau patron Benoît. Dans les répliques anonymes des employés, lors de la fête donnée par le patron dans le Premier mouvement, on constate que leur travail les déracine de tout autre ancrage sans constituer lui-même un ancrage suffisant pour une vie humaine : « Je suis plus avec vous qu'avec mon mari [...] ça fait rien on passe sa vie ensemble en même temps on se connaît pas ou presque [...] ».

La dynamique de spécialisation pourrait cependant être contrariée par celle de collaboration. Chez Vinaver on voit en effet que l'entreprise exige, selon les mots de Mme Alvarez, « un peu d'esprit de coopération »[8] entre les travailleurs, parfois de grade différent. C'est ce qu'accentue encore l'adoption des méthodes américaines, tel le « brainstorm » du Quatrième mouvement, où chacun est pris à partie pour trouver le nom du futur produit. En revanche, Weil constate que si la division du travail rend chaque étape dépendante de la chaîne de production dans sa totalité, elle diminue les interactions entre ouvriers et accroît leur rivalité au sein des groupes où ils réalisent des tâches identiques[9]. Elle confie dans sa troisième lettre à Albertine Thévenon qu'elle n'a eu qu'une expérience unique de bonheur dans un atelier, pendant une matinée où elle se sentait exister dans son travail et parmi ceux qui l'environnaient[10]. Sauf exception, ce n'est donc pas seulement la collaboration entre patrons et ouvriers que la spécialisation interdit mais celle entre ouvriers eux-mêmes.

[5] livre II, 379–413 [6] livre I, 255–288 [7] livre I, 288–321 [8] premier mouvement
[9] « La Rationalisation », p. 321 [10] p. 57–59

Il faut également examiner les rapports conflictuels entre spécialisation et compétence. La spécialisation va de pair avec la compétence chez les paysans décrits par Virgile. Le « cultivateur » est en effet « vigilant »[11], ses pratiques prennent appui sur une observation herméneutique des « lois » de la nature[12]. On note à cet égard la fréquence du verbe « observer » et ses synonymes : « qu'on ait soin d'étudier au préalable les vents, la nature du climat, les traditions de culture et les caractères des lieux »[13]. En revanche, la spécialisation du travail en usine entraîne paradoxalement l'affaiblissement de la spécialisation du travailleur comme l'indique le titre « d'ouvrier non spécialisé ». Weil rappelle que 1 % seulement des ouvriers ont besoin de plus d'un jour d'apprentissage pour être embauchés chez Ford[14] : la division du travail poussée à l'extrême s'oppose donc totalement au développement spécial de facultés proprement liées à la pensée. Si les ouvriers semblent attachés à la « monotonie » de leur travail en maugréant lorsqu'ils changent d'atelier, comme s'en étonnent les patrons, Weil retourne l'argument en montrant que c'est le caractère insupportable d'un travail aux normes inhumaines, qu'il faut pourtant réaliser pour recevoir son salaire, qui rend tout changement de tâche rébarbatif[15].

Est-il alors possible de réorienter le caractère ascétique du travail moderne vers une visée qui ne soit pas purement matérielle ?

L'ASCÉTISME du travail moderne et la spécialisation qu'il entraîne devraient déjouer un profit purement matériel pour cesser d'impliquer chez les travailleurs un renoncement dramatique à « l'universalité faustienne de l'homme ».

Modérer le travail en cessant de chercher à tirer le maximum de profit matériel du travailleur pourrait conduire, à travers la spécialisation même, à faire de l'ascétisme du travail moderne un effort de limitation véritablement fructueux. La société de consommation qui repose sur une société de travailleurs, mise en scène par Vinaver, apparaît en effet comme aliénante pour tous les hommes. Employés, patrons, consommateurs se trouvent soumis à « l'approche créative » du profit, présentée par « Jaloux » : « créer le problème en affirmant à notre consommateur qu'il est malheureux et en lui expliquant pourquoi »[16]. L'éloge virgilien du travail des paysans tenait précisément aux valeurs de la vie frugale qu'il implique : « une jeunesse dure aux travaux et habituée à peu, le culte des dieux et le respect des pères »[17].

Mais il s'agit également de ne plus séparer spécialisation et compétence en dotant le travailleur d'une vraie maîtrise sur son travail. Weil sou-

[11] livre II, 248–279 [12] livre I, 56–99 [13] livre I, 22–56 [14] p. 321 [15] p. 322 [16] début du cinquième mouvement [17] livre II, 446–479

tient donc la mise en place d'une « collaboration effective » entre patrons et ouvriers[18], qui les mobilise dans la conception du processus global de la production. Weil pense également la nécessité de nouvelles inventions techniques, notamment de « machines automatiques et souples »[19], qui, sans forcément diminuer la production, amoindriraient l'aspect machinique du travail ouvrier et rétabliraient le travailleur au-dessus de la machine. De ce point de vue, la structure de l'économie capitaliste industrielle instaure une absence de maîtrise très préjudiciable, en reposant sur une concurrence qui fait triompher la productivité aux dépens de tout le reste, comme le montre la pièce de Vinaver. Le nouveau patron présente en effet le bouleversement de l'entreprise comme inéluctable : « ceux qui n'adopteront pas la cadence eh bien ils resteront sur le quai ce n'est pas une menace mais une nécessité »[20].

La spécialisation du travail cesserait enfin d'aller à l'encontre de « l'universalité faustienne de l'homme » si elle ne s'opposait pas à la sollicitation de toutes ses facultés. Réfléchissant à la « Condition première d'un travail non servile », Weil la définit comme « l'attention », tension intuitive et discursive vers la source de l'être que peut faire naître tout travail qui engage l'application de l'esprit et l'action du corps. Et cela quand bien même ce travail est simple et comprend une part de répétition : tel le manœuvre d'une poulie dont le mouvement peut renvoyer à la finitude des biens et des maux de ce monde, faisant songer « [que] d'une manière générale une cause ne produit un effet déterminé que jusqu'à un certain point au-delà duquel, si elle continue à agir, cet effet se retourne »[21]. Dans *Géorgiques*, Virgile fait du travail spécialisé en différents travaux, une peine en vue d'un accomplissement des facultés humaines, tant mentales que physiques. On constate même l'analogie entre les humbles et multiples travaux des champs qui ont « fait [l]a gloire » de Rome, en permettant à sa civilisation de se construire[22], et les « minces objets » dont Virgile dit faire son poème au chant suivant, pourtant promis lui aussi à « la gloire » s'il parvient à lui « donner [le] lustre » qu'il mérite en montrant la beauté du travail des paysans[23]. Un travail approfondi, et partant spécialisé sur le plus petit, peut en effet ouvrir à quelque chose de bien plus grand, puisque l'on ne tend jamais à l'universel qu'à partir d'un ancrage particulier.

Si la spécialisation est apparue comme une condition inhérente du travail, source de son profit matériel, les formes qu'elle prend dans la modernité menacent l'intégrité de la personne humaine. Le travail risque de dévorer la vie du travailleur sans qu'il puisse y trouver un sens Réponse

[18] Lettre à Victor Bernard, p. 232 [19] Lettre à Jacques Lafitte, p. 259 [20] troisième mouvement [21] p. 428 [22] livre II, 150–182 [23] 286–317

parce que sa maîtrise lui échappe, par la division du travail, mais aussi par la structure globale de l'économie capitaliste où la concurrence dans la course au profit prévaut largement sur la collaboration humaine. Reste alors l'aspiration à refonder cet ascétisme matérialiste du travail moderne, en repensant les fondements d'un travail où la spécialisation n'entre pas en contradiction avec l'ouverture d'un horizon au-delà du travail, qu'il soit celui de la disponibilité de corps et d'esprit hors des moments de travail, mais aussi l'exercice d'une attention reliant à la source des choses au sein même du travail.

Ouverture À une époque où se développent particulièrement les services, la spécialisation comme exercice d'une attention envers les besoins profonds des hommes peut, peut-être, trouver de nouvelles voies.

IV Éviter le hors-sujet

Il faut être attentif à la teneur critique du propos de Weber, qui voit exclusivement une déperdition dans les formes modernes du travail, pour proposer une argumentation qui examine la validité de sa description et de sa position idéologique vis-à-vis du travail moderne. Dans un sujet qui se réfère explicitement à la modernité, Virgile peut être utilisé avec pertinence comme contrepoint pour décaler le regard, notamment parce qu'il évoque déjà des spécialisations.

Le concept de spécialisation se retrouve chez Nietzsche (*Le Gai Savoir*, 1882) : « On ne saurait être l'homme de sa spécialité que si l'on est aussi sa victime. » Il y déplore la violence de la spécialisation. Cependant son propos est plus large que le cadre du travail, en particulier du travail manuel. Il parle en philosophe et non en sociologue, et l'aphorisme évoque très nettement la vie intérieure beaucoup plus que celle du monde du travail.

Notions abordées : travail manuel, honte, revalorisation, humanité, classe

Sujet 20
« On s'honorait en s'abstenant de tout travail ; aujourd'hui la décence l'exige. [...] Chez les personnes raffinées, [...] le travail manuel est noté d'infamie, et ce sentiment peut prendre tant de force qu'en des circonstances critiques, il reniera même l'instinct de conservation. »   Vous commenterez cette citation de Thorstein Veblen dans la *Théorie de la classe de loisir* (1899) à la lumière des trois œuvres au programme.

Corrigé proposé par Lydie Niger

I Analyse du sujet

1 Analyse des termes du sujet

La citation de Veblen constate une évolution dans la manière dont une frange de la société considère le travail. Dans un premier temps, un retour dans le passé est signifié par la conjugaison à l'imparfait de l'indicatif du verbe « s'honorer ». À ce passé s'opposent dans un deuxième temps l'adverbe « aujourd'hui » et l'emploi du présent de l'indicatif. Un troisième temps est envisagé comme la conséquence du présent, grâce à la locution conjonctive « tant... que », et la conjugaison du verbe « renier » au futur.

Le premier temps de la citation s'attarde sur la représentation assez subjective que certains se font du travail. Cette subjectivité transparaît dans l'utilisation de verbes pronominaux (« s'honorer », « s'abstenir »). Certains rejettent catégoriquement la notion même de travail, comme le souligne l'emploi de l'adjectif « tout » comme seule détermination du nom « travail ». Ce rejet est marqué par le terme « s'abstenir ». Il s'agit donc de ne pas participer à cette activité, quand bien même on le pourrait. Cette abstention se fait au nom de valeurs que l'on place au-dessus de cette activité : la réputation et le rang social auxquels l'honneur est rattaché.

Le deuxième temps de la citation, situé dans le présent, précise ce rejet. On passe du « on » sujet du premier temps aux « personnes raffinées », et du travail dans sa globalité au « travail manuel » seul. Les valeurs sont toujours présentes, quant à elles, avec le terme « infamie », « sentiment » ressenti par cette communauté et employé pour rejeter, au nom de convictions morales ou esthétiques, un comportement ou une personne. Ce sentiment est recevable, mais à la condition qu'il ne tombe pas dans l'excès, ce que note le troisième temps de la citation. Veblen prophétise une situation catastrophique dont l'excès est tel (« tant de force », « circonstances critiques ») qu'il conduira cette caste à sa fin par la disparition de son « instinct de conservation ».

Pourquoi tant de répugnance envers le travail en général et le travail manuel en particulier ? Pourquoi le travail manuel est-il déclassé (au sens propre du terme), dévalorisé ? En quoi ce rejet n'est-il possible que dans une frange particulière de la société qui ne tire pas sa subsistance de son travail, ou se leurre à ce propos ? En quoi l'absence de travail dans la société humaine est-elle impossible ?

2 Confrontation aux œuvres

Les ***Géorgiques*** de Virgile revalorisent le travail agricole à la demande d'Auguste. Ce dernier veut restaurer la société romaine, exsangue après plus de cinquante années de guerre civile. Virgile entre donc dans la propagande de son commanditaire, en chantant les vertus du travail agricole, tant au niveau des connaissances qu'il requiert (par exemple l'observation des étoiles et des sols) que dans la satisfaction de nourrir la population, terme ultime de cette promotion.

La Condition ouvrière n'a d'autre but que de cerner les racines du malheur ouvrier et ses conséquences tout à la fois sur la production et sur la société moderne. Le travail ouvrier est déconsidéré car l'évolution des techniques de fabrication en a fait un travail d'exécution, sans place pour l'intelligence, sans once d'humanité. La correspondance que Simone Weil entretient avec différents cadres et les dialogues qui s'instaurent, déconstruisent cette idée de « personnes raffinées » complètement coupées des réalités du monde du travail. Par leurs efforts réciproques, ils semblent tenter de trouver un moyen de coopérer véritablement pour permettre à chacun d'aborder le travail avec décence.

Par-dessus bord de Michel Vinaver offre différents points de vue, bien qu'aucun personnage n'exerce réellement de travail manuel. On peut cependant distinguer une hiérarchie entre tous les métiers, avec à leur tête bien entendu le PDG, Fernand Dehaze. Les deux successeurs et fils rivaux de Dehaze, Olivier et Benoît, incarnent quant à eux deux manières de travailler et de diriger l'entreprise. Mais les différents rouages de la société, sans se mépriser, entretiennent des relations tendues.

3 Problématisation

Mépriser le travail, voire se dispenser totalement du moindre travail, serait, d'après la citation, le signe extérieur de la réussite. C'est que tout travail implique une certaine pénibilité. Il existe alors une tension entre la nécessité du travail, qui impacte même ceux qui ont réussi, et la volonté de s'en abstraire. En quoi le travail peut-il être considéré comme méprisable, au point que, dans certains cas extrêmes, les hommes puissent préférer mourir que travailler ?

II Plan détaillé

I De l'absence de travail comme ultime privilège social
1. Le travail manuel est dégradant
2. La hiérarchie nécessite le mépris des subalternes
3. S'abstenir de travailler est la preuve d'une valeur

L'absence de travail est donc considérée par certains comme le but ultime de la hiérarchisation sociale ; c'est négliger le fait que le travail semble le propre de l'humanité.

II Le travail comme dimension de l'humanité
1. Le travail donne à l'homme son activité
2. Le travail manuel qualifié a toute sa valeur
3. Les progrès dans le travail lui garantissent ses vertus

Le travail est donc la condition qui permet à l'homme de sortir de l'animalité et de justifier son essence. Mais la valeur du travail doit surtout permettre à chacun de s'élever dans la société.

III La revalorisation du travail au service de la promotion sociale
1. Le travail comme condition de (sur)vie de l'homme
2. L'illusion de l'indépendance face à la production
3. De la quête de sens dans le travail, fût-il manuel

III Dissertation rédigée

Accroche

DANS l'Antiquité gréco-romaine, la principale distinction dans la société se fait entre ceux qui travaillent – les *basanoi* en grec – et ceux qui ne travaillent pas, et peuvent ainsi se consacrer à *l'otium* – le loisir, en latin.

Citation et analyse

Cet héritage semble faire le fonds de la citation de Veblen, qui affirme qu'« [o]n s'honorait en s'abstenant de tout travail ; aujourd'hui la décence l'exige. [...] Chez les personnes raffinées, [...] le travail manuel est noté d'infamie, et ce sentiment peut prendre tant de force qu'en des circonstances critiques, il reniera même l'instinct de conservation. » dans la *Théorie de la classe de loisir*. L'auteur de la citation observe l'évolution de la représentation du travail que se fait une frange de la société : si le travail était auparavant un signe extérieur de déshonneur, il est dorénavant un signe de dégradation morale qu'il convient d'effacer, quand bien même cet exercice mettrait sa vie en péril.

Pbmatique En quoi le travail peut-il être considéré comme méprisable, au point que, dans certains cas extrêmes, les hommes puissent préférer mourir que travailler ?

Plan Certes l'absence de travail peut être vue comme un ultime privilège social ; il faut cependant reconnaître que le travail est la mesure de l'humanité, et que la revalorisation du travail doit permettre à ce dernier de redevenir un signe de promotion sociale.

L'ABSENCE de travail semble l'ultime privilège social parce que le travail est considéré comme dégradant par certains. Souvent, aussi, la hiérarchie sur les lieux de production nécessite le mépris du subalterne. Par conséquent, s'abstenir du travail devient pour chacun la preuve de sa valeur.

Le travail, et par-dessus tout le travail manuel, est présenté comme dégradant dans la mesure où la pensée en est bannie. Simone Weil emploie de nombreuses fois le terme « humiliation »[1] et parle d'atteinte à la « dignité »[2] pour décrire les conséquences de la parcellarisation du travail industriel. Même s'il est dans une perspective de revalorisation du travail manuel, Virgile dans les *Géorgiques* utilise systématiquement le mot *labor* dans son texte, au sens de travail pénible. Ses emplois au livre II sont révélateurs, car il est tantôt traduit par « carrière », par « soins », ou « construction »[3]. Il s'agit chaque fois d'une action qui porte sur le long terme, et qui induit une action mobilisant sinon de la force, du moins une certaine pénibilité. Et cette pénibilité se retrouve principalement dans le travail manuel parce qu'il demande très peu de technicité, de savoir-faire. Il est donc vu comme dégradant et à fuir.

Les conditions de travail en elles-mêmes constituent également une dégradation. Ce ne sont plus les relations cordiales entre êtres humains qui prédominent, mais bien plutôt comment la faible supériorité des uns s'exerce aux dépens des autres. Tel est le sens à donner aux passes d'armes qui opposent Dutôt à Passemar dans *Par-dessus bord* de Michel Vinaver[4] quand il s'agit d'anticiper une prochaine rupture de stock. La teneur de

---

[1] p. 213, 214, 250 [2] p. 59, 246 [3] 39–155 [4] deuxième mouvement

leurs échanges prouve les prérogatives auxquelles chacun des départements (vente et gestion administrative) est attaché, et souligne le fait qu'aucun des deux n'est prêt à céder quoi que ce soit, rendant leurs relations exécrables. Les mêmes tensions se retrouvaient déjà dans le premier mouvement, entre la production, incarnée par Grangier, et Mme Alvarez au service administratif, qui méprise ouvertement « les gens de l'usine ». Il en va de même dans les descriptions que fait Simone Weil des relations internes à l'usine, où le contremaître[5] exerce un harcèlement constant auprès des ouvrières concernant le nombre de pièces à produire et la possibilité, toujours présente et menaçante, d'un renvoi. La hiérarchie ne se construit pas sur la reconnaissance d'une compétence valorisée, mais sur la pression indûment exercée sur son subalterne immédiat.

C'est pourquoi s'abstenir de tout travail peut sembler la valeur ultime du travail lui-même. C'est ainsi que l'on mesure la réussite de Fernand Dehaze dans *Par-dessus bord*[6] : il est principalement présenté comme un esthète, occupé à diriger les gestes du modèle qu'il est en train de peindre ou à parler tabatières de collection avec sa belle-fille Margerie. De même, dans les *Géorgiques*, Virgile vante les mérites d'un âge lointain, d'« avant Jupiter », quand « les récoltes étaient mises en commun, et la terre produisait tout d'elle-même, librement, sans contrainte »[7]. La valeur suprême du travail serait donc la possibilité de s'en dispenser totalement.

L'absence de travail est donc considérée par certains comme le but ultime de la promotion sociale ; c'est négliger le fait que le travail semble le propre de l'humanité.

LE TRAVAIL est en fait la dimension de l'humanité dans la mesure où c'est ainsi qu'on qualifie toute activité de l'homme orientée vers un but, lui permettant de survivre, de progresser en qualifications et d'accroître le nombre de ses vertus.

Sans le travail, l'homme serait indolent et sans activité. Le travail est le profit que tire l'homme du règne de Jupiter, selon les dires de Virgile, le dieu « ne souffrant pas que son empire s'engourdît dans une triste indolence »[8], pour lutter contre le besoin pressant. Le travail tire donc l'homme de sa torpeur et définit son humanité, puisqu'il n'attend pas que le fruit tombe de l'arbre pour le consommer mais pourvoit à ses propres besoins. Le travail comme définition de son humanité est aussi perçu comme tel au moment de la mise à la retraite – forcée – de Mme Bachevski par la nouvelle équipe de direction. On apprendra par la suite que ce changement de rythme a contribué à ce qu'elle « fa[sse] une

[5] p. 266 [6] deuxième mouvement [7] livre I, 123–156 [8] livre I, 123–156

hémiplégie »[9], comme le prédisait Passemar[10]. Le travail est donc ce qui définit l'humanité et son activité.

En plus d'être une simple activité, le travail est aussi déterminé par le degré de maîtrise qu'on y déploie. C'est ce que Simone Weil appelle de ses vœux : « élever à leurs propres yeux » les ouvriers par l'éducation[11] afin qu'ils tirent une satisfaction de leur activité, guidés par la dignité qu'elle leur confère. Une telle élévation est aussi à considérer dans les diverses activités menées par l'agriculteur de Virgile. Ce dernier, concernant les abeilles[12] doit non seulement faire attention aux herbes qui sont proches des ruches, mais aussi veiller à ce que deux « rois » ne mettent pas les essaims en péril. Le paysan déploie à cette occasion des qualités d'observation mais aussi de discernement parmi les forces en présence, afin de donner la prééminence à celui des deux « rois » qui l'emporte réellement. Le travail permet donc à l'homme de gagner davantage de qualifications dans son domaine.

C'est ainsi seulement que le travail peut redevenir le garant de vertus à rechercher, et non pas à fuir. Pour violente qu'elle soit, la restructuration de l'entreprise voulue par Benoît porte ses fruits, et permet à la nouvelle équipe, menée par Jack et Jenny, de pouvoir parler à armes égales avec les Américains. La restructuration est aussi l'occasion de promouvoir des employés comme Cohen[13] qui ont développé aux yeux de leurs employeurs de nouvelles compétences valorisées comme telles. Cette revalorisation connaît toutefois quelques limites, quand c'est l'outil qui se trouve valorisé et non pas l'homme. C'est ce que regrette Simone Weil dans « Expérience de la vie d'usine » lorsqu'elle constate que c'est la machine qui acquiert les compétences alors que l'homme est cantonné à la répétition de ses gestes[14]. Il faut donc que l'humain revienne au centre du travail pour que ce dernier reconquière toute la valeur dont il peut être porteur.

Le travail est donc la condition qui permet à l'homme de sortir de l'animalité et de justifier son essence. Mais la valeur du travail doit surtout permettre à chacun de s'élever dans la société.

Quelle que soit la valeur attribuée au travail, il faut qu'il soit reconnu comme nécessaire, mais surtout qu'il permette une promotion sociale.

Tout le travail de la terre a d'abord pour but de sortir l'homme de l'animalité et de le nourrir décemment. C'est ce qui menace l'agriculteur

[9] sixième mouvement [10] cinquième mouvement [11] p. 237 [12] livre IV [13] sixième mouvement [14] p. 347

de Virgile qui, s'il ne travaille pas avec acharnement, devra « secouer le chêne dans les forêts » et disputer aux autres animaux – les cochons en particulier – le privilège de se nourrir de glands[15]. Telle était en effet la condition humaine avant que le « don » du travail ne lui soit conféré par Jupiter[16]. Le travail fait donc de l'homme le maître de la création par sa capacité à la modeler à sa convenance. Cette perspective de survie n'est pas le seul apanage d'une certaine frange de la population : tous les hommes sont concernés. C'est ce que rappelle Detœuf à Simone Weil à l'occasion de leur correspondance : certes les patrons se plaignent de la radicalité des ouvriers, mais c'est oublier que la ruine des patrons serait bien plus fatale à la société toute entière[17] et qu'il s'agirait alors pour tous de « crever ». Aussi le travail est-il la condition de survie de la société tout entière.

Or, il est illusoire de penser que quelque frange que ce soit de la société pourrait survivre en toute autonomie, tant les domaines sont tous interdépendants. C'est ce que montre la pièce de Michel Vinaver, à l'échelle d'une seule entreprise, autour des ventes de papier toilette. Ce n'est pas le seul Lubin, commercial, qui est en difficulté, mais toute l'entreprise, depuis la gestion des stocks jusqu'au crédit de l'entreprise auprès des banques, comme en témoignent les échanges entre Ausange et Dehaze[18]. Il en va de même pour les soins donnés aux troupeaux[19] dans les *Géorgiques*; si, en plus des soins qui sont prodigués, l'éleveur ne prend garde aux nuisibles (les serpents en l'occurrence), alors c'est tout le fruit de son travail qui est menacé. La liste des actions à mener est donc étendue, et aucun travail, en lien avec un autre, ne peut être négligé.

Le travail ne pouvant être annihilé sans risque pour l'humanité, il convient alors de le revaloriser. C'est ce qu'appelle de tous ses vœux Simone Weil, dans une perspective qu'elle qualifie elle-même d'« idéale »[20], en invitant à une « coopération effective »[21] entre les ouvriers et les dirigeants, pour une « organisation du travail plus humaine »[22]. Cette « collaboration »[23] consisterait en la compréhension, à toutes les étapes de la chaîne de production, des impératifs qui incombent à chacun, en lieu et place des stimulants que sont « la peur et l'appât des sous »[24]. La quête de sens dans le travail pourrait aussi permettre de relever de nouveaux défis et de se lancer dans de nouvelles aventures enthousiasmantes, comme en témoigne la reconversion de Benoît et Jenny à la fin de *Par-dessus bord*, qui passent du marketing du papier toilette aux perruques, avec un entrain non dissimulé. La valeur du travail est alors dans l'élan et l'envie retrouvés.

[15] livre I, 156–186 [16] 123–156 [17] p. 298 [18] premier mouvement [19] livre III
[20] p. 210 [21] p. 232 [22] p. 209 [23] p. 219 [24] p. 228

Réponse

LE TRAVAIL semble donc dégradant car les tâches les moins qualifiées abrutissent l'homme. C'est cependant oublier que certaines d'entre elles sont pourtant indispensables, en tant que première étape d'un travail plus élaboré, et entrent dans les nécessités de la vie humaine. Il s'agit donc de revaloriser ce travail afin qu'il permette une élévation aux yeux de ceux-là mêmes qui sont contraints de l'accomplir. La revalorisation du travail va donc de pair avec la revalorisation de l'homme et de ses conditions de travail.

Ouverture

Plusieurs modèles économiques sont alors possibles, depuis le communisme jusqu'aux profits du capitalisme le plus libéral, pour que le partage de ce type de travail, ou la promotion qui en découle, pousse chacun, malgré tout, à l'effectuer.

IV Éviter le hors-sujet

Il aurait pu paraître intéressant de développer le sujet autour de qui sont les « personnes raffinées » envisagées par Veblen comme refusant tout travail. Dans la perspective de la lutte des classes, on peut penser aux cadres et aux patrons des entreprises, tous ceux qui n'effectuent pas de travail manuel. Mais cela aurait exclu le texte de Virgile, dont toutes les activités décrites sont manuelles, à quelques exceptions près comme la lecture des présages. On pouvait alors distinguer les détenteurs d'un certain savoir et les simples exécutants, qui n'ont pas du tout voix au chapitre, voire généraliser le propos. Mais c'était alors opposer tout le travail à l'absence de travail, qui relève plus de l'utopie que de la réalité, puisque même les rentiers tirent leurs rentes du travail de leur argent. Ce serait alors un hors-sujet car la citation de Veblen se penche sur la valeur concédée au travail plus que sur la possibilité de s'en dispenser.

Il a donc semblé plus intéressant de se pencher sur la redéfinition du travail comme activité intrinsèquement humaine, c'est-à-dire apte à assurer aux hommes leur subsistance et inhérente à leur nature. Certes la fourmi et l'abeille travaillent, tout comme le lion qui saisit sa proie ou l'arbre qui fabrique de la cellulose, mais sans qu'aucune part de volonté ni surtout de transformation de la nature ou de leur nature n'entre en jeu. Une telle réflexion permet de revenir au nœud du sujet : la dévalorisation de ce qui, pourtant, est essentiel.

Citations à retenir

1 Rôles et fonctions du travail

Virgile

« Alors vinrent les différents arts. Tous les obstacles furent vaincus par un travail acharné et par le besoin pressant en de dures circonstances. »

(livre I, 123–156)

« C'est que tous les arbres exigent une dépense de soins, que tous demandent à être dressés en pépinière et domptés à grands frais. »

(livre II, 54–85)

« Ô trop fortunés, s'ils connaissaient leurs biens, les cultivateurs ? Eux qui, loin des discordes armées, voient la très juste terre leur verser de son sol une nourriture facile. » (livre II, 458)

« Toutes se reposent de leurs travaux en même temps, toutes reprennent leur travail en même temps. Le matin, elles se ruent hors des portes ; aucune ne reste en arrière ; puis quand le soir les invite à quitter enfin les plaines où elles butinent, alors elles regagnent leurs logis, alors elles réparent leurs forces. » (livre IV, 180–190)

Simone Weil

« Car la réalité de la vie, ce n'est pas la sensation, c'est l'activité. »

(Lettre à Simone Gibert, p. 69)

« Faire du travail un moyen pour chaque homme de dominer la matière et de fraterniser avec ses semblables sur un pied d'égalité. »

(Lettre à Jacques Lafitte, p. 257)

« D'une part les chefs doivent commander, bien sûr, et les subordonnés obéir ; d'autre part les subordonnés ne doivent pas se sentir livrés corps et âmes à une domination arbitraire, et à cet effet ils doivent non certes collaborer à l'élaboration des ordres, mais pouvoir se rendre compte dans quelle mesure les ordres correspondent à une nécessité. »

(à Auguste Detœuf, p. 290)

« Ce système a aussi réduit les ouvriers à l'état de molécules. »

(La rationalisation, p. 321)

Michel Vinaver

Passemar nous rappelle que dans une entreprise moderne aussi on a réparti les tâches : « Ça n'est pas moi qui fabrique moi j'achemine »
(premier mouvement)

« Sur le plan du travail je pète le feu la faute n'est pas la mienne si les ventes baissent vous le savez » (Lubin, quatrième mouvement)

Jack explique le marketing moderne : « L'homme a besoin d'objets dans lesquels il projette ses désirs et ses peurs dans le temps il allait les trouver dans la nature. » (quatrième mouvement)

« leur marchandise elle entre et elle sort c'est beau ça »
(Madame Lépine, quatrième mouvement)

2 Au travail : aliénation ou libération ?

Virgile

« Au travail donc, ô cultivateurs ! apprenez les procédés de cultures propres à chaque espèce ; adoucissez, en les cultivant, les fruits sauvages ; que vos terres ne restent pas en friche. » (livre II, 22–54)

« Alors cessent les soins à donner aux pères, et commencent ceux à donner aux mères. » (livre III, 122–154)

« Ceux que tu veux former aux soins et aux besoins de la campagne, entraîne-les quand ils sont encore de petits veaux, et engage-toi dans la voie du dressage, tandis que leur humeur est docile encore et leur jeune âge facile à plier. » (livre III, 154–186)

« Qu'il ait réellement l'air de travailler ; qu'alors, oui alors, il provoque les vents à la course et que volant à travers les plaines, comme s'il était libre des rênes, il laisse à peine de traces à la surface du sable. » (livre III, 186–220)

Simone Weil

« Travailler à des machines avec des maux de tête, c'est pénible. »
(Lettre à Albertine Thévenon, p. 53)

Il est requis de l'ouvrier « cette absence de pensée indispensable aux esclaves de la machine moderne » (Lettre à Nicolas Lazarévitch, p. 63)

« Ne pas rêver. Forcer encore. Si seulement je savais combien il faut en faire ! Je regarde autour de moi. Personne ne lève la tête, jamais. Personne ne sourit. Personne en dit un mot. Comme on est seul ! »
(La vie et la grève des ouvrières métallos, p. 266)

« Il est doux d'avoir des inférieurs ; il est pénible de voir des inférieurs acquérir des droits, même limités, qui établissent entre eux et leurs supérieurs, à certains égards, une certaine égalité. »

(La condition ouvrière, p. 395)

« Il y a dans le travail des mains et en général dans le travail d'exécution, qui est le travail proprement dit, un élément irréductible de servitude que même une parfaite équité sociale n'effacerait pas. »

(Condition première d'un travail non servile, p. 418–419)

Michel Vinaver

« Je suis l'auteur de cette pièce dès le plus jeune âge se manifestait mon don d'écrire à neuf ans j'avais composé une pièce [...] mais il fallait vivre alors ç'a été cette petite annonce. » (Passemar, premier mouvement)

« ceux d'entre vous qui n'adopteront pas la cadence eh bien ils resteront sur le quai ce n'est pas une menace c'est une constatation l'aventure à laquelle je destine l'entreprise voulez-vous la vivre avec moi ? »

(Benoît, quatrième mouvement)

Madame Bachevski est remerciée et réagit ainsi : « qu'on vous ouvre le ventre qu'on vous ôte les entrailles on vous recoud mais il y a un vide là-dedans j'ai jamais rien caché jamais rien refusé toujours donné alors je me suis donnée à la société » ; et Madame Alvarez, remerciée aussi, répond : « C'est vrai tout ce qu'elle a dit on a pour ainsi dire gravi les échelons ensemble dans la société alors ça m'a fait quelque chose une partie de ma vie qui s'en va. » (sixième mouvement)

« on prendra les grandes décisions ensemble mais you're on your own. »

(Young, sixième mouvement)

3 Les temps du travail

Virgile

« Mais pourtant, grâce à l'alternance, le travail fourni par la terre est facile. » (livre I, 80)

« Si d'aventure une pluie froide retient le cultivateur chez lui, il peut faire à loisir bien des ouvrages qu'il lui faudrait plus tard hâter par un ciel serein. » (livre I, 255–288)

« Nous pouvons, même par un ciel douteux, connaître d'avance les saisons, distinguer le temps de la moisson et le temps des semailles [...].

Ce n'est pas en vain non plus que nous observons le coucher et le lever des astres et les diverses saisons qui se partagent également l'année. »

(livre I, 240–258)

« Le travail des laboureurs revient toujours en un cercle. » (livre II, 379–413)

Simone Weil

« Une ouvrière qui est à la chaîne [...] m'a dit qu'au bout de quelques années, ou même d'un an, on arrive à ne plus souffrir, bien qu'on continue à se sentir abrutie. » (Lettre à Boris Souvarine, p. 75)

« Car ils vivent d'un travail pour lequel, étant donné la succession machinale des mouvements et la rapidité de la cadence, il ne peut y avoir d'autre stimulant que la peur et l'appât des sous. » (Lettre à Victor Bernard, p. 228)

« L'intensité du travail n'est pas mesurable comme sa durée. »

(La rationalisation, p. 318)

« La succession de leurs gestes n'est pas désignée, dans le langage de l'usine, par le mot de rythme, mais par celui de cadence, et c'est juste, car cette succession est le contraire d'un rythme. »

(Expérience de la vie d'usine, p. 337)

Michel Vinaver

« manger travailler dormir » (Margerie, deuxième mouvement)

« lorsque je me retourne en arrière la seule constante c'est ce sentiment de cheminement dans le noir avec peut-être une lueur falote intermittente mais qui ne s'est jamais laissé entièrement souffler »

(Monsieur Onde, troisième mouvement)

« nous avons décidé de vous offrir le loisir et le repos que vous avez bien gagnés sans qu'il vous soit nécessaire d'attendre encore quatre ans »

(Benoît, cinquième mouvement)

« Et vient un âge où il est difficile / [...] De se recycler ce qui n'est pas du tout un reproche » (Saillant, cinquième mouvement)

4 Valeurs du travail

Virgile

« Il me faut tenter une route où je puisse moi aussi m'élancer loin de la terre et voir mon nom vainqueur voler de bouche en bouche. » (livre III, 9)

« C'est un travail ; mais espérez-en de la gloire, courageux cultivateurs. »
(livre III, 286–317)

« Mais quand les essaims volent sans but, jouent dans le ciel, dédaignent leurs rayons et délaissent leurs ruches froides, tu interdiras à leurs esprits inconstants ce jeu si vain. » (livre IV, 88–121)

La satisfaction du laboureur lui permet de « s'égal[er], dans son âme, aux rois » (livre IV, 122–154)

Simone Weil

« Là seulement on sait ce que c'est que la fraternité humaine. Mais il y en a peu, très peu. Le plus souvent les rapports même entre camarades reflètent la dureté qui domine tout là-dedans. »
(Lettre à Albertine Thévenon, p. 61)

« Dites aussi si vous éprouvez parfois la joie du travail, la fierté de l'effort accompli. » (Un appel aux ouvriers de Rosières, p. 207)

« C'est aux approches de l'été seulement que j'aurai assez de loisir pour ce travail. » (Lettre à Victor Bernard, p. 244)

« L'usine pourrait combler l'âme par le puissant sentiment de vie collective » et « il est enivrant d'avoir part [au travail en commun]. »
(Expérience de la vie d'usine, p. 329)

Michel Vinaver

« sympathique réunion que je me permettrai d'appeler une réunion de famille tant il est vrai que ceux qui travaillent quarante heures par semaine ensemble forment une authentique communauté »
(Fernand Dehaze, premier mouvement)

« Vous cherchez des excuses au lieu de vous occuper de votre boulot qui est d'insuffler l'enthousiasme à vos hommes »
(Olivier, deuxième mouvement)

« le redressement est encore possible mais il exige une attitude absolument nouvelle partir de zéro vivre une aventure avec tout ce que cela comporte de rigueur de don de soi » (Benoît, troisième mouvement)

« L'argent l'argent tu vas finir par me dégoûter de ton argent »
(Margerie, quatrième mouvement)

Index des œuvres et des noms propres

Adorno, Theodor 195
Alain 179
Arendt, Hannah 75
Au cœur des ténèbres 211
Aurore 131

Barthes, Roland 98
Bataille, Georges 107
Baudrillard, Jean 91
Blake, William 163
Bouvard et Pécuchet 171
Brecht, Bertolt 139
Bullshit jobs 98

Condition de l'homme moderne 75
Conrad Joseph 211

Encyclopédie 83
Ernaux, Annie 147
Essai sur le goût 99

Flaubert, Gustave 171
Fourastié, Jean 203

Genèse 75
Géorgiques 42, 66, 235

Hugo, Victor 187

Introduction à la lecture de Hegel 123

Jünger, Ernst 155

Kojève, Alexandre 123

La Condition ouvrière 42, 66, 235
La Femme gelée 147
La Résistible Ascension d'Arturo Ui 139
L'Échange symbolique et la Mort 91
Le Grand Espoir du XXe *siècle* 203
Le Mariage du Ciel et de l'Enfer 163
L'Érotisme 107
Les Idées et les Âges 179
L'Éthique protestante et l'esprit du capitalisme 219
Le travailleur 155

Minima moralia : réflexions sur la vie mutilée 195
Montesquieu 99

Nietzsche 131

Par-dessus bord 42, 66, 235

Théorie de la classe de loisir .. 227
Toute la lyre 187

Veblen, Thorstein 227
Vinaver, Michel 42, 66, 235
Virgile 42, 66, 235

Weber, Max 219
Weil, Simone 42, 66, 235

Achevé d'imprimer en mai 2022 par la Nouvelle Imprimerie Laballery 58500 Clamecy
Dépôt légal : mai 2022 - Numéro d'impression : 204136

Imprimé en France

La Nouvelle Imprimerie Laballery est titulaire de la marque Imprim'Vert®